Los
SIETE
SECRETOS

Los SIETE SECRETOS

JOHN HAGEE

**CASA
CREACIÓN**
A STRANG COMPANY

Los siete secretos por John Hagee
Publicado por Casa Creación
Una compañía de Strang Communications
600 Rinehart Road
Lake Mary, Florida 32746
www.casacreacion.com

A menos que se indique lo contrario, todos los textos bíblicos han sido tomados de la versión Reina-Valera, de la *Santa Biblia*, revisión 1960. Usado con permiso.

Tradución, edición y diseño interior por:
Grupo Nivel Uno, Inc.

Diseño de portada: *Rachel Campbell*

Library of Congress Control Number: 2004104419

ISBN: 1-59185-477-6

Impreso en los Estados Unidos de América

05 06 07 08 ❖ 9 8 7 6 5 4 3 2

Dedico este libro con todo mi amor a mi esposa
Diana Castro Hagee, quien ha hecho de mi hogar
y ministerio un cielo en la tierra.

Contenido

Capítulo Uno

El éxito está al alcance de todos

Todo el mundo quiere lograr el éxito en su vida. Pero la pregunta que acosa a la humanidad es esta: «¿Qué es en verdad el éxito?»

¡El éxito está AL ALCANCE DE TODOS!

¡El éxito es PARA USTED!

¡El éxito está ahí para usted AHORA MISMO!

Debe creer que *puede* lograr el éxito si desea lograrlo de verdad. Si cree que puede, o por el contrario, si no lo cree, ¡esa será la verdad para usted! Lo que su mente concibe, eso logrará. Dios desea que usted logre el éxito. Y le promete ayuda por medio de sus consejos en la Biblia: «Nunca se apartará de tu boca este libro de la ley, sino que de día y de noche meditarás en él, para que guardes y hagas conforme a todo lo que en él está escrito; porque entonces harás prosperar tu camino, y todo te saldrá bien». (Josué 1:8). Así que, si no alcanzamos el éxito, ¡la culpa no es de Dios!

Cada persona que está leyendo este libro es única. Cuando usted nació, el genio de Dios se reveló en su máxima expresión, haciendo una persona que nunca antes había existido, y que nunca más volverá a repetirse. Usted nació para hacer lo bueno. Nació para tener éxito en la vida. Nació para bendecir las vidas de otros. Tiene un potencial ilimitado, pero debe aprender a liberarlo para llegar a su destino.

Sin embargo, uno no se topa con el éxito ni con las puertas del cielo. El éxito no es un acontecimiento; es un viaje que dura toda la vida. Usted no puede poseer lo que no está dispuesto a alcanzar. El éxito llega a quienes planifican, se preparan, son persistentes y están dispuestos a soportar el dolor para alcanzar sus objetivos.

Usted no puede poseer lo que no está dispuesto a alcanzar.

El éxito se le escapa a la mayoría de los norteamericanos. Ron Blue, autor de *Master Your Money* [Administre su dinero], afirma: «Según la Oficina de Seguridad Social, sólo el dos por ciento de los norteamericanos llegan a los sesenta y cinco años de edad con doscientos dólares en el banco».[1] ¡Piense en eso! Luego de trabajar durante cuarenta y cinco años, el noventa y ocho por ciento de los norteamericanos no puede ahorrar veinte dólares al año.

Le pregunto nuevamente, entonces, ¿qué es el éxito? Haga esta pregunta a las diez personas que vea primero hoy. Luego escuche con atención las respuestas. Observará que titubean, miran a la distancia, y finalmente ofrecen una vaga definición en respuesta a una pregunta tan sencilla. Lo sé por experiencia. Las diez personas a quienes les pregunté, me dieron respuestas sorprendentes.

Algunas, muy inteligentes, me miraron a los ojos y anunciaron gozosas:

- ◆ ¡El éxito para mí será mi jubilación!
- ◆ Para mí, el éxito es alcanzar el objetivo que me propongo.
- ◆ Para mí, el éxito llegará cuando el último de mis hijos deje nuestro hogar y el perro muera.

Maltbie D. Babcock, pastor y autor de la conocida canción «This Is My Father's World» [Este es el mundo de mi Padre], establece un principio verdadero, evidente para pocas personas: «Uno de los errores más comunes y costosos es pensar que el éxito se debe a alguna cualidad, magia o genio que no poseemos».[2]

Desdichadamente, para muchos el éxito consiste en llegar a tener el cuerpo musculoso de Hulk Hogan, lograr jugar al golf como Tiger Woods, tener el cerebro de Albert Einstein o el dinero de Bill Gates. Para muchas mujeres, será la hermosura de Catherine Zeta-Jones, la gracia y porte de Jacqueline Kennedy Onassis, y la compasión de la Madre Teresa.

Todas las personas tienen una definición personal de lo que es el éxito. Le daré mi definición al final de este capítulo. Primero, permítame aclarar la niebla emocional e intelectual, determinando aquello que el éxito, por cierto, no es.

1
EL ÉXITO NO ES TENER DINERO

Si piensa que el éxito está en el dinero, tenga en cuenta lo siguiente:

El dinero puede comprarle un palacio esplendoroso, lleno de invaluables obras de arte hechas por Rembrandt, Monet, Picasso o Miguel Ángel. El dinero puede llenar su casa con muebles finos y caros, y su garaje con automóviles de lujo. Pero no podrá comprarle un hogar lleno de amor y respeto hacia las personas que viven dentro.

El dinero puede comprar al mejor médico en tiempos de enfermedad, pero no podrá comprar el don divino de la salud.

El dinero podrá comprar una cama de oro, pero no sirve para adquirir siquiera un minuto de paz interior, de descanso verdadero.

El rey Salomón, el más rico de los monarcas en el antiguo Israel, cuyos establos tenían puertas con bisagras de oro, dijo: «El que ama el dinero, no se saciará de dinero; y el que ama el mucho tener, no sacará fruto. También esto es vanidad» (Eclesiastés 5:10).

Salomón no es el único que se dio cuenta de que el dinero no compra el reposo o la paz interior. Siglos más tarde, Benjamín Franklin, uno de los padres del pueblo norteamericano, dijo: «El dinero jamás ha logrado hacer feliz a alguien hasta hoy, ni lo logrará. No hay nada en su naturaleza que produzca felicidad. Mientras más se tiene, más se quiere. En lugar de llenar un vacío, lo provoca. Si satisface un deseo, duplica y triplica otro, en otra dirección. Fue muy sabio el hombre que dijo el proverbio: "Mejor es poco y con temor del Señor, que gran tesoro acompañado de problemas"».[3]

En 1923, un grupo de los financistas más exitosos del mundo se reunió en el hotel *Edgewater Beach* de Chicago. En conjunto, estos magnates tenían bajo su control más riquezas de las que había en el tesoro de los Estados Unidos en ese momento. Año tras año, los periódicos y las revistas habían estado publicando las historias de éxito de sus vidas, animando a la juventud de la nación a seguir su ejemplo. Veintisiete años más tarde, veamos lo que sucedió con siete de ellos:

- Jesse Livermore, el magnate de Wall Street, se suicidó.
- Leon Fraser, el presidente del *Bank of International Settlement*, también se suicidó.
- Ivar Kruegar, el líder del monopolio más grande del mundo, se suicidó.
- Charles Schwab, presidente de la metalúrgica independiente más grande, vivió con dinero prestado durante los últimos cinco años de su vida. Murió sin un centavo.
- Arthur Cutten, el especulador más famoso en cereales, murió insolvente, fuera de su país.
- Richard Whitney, presidente de la Bolsa de Nueva York, salió hace poco tiempo de la prisión de Sing Sing.
- Albert Fall, miembro del gabinete de un presidente, fue perdonado para poder morir fuera de prisión, en su hogar.

Todos estos hombres habían aprendido a hacer dinero, pero ni siquiera uno de ellos había aprendido cómo disfrutar de una vida exitosa.[4] El dinero no puede comprar tan sólo un minuto de reposo o paz interior. Ni puede comprar un éxito perdurable. ¿Cuántos de nosotros hemos oído hablar alguna vez de estos siete hombres o de sus logros?

El dinero atraerá a legiones de personas que se acercarán a usted, pero no puede comprar el tesoro que significa un amigo sincero.

Christina Onassis, como hija de Aristóteles Onassis, era una de las mujeres más ricas del mundo. Tenía que contratar gente que jugara con ella al tenis, que fuera a nadar o a cenar con ella. Tenía una fortuna tan enorme, que ni siquiera una vida entera le habría bastado para gastar su dinero, y sin embargo, vivía en soledad, una vida triste y vacía.

Tuve el gran placer de entrevistarme en privado con Elvis Presley en el momento en que estaba en la cúspide de su legendaria fama mundial. Me gustaba Elvis, y me gustaba mucho su música. Siempre fue y seguirá siendo «el rey».

Elvis tenía más automóviles lujosos de los que podía conducir. Tenía aeroplanos, motocicletas, diamantes y un teléfono bañado en oro. Uno de sus Cádillacs tenía catorce capas de pintura, de las cuales algunas contenían partículas de oro puro. Sin embargo, jamás conocí a alguien que tuviera una vida tan solitaria.

El dinero atraerá a la gente, como la miel a las abejas, pero no puede comprar verdaderos amigos. Serán consumidores, no dadores. Tan pronto desaparezca el dinero, también desaparecerán los amigos.

El dinero compra libros, pero no puede comprar cerebro. Asistí a dos maravillosas universidades, y me gradué en ambas. La primera fue la Universidad Trinity, en San Antonio, donde figuré en el cuadro de honor jugando en el equipo de fútbol de la universidad. Obtuve mi maestría en la Universidad del Estado de Texas del Norte.

Había una hermosa torre de oración en el centro del campus de la Universidad Trinity. Todos los días, las campanas de la torre se oían en el recinto, recordándoles la hora del día a los estudiantes. Esta hermosa torre debía cerrarse por la noche con un pesado portón de hierro. ¿Por qué?

Algunos estudiantes, al no poder lograr los sueños académicos de sus acaudalados padres, subían las escaleras y se arrojaban desde la torre buscando morir. El dinero compra libros, pero no puede comprar cerebros.

El dinero puede comprar comida, pero no puede comprar un apetito saludable.

¿Alguna vez ha pensado que el plato vacío en la mesa de su familia es algo hermoso? La mayoría de las mujeres ve en un plato sucio algo que implica trabajo.

Un plato vacío solo se vuelve hermoso cuando uno tiene un hijo enfermo, que sufre una enfermedad fatal como el cáncer, y vemos a esta preciosa criatura perder vitalidad y fuerzas día tras día. Usted prepara las mejores comidas y ve que el niño aparta de sí el plato, sintiendo náuseas al verlo.

Como pastor de una iglesia de dieciocho mil miembros, en varias ocasiones he estado sentado a una mesa en la que la madre llora al ver que uno de sus hijos se niega a tocar siquiera la comida que ha preparado. Cada uno de los miembros de la familia lo alientan: «Come tan sólo un poco, por mí». ¿La respuesta del niño? Solamente una débil negativa, seguida por las silenciosas lágrimas de la madre.

La próxima vez que vea un plato sucio en su mesa, dedique el tiempo para agradecerle a Dios por la comida que le ha dado y por el apetito que siente usted por ella. El dinero no puede comprar eso.

El dinero puede comprar un crucifijo para colgárnoslo del cuello, pero no puede comprar al Salvador para que esté en nuestro corazón.

En una ocasión, una mujer hispana muy hermosa, de unos cuarenta y tantos años, vino a mi oficina traída por su hermana. Necesitaba ayuda urgentemente. La mujer tenía muchísimas razones para sentir entusiasmo por la vida. Tenía un marido que la amaba y que proveía sustento a su hogar y a sus dos hijos sanos. Ambos jóvenes tenían muy buenas notas en la escuela y eran buenos atletas. Cuando le hube preguntado lo suficiente como para poder trazar un perfil de su persona, le hice una pregunta sencilla: «Dígame, ¿cómo ve usted su vida y su futuro?»

Lo que brotó a borbotones de su boca fue un torrente envenenado de sufrimiento mental y emocional. Su mundo era un viaje sin sentido, envuelto en perpetuas tinieblas, sin atisbo de paz o gozo alguno. Vivía en un mundo físico de abundancia material, pero lo que describía eran los suburbios de un infierno en vida.

Colgando de su cuello, llevaba una enorme cruz con incrustaciones de diamantes. Tenía la cruz, pero no tenía al Salvador en su corazón. La mayoría de las personas habrían descrito su mundo físico como un paraíso... para ella era un infierno.

El dinero puede comprar un banco de iglesia con nuestro nombre grabado en oro sobre la madera, pero no puede comprarnos un boleto al cielo.

El éxito no tiene nada que ver con el dinero.

2
EL ÉXITO NO ES ALCANZAR UN OBJETIVO

He sido ministro durante más de cuarenta y cinco años, y he oído a legiones de personas hacer alarde de que han alcanzado uno u otro objetivo, para luego quedarse sentadas y morir. El alcanzar su objetivo les destruyó.

Muchas personas dicen: «Mi objetivo es retirarme». Para mí, el retiro es sentarse en el porche de la casa y ver la puesta del sol, si es que uno puede permanecer despierto. El retiro es una rutina a la que también se le puede dar el nombre de «tumba».

Hay algo horrible acerca del retiro que debiéramos recordar siempre: ¡uno jamás puede tomarse un día libre! Antes de retirarse de su trabajo, quédese en casa durante una semana y mire televisión durante todo el día. El retiro será de gran gozo si puede planificar cómo pasar el tiempo sin gastar dinero.

Repito: El alcanzar un objetivo puede destruirnos a causa del estancamiento y la ilusión del logro. Creo en los objetivos, mientras no se conviertan en dioses. Los objetivos deben ser metas, no destinos finales. ¡La gente exitosa se siente motivada a exceder sus objetivos!

Una de las lecciones más importantes de la vida,
es que el éxito debe ganarse continuamente,
pero jamás puede lograrse por completo.
—CHARLES EVANS HUGHES

El Día de las Madres de 1975, cuando tenía treinta y cinco años, comencé como pastor en la Iglesia de *Castle Hills*. Esta pequeña iglesia estaba compuesta de veinticinco almas desesperadas, endeudadas y espiritualmente desilusionadas. El pastor anterior se había vuelto un alcohólico empedernido. En un ataque de ira, había disparado un arma contra su esposa. Su fotografía había aparecido en la primera página de un periódico de San Antonio, por su intento de asesinato.

Esta iglesia, con capacidad para unas trescientas personas, era un desastre latente que sólo esperaba el momento adecuado. Sólo había una diferencia entre ella y el Titanic: el Titanic tenía banda de músicos.

La primera vez que debía asumir el liderazgo de la iglesia, el miembro principal de la junta me dijo: «¡Establezcamos un objetivo de doscientos asistentes a la Escuela Dominical para fin de año!» Para él, esto era un éxito, y cuando se tienen veinticinco personas desilusionadas, en bancarrota y sin esperanza alguna, creo que muchos estarían de acuerdo con él.

¡Pero yo no lo estaba! Sentí que este objetivo se convertiría en el dios de la iglesia. Lo verían como destino final, no como meta.

Sin embargo, sabía por qué este señor creía que el lograr tener los doscientos asistentes en la Escuela Dominical era un objetivo decente. Mientras lo oía hablar, miré a mi alrededor y vi que el edificio más parecía un refugio antiaéreo que un santuario. Las alfombras tenían agujeros enormes. Los bancos debían ser restaurados, y la mitad de las bombillas de luz estaban quemadas. Las que sí encendían, titilaban todo el tiempo. El interior de la iglesia parecía un escenario para una fiesta de Halloween. Y este hombre, frente a mí, movía los brazos como si fueran las aspas de un molino, ¡insistiendo en que su objetivo era alcanzar los doscientos asistentes a la Escuela Dominical!

Miré a este celoso creyente y logré decir: «Bueno, no establezcamos aún objetivos definidos. Quizá nos impidan llegar a nuestro destino».

Con gesto de sorpresa, el hombre me miró boquiabierto, extendiendo sus manos hacia el cielo y sin poder creer lo que oía. ¡Un pastor sin visión!

Para fines de ese año, teníamos más de quinientos asistentes a la Escuela Dominical. En tres años, construimos un santuario nuevo, con capacidad para mil seiscientas personas. Se llenaba tres veces al día cada domingo. Debimos abrir un servicio nocturno los días sábado, para quienes no cabían en los servicios del domingo por la mañana.

Ese «objetivo de doscientos» ha crecido hasta convertirse en lo que es hoy la iglesia *Cornerstone*, que cuenta con dieciocho mil miembros activos que está causando impacto en la ciudad de San Antonio, en nuestra nación y en el mundo entero por medio de la radio y la televisión. Si nos hubiéramos propuesto el objetivo de los doscientos miembros, el noventa por ciento de dicha congregación se habría quedado cruzado de brazos, sentados y convertidos en momias repetidoras de frases bíblicas una vez que hubiésemos alcanzado la cifra esperada. Sus palabras habrían reflejado sus pensamientos: «¡Llegamos!», que equivale a decir: «¡Hemos alcanzado nuestro objetivo!». Si hubiera estado de acuerdo con el objetivo de los doscientos asistentes, se habrían resentido cuando les anunciara que al llegar a esa cifra podíamos ir por más.

Digo nuevamente que los objetivos son buenos, pero no son dioses. Deben ser metas, no destinos finales.

El éxito para muchas personas no es más que una ilusión. Fantasean: «Algún día mis sueños se convertirán en realidad. Algún día mi barco llegará a puerto». ¡Oiga! Los barcos no llegan solos; hay alguien que los conduce.

Muchas personas viven en una isla de fantasía llamada «Algún día». Dicen cosas como: «¡Algún día me retiraré!» «¡Algún día alcanzaré mi objetivo!» «¡Algún día me casaré!» «¡Algún día seré exitoso!».

¿Vive usted en esa isla? ¿Está buscando un lugar en su vida personal o profesional donde pueda bajar los brazos y estancarse en un destino que será la parada previa a la tumba? Si es así, su objetivo se ha convertido en dios para usted.

Uno de mis poemas favoritos es «Someday I'll» [Algún día]. Léalo y reflexione sobre su contenido, y pregúntese si está viviendo allí o si desea hacerlo.

ALGÚN DÍA

Hay una isla de fantasía,
Un «Algún Día» que jamás veremos,
Cuando termine la recesión, la inflación cese,
Nuestra hipoteca esté paga, y nuestros sueldos aumenten.
En ese «Algún Día» no habrá más problemas,
Cada correspondencia será la carta de un amigo,
Habrá niños dulces y estarán crecidos,
Las naciones podrán vivir sin dependencia,
Y nos retiraremos al cumplir cuarenta y un años
Para jugar al *backgammon* bajo el sol de la isla.

La mayoría de las personas infelices miran al mañana
Para borrar el dolor y la pena de hoy,
Ponen la felicidad «en espera»
Y luchan con un hoy triste.
Pero la felicidad no puede buscarse,
No puede ganarse, no puede comprarse.
La más importante revelación de la vida
Es que el viaje significa más que el destino.

La felicidad es donde estamos ahora mismo,
Con lápiz o arado en mano
Yendo a la escuela o esperando en una fila,
Mirando y esperando, o tomando una copa de vino,
Si vivimos en el pasado, nos volvemos seniles
Si vivimos en el futuro, vivimos en «Algún Día»
El temor a los resultados es dilación
El gozo de hoy es una celebración.

Podemos ahorrar, trabajar y avanzar milla tras milla,
Pero jamás llegaremos a pisar la tierra de «Algún Día»,
Cuando hayamos pagado nuestras deudas,
E invertido todo nuestro tiempo,
De la nada surge un nuevo monte Everest para escalar.
Desde hoy, propongámonos tomar ese
«Algún Día» y hacerlo nuestro «Día de Hoy».[5]

El éxito no tiene que ver con el dinero, y tampoco tiene que ver
con alcanzar un objetivo.

3
EL ÉXITO NO TIENE QUE VER CON EL PODER

Adolf Hitler tenía el poder absoluto sobre Alemania en una de las dictaduras más brutales y sangrientas de la historia. Sus sueños demoníacos empujaron al mundo a un baño de sangre, en tanto sus nazis sistemáticamente asesinaron a seis millones de judíos, con una brutalidad que asusta de tan sólo pensarlo.

El 30 de abril de 1945, Hitler se voló los sesos, escondido en su refugio con un puñado de sus secuaces nazis. Ordenó que su cuerpo fuera cremado para impedir que los alemanes se burlaran de su cadáver, como lo habían hecho los italianos con el cuerpo de Mussolini, a quien colgaron de los pies.

Hitler tenía el poder absoluto, pero no era exitoso.

Durante décadas, Saddam Hussein gobernó Irak con la mano de hierro del terrorismo. Tenía poder para quitar la vida a millones de iraquíes; amasó una fortuna multimillonaria; construyó grandes mansiones para él y para su familia, mientras los niños de Irak morían de hambre. Tenía el poder absoluto, pero Saddam Hussein no era exitoso.

¡Ahora sus salas de tortura, de violación y muerte han acabado! Su reino del terror ha terminado, extinguido gracias al coraje y el liderazgo del presidente George W. Bush y de las heroicas fuerzas armadas de los Estados Unidos.

Bill Clinton fue a Washington D.C., jurando dar a los norteamericanos la administración más ética de su historia.

¿Cumplió con su promesa? Transite conmigo por la historia de los años de su presidencia: primero, tuvimos el *Travelgate*, donde empleados fieles y leales eran despedidos sin causa para que los amigos de Clinton pudieran tener sus puestos. Luego, tuvimos el *Cattlegate*, donde Hillary invirtió una cantidad mísera y obtuvo más de cien mil dólares de ganancias. Y el *Filegate*, cuando el gobierno federal estudió más de novecientos archivos de ciudadanos considerados hostiles hacia la administración de Clinton. Recordará quizá que Chuck Colson fue a prisión por mal manejo de uno de esos archivos. Ni una persona en la administración Clinton jamás fue acusada o juzgada por este horrendo abuso de poder. Y siguió el *Whitewater*, un escándalo interminable. Todo esto, condimentado con la conducta promiscua del presidente Clinton con Jennifer Flowers, Paula Jones y Mónica Lewinsky.

Cuando fueron atacadas las embajadas norteamericanas en África, el Presidente Clinton ordenó disparar misiles en campos terroristas abandonados, destruyendo únicamente las dunas de arena, para poder quitar de la primera plana de los periódicos la historia de su amorío con Mónica Lewinsky. Recortó el presupuesto militar y se negó a responder a las amenazas terroristas en contra de su país. Su administración significó unas vacaciones de la historia.

Luego llegó el 11 de septiembre de 2001, el amargo fruto de los ocho años en que Bill Clinton desatendió al terrorismo internacional. Este horrendo día fue una tragedia que los Estados Unidos jamás olvidarán, pero de la que pocos recordarán las causas: un presidente, que tenía el poder de esta grandiosa nación detrás, se negó a utilizarlo en defensa del pueblo norteamericano. La historia le juzgará como uno de los presidentes menos exitosos. El liderazgo de Clinton dio lugar a la administración más engañosa, corrupta y ambiciosa de poder en la historia reciente de los Estados Unidos.

Hace mucho tiempo el apóstol Pablo, encadenado, conversó con Félix, un gobernador romano. Pablo presentaba sus razones ante Félix sobre el «juicio venidero» (Hechos 24:25). La Biblia registra que Félix temblaba tan violentamente que apenas podía mantenerse sentado en su trono. Tenía poder absoluto, dado por el imperio romano, y sin embargo, temblaba ante un prisionero encadenado que con éxito describía su fe en Jesucristo y la verdad de lo que su Salvador había hecho.

Sí, Félix tenía el poder, pero el poder no tiene que ver con el éxito. Dos mil años más tarde, llamamos a nuestros hijos «Pablo», y a nuestros gatos «Félix».

El éxito no tiene que ver con el dinero, ni con alcanzar un objetivo. El éxito no tiene que ver con el poder.

4

EL ÉXITO NO ESTÁ DETERMINADO POR NUESTRAS CIRCUNSTANCIAS

Algunos de los hombres y mujeres más exitosos del mundo tenían serias discapacidades, pero lograron vencerlas. De un hombre paralítico, surgió Sir Walter Scott. De un hombre encerrado en prisión, surgió John Bunyan. George Washington comenzó enterrado en la nieve en Valley Forge, y Abraham Lincoln vivía en la más sórdida pobreza. Benjamin Disraeli vivía sometido al más amargo prejuicio religioso. Y de la parálisis infantil, resultó Franklin Delano Roosevelt. Un niño sufrió tales quemaduras debido al incendio de una escuela que los doctores dudaron que alguna vez pudiera volver a caminar: Glenn Cunningham estableció el récord mundial en 1934, cuando corrió una milla en 4 minutos y 6.7 segundos. Sordo, el genial compositor Ludwig van Beethoven dejó un legado musical invaluable.

Al mundo no le interesan las tormentas que hayamos tenido que soportar. Lo que pregunta el mundo es: ¿lograste llegar con tu barco a salvo?

Booker T. Washington, Harriet Tubman, Marian Anderson y George Washington Carver fueron personas de color que nacieron en una sociedad altamente discriminatoria. Enrico Caruso fue el único niño que sobrevivió de los dieciocho que formaban parte de una pobre familia italiana. Los padres del incomparable violinista Itzhak Perlman sobrevivieron a un campo de concentración nazi, y él tenía las piernas paralizadas desde que contaba tan sólo con cuatro años. De alguien «lento», «retardado» e ineducable surgió Albert Einstein.

El éxito no tiene que ver con nuestras circunstancias.

Tiene que ver con sobreponernos y vencer a nuestras circunstancias.

Hellen Keller nació ciega y sorda, sin embargo se graduó en la universidad, con honores. Margaret Thatcher, la primera y única primer ministro inglesa, se unió con el presidente Ronald Reagan para aplastar al comunismo y demoler el Muro de Berlín: de niña vivía en un cuarto, sobre el pequeño almacén de su padre, sin agua corriente ni tuberías. Michael Jordan, indudablemente el más grande jugador de basketball de todos los tiempos, había sido expulsado del equipo de su escuela. Bill Gates, el billonario que fundó Microsoft, había abandonado la escuela. Golda Meier, la primera y única primer ministro de Israel, era una abuela divorciada de Milwaukee.

El éxito no está determinado por nuestras circunstancias.

5
EL ÉXITO NO TIENE QUE VER CON «TENERLO TODO»

Si alguien le dice que el éxito depende de «tenerlo todo» está mintiendo. El autor ruso León Tolstoy relata la historia de un hombre rico que jamás estaba satisfecho. Siempre quería más, y más, y más. Un día, este hombre rico se enteró de que había una excelente oportunidad para comprar más tierras. Por mil rublos podría comprar toda la tierra que pudiera recorrer en el término de un día. Pero tenía que volver al punto de partida para la caída del sol, o lo perdería todo.

Se despertó muy temprano y partió. Caminó y caminó, pensando siempre que lograría comprar más si daba un paso más. Pero llegó tan lejos, que notó que debía ya volver si quería llegar a tiempo para lograr su objetivo. A medida que el sol bajaba, debía apurar el paso. Luego comenzó a correr. Finalmente alcanzó a ver el punto de partida, por lo que con sus últimas fuerzas, llegó a la línea marcada y cayó exhausto. De su boca salía espuma sanguinolenta. Había muerto. Su sirviente tomó una pala y cavó una tumba. Apenas del tamaño justo como para que cupiera el cuerpo. Allí enterró al avaro.

El título de la historia de Tolstoy es: «¿Cuánta tierra necesita un hombre?» Concluye diciendo: «Un metro con ochenta centímetros, de la cabeza a los talones, eso fue todo lo que necesitó». Uno no puede conseguirlo o conservarlo todo. El éxito no tiene que ver con «tenerlo todo».

Usted puede ser todo lo que quiera ser, pero no podrá serlo todo.

Puede ser neurocirujano o granjero, pero no podrá ser ambas cosas. Podrá ser un gran vendedor, o un jugador de golf, pero no puede ser ambas cosas; mientras baja el puntaje en el golf, así también bajarán las ventas.

¿Vio usted la película *Cowboys de Ciudad [City Slickers]*, con Billy Crystal y Jack Palance? La historia trata sobre Billy Crystal atravesando su crisis de la mediana edad. Falla en el trabajo para el que se preparó con esmero. Su matrimonio es tan divertido como mirar secarse la pintura en una pared. Así que él y sus dos amigos salen de viaje hacia el Oeste, guiando ganado, para descubrirse a sí mismos.

En un momento crítico de la película, Billy Crystal y Jack Palance, un viejo y rudo cowboy [vaquero], van cabalgando juntos. Jack Palance mira a Crystal y le pregunta con su ronca voz:

—¿Qué edad tienes?

—Treinta y nueve —responde Cristal con su nerviosa voz de tenor.

—¿Sí? A esa edad es cuando todos ustedes vienen hacia aquí con los mismos problemas. Pasan cincuenta semanas al año anudando su soga y piensan que en dos semanas aquí la desatarán ¡Ninguno entiende nada! —responde Palance atravesándole con su mirada.

Palance hace una pausa, y Billy Cristal, nervioso, mira el rostro ajado y bronceado del legendario cowboy, esperando las palabras de sabiduría que le arreglen la vida.

—¿Sabes cuál es el secreto del éxito en la vida? —dice al final Palance.

—No, ¿cuál es?

Palance, con un cigarrillo armado colgando de los labios, levanta el dedo índice y dice:

—¡Este!

—¿Tu dedo? —pregunta incrédulo Crystal.

El rudo cowboy sigue con su tema.

—¡Una sola cosa! ¡Una sola! Dale duro y persistente a esa sola cosa, y todo lo demás no importa nada.

—Ah, claro. Pero ¿cuál es esa cosa?

—Eso tendrás que averiguarlo tú —dice con sorna Palance, tomando el cigarrillo entre sus dedos.

El éxito no tiene que ver con «tenerlo todo». Tiene que ver con conocer la única cosa en la vida que Dios nos ha asignado como misión y hacerla con todo nuestro corazón, toda nuestra pasión, poniendo el alma, la mente y el cuerpo. Jamás olvidemos las palabras del apóstol Pablo: «Pero una cosa hago...» (Filipenses 3:13)

El éxito no tiene que ver con tener dinero, o con alcanzar un objetivo. El éxito no tiene que ver con el poder, ni está determinado por nuestras circunstancias. Y el éxito no depende de «tenerlo todo».

6
EL ÉXITO NO TIENE QUE VER CON MANTENER EL STATUS QUO

¡El *status quo* significa estancamiento! Nuestro objetivo en la iglesia *Cornerstone* es ser tan buenos como podamos, cada día, cada hora, cada minuto. Si no mejoramos progresivamente, estamos estancados, lo cual es un sinónimo de muerte. Todo jefe de departamento en una empresa que se sienta satisfecho con ser «tan buenos como fuimos el año pasado», no estará en su puesto al año siguiente.

Hace tres años, miré los registros del crecimiento de nuestra iglesia, algo que llevamos con minucioso detalle. Cada uno de los ayudantes tiene un contador en la mano, y cuenta a las personas que hay sentadas en los bancos al recoger la ofrenda de su sector. Sabemos exactamente cuántas personas vienen a nuestra iglesia en *Cornerstone* cada vez que abrimos las puertas. Esos números se registran en nuestra base de datos, para efectuar análisis semanales, mensuales, trimestrales y anuales.

Lo mismo hacemos con nuestros grupos de estudio bíblico. Hace algunos años estudié el crecimiento de nuestra iglesia en los tres años anteriores. Observé que nuestros grupos de estudio bíblico estaban siempre igual, a pesar de que crecía la cantidad de personas que asistían a la iglesia los domingos por la mañana.

Reestructuré toda la infraestructura de la iglesia *Cornerstone* de arriba abajo. No dejé pasar siquiera un detalle. Cambié todos los programas que no eran productivos, y todo el personal que no era productivo. ¡Fue un terremoto espiritual! Doloroso, pero extremadamente productivo.

La medida del éxito no está dada por lo difícil del problema a resolver, sino por observar si el problema es el mismo que se ha tenido el año anterior. ¡No nos quejemos de aquello que nosotros mismos permitimos!

Comenzamos con un intenso programa de capacitación de liderazgo llamado el Gobierno de los Doce, un concepto tomado de la Palabra de Dios. Verá, el número doce es en las Escrituras el número del gobierno.

Cuando Dios quiso formar una nación que fuera eterna, la construyó a partir de doce tribus. Esas doce tribus formaron la nación de Israel, que soportó la esclavitud de Egipto y la crueldad del Faraón. Esa nación sobrevivió al complot asesino de Amán para exterminar a los judíos en Persia. Sobrevivió cuando Herodes mató a miles de niños inocentes intentando impedir el ministerio y la vida de Jesucristo. Ese pueblo sobrevivió cuando Tito y las legiones romanas intentaron destruir Jerusalén en el año 70 d.C., matando a unos 500,000 judíos.

Israel sobrevivió al segundo ataque de los romanos bajo Adrián, en el año 135 d.C. Roma odiaba a los judíos porque los judíos eran monoteístas. El primer mandamiento establece: «No tendrás dioses ajenos delante de mí», y los judíos morían de a miles en ese tiempo defendiendo el honor del nombre de Dios. Sin embargo Israel, ese gobierno de los doce, sobrevivió.

Luego vinieron siete cruzadas. Los cruzados venían desde Europa, luego de haber recibido la bendición del Papa. Créase o no, antes de salir de Europa el Papa perdonaba a los cruzados todo acto de pecado que pudieran cometer de camino hacia o desde Jerusalén. Los cruzados no eran santos. La verdad de la historia es que robaban y violaban a los judíos que encontraran, desde Europa hasta Israel. Ciudades judías enteras eran asesinadas porque no querían convertirse a un cristianismo que llevaba una cruz y una afilaba espada, que los cruzados apuntaban a la garganta de los judíos, obligándolos a elegir entre la conversión y la muerte. Y los judíos morían, miles de ellos, pero Israel, como nación, sobrevivió.

La nación de Israel ha sobrevivido a los babilonios, a los romanos, a los griegos, los persas, el imperio otomano, el imperio británico y al infierno en vida del holocausto. El 15 de mayo de 1948 los judíos del mundo retornaron a Israel, llevándose a cabo el renacimiento de Sión en un día, según Isaías 66:8. Llegaron hablando sesenta y seis idiomas, y formaron una nación de poder y majestad de la mano de Dios. La supervivencia de Israel es prueba viviente de que un Dios justo está en su trono y determina los asuntos de las personas.

Elegimos un gobierno de doce porque el número doce está ordenado por Dios, y este gobierno de doce tribus sobrevivió a terribles persecuciones y desastres.

También elegimos el concepto del Gobierno de Doce porque Jesús en el Nuevo Testamento comenzó con doce discípulos. El libro de Apocalipsis describe veinticuatro ancianos en reverencia alrededor del trono de Dios. Doce de ellos representan a la Iglesia del Antiguo Testamento, y los otros doce, a la del Nuevo Testamento.

Al formar el Gobierno de Doce en la iglesia *Cornerstone* elegí a los doce mejores equipos matrimoniales de la iglesia. Después de enseñarles un plan de estudios fundamental que diseñé, le pedí a cada uno de mis doce que eligieran a doce líderes adicionales. Luego, le enseñé a esta segunda generación de doce los mismos contenidos principales. El proceso siguió de la misma manera, una y otra vez, hasta que tuvimos unos ochocientos equipos preparados y dispuestos a proveer de iluminación espiritual a los miembros de la iglesia *Cornerstone*. Antes de esto, jamás habíamos tenido más de ciento veinte grupos de estudios bíblicos.

Para llegar al puerto del éxito debemos navegar,
a veces con viento a favor y otras veces con
viento en contra... pero debemos navegar, no ir
a la deriva o quedar anclados.
—OLIVER WENDELL HOMES

¿El resultado? La iglesia explotó en crecimiento espiritual, numérico y económico, mucho más allá de lo que jamás habíamos visto antes. Al escribir esto, nuestro crecimiento económico ha alcanzado un treinta por ciento, en este momento de crisis, que es equivalente a la Gran Depresión de la década de 1930. Nuestra asistencia los domingos por la mañana llena el auditorio de cinco mil asientos, nuestra capilla y el salón de usos múltiples.

¿Por qué sucedió esto?

Porque el liderazgo de la iglesia *Cornerstone* se negó a contentarse con mantener el *status quo*... y Dios bendijo nuestro emprendimiento. Todos los días buscamos mejorar continuamente, en cada departamento. Aceptamos el hecho de que hay un modo mejor de hacer las cosas, y lo buscamos diariamente. Sabemos que el éxito no tiene que ver con mantener el *status quo*.

La historia de Toyota

Hace unos meses, la *Toyota Motor Corporation* anunció que llegaba a San Antonio para construir una planta de 800 millones de dólares para fabricar camiones. Fue una noticia maravillosa para nuestra ciudad.

Cuando la automotriz hizo su anuncio, el presidente de Toyota, Fujio Cho, dijo: «Hay una palabra importante en el vocabulario de Toyota, que oirán a menudo desde ahora: *kaizen*». *Kaizen* significa «mejorar continuamente», un proceso integral en todas las áreas de Toyota.

La filosofía del «mejoramiento continuo» no es una filosofía japonesa, sino un concepto corporativo de Toyota que ha contribuido al éxito de la compañía en todo el mundo. Este concepto trasciende culturas e industrias.

Nací en 1940, y de niño, las imágenes y recuerdos de la Segunda Guerra Mundial se plantaron firmemente en mi memoria, incluyendo el dolor de Pearl Harbor y el horror de Hiroshima. Después de la guerra, las palabras *«hecho en Japón»* eran sinónimo de calidad dudosa. ¡Todo lo contrario de lo que sucede hoy!

En la actualidad, cuando voy de compras con mi esposa, no veo los automóviles Hudson, Studebaker, Nash, Kaiser y Packard que veía en los estacionamientos cuando niño. Hoy veo las marcas Nissan, Toyota, Honda, Datsun, Isuzu y Lexus.

Sé muy bien que los Estados Unidos ayudaron a Japón a reconstruir sus fábricas y su economía después de la guerra, pero hay mucho más que la ayuda norteamericana en esta historia. El éxito de Japón es mucho más que eso. Entre las naciones del mundo, Japón tiene el índice de mortalidad infantil más bajo, el más bajo índice de crímenes violentos, el más alto porcentaje de alfabetización, el más alto promedio de vida, y el mayor nivel de educación entre los jóvenes. La superpoblación y los limitados recursos de Japón nos recuerdan a David ante Goliat. Japón no mantuvo su *status quo.*

No hay pobreza que pueda vencer a la diligencia.
—PROVERBIO JAPONÉS

Para la década de 1980, Toyota se había convertido en la tercera compañía automotriz en el mundo, sólo superada por General Motors y Ford. ¿Cómo lo logró? Con la filosofía de *kaizen*, que significa «mejorar continuamente».

¿Ha aceptado usted el *status quo* o busca mejorar continuamente?

Recuerde, el éxito no tiene que ver con mantener el *status quo.*

7
EL ÉXITO NO TIENE QUE VER CON EVITAR LAS CRÍTICAS

¿Cómo responde usted cuando recibe críticas de parte de su cónyuge o de su jefe? ¿Las críticas lo derrumban emocionalmente? Hay tres maneras de evitar la crítica:

* No hacer nada
* No ser nada
* No decir nada

El éxito no tiene que ver con evitar la crítica, porque esto es imposible. El éxito tiene que ver con aprender cómo recibir la crítica sin temor, reemplazando nuestro mecanismo de defensa por la honestidad, el amor, el perdón y sentido del humor. El problema que tenemos la mayoría de nosotros es que preferiríamos estropearnos a causa del elogio antes que salvarnos a causa de la crítica.

La crítica es una de las herramientas de afinación más perfecta de Dios. En manos de un experto, puede transformar al individuo más egocéntrico en alguien que viva y actúe como Jesús. Pero casi no nos damos cuenta de que la crítica puede ser beneficiosa. Escapamos con terror de quienes se acercan a nosotros con lija o cincel en mano.

Es difícil de comprender, pero quizá Dios le haya enviado a ese fariseo para que le pula hasta que llegue a reflejar la gloriosa imagen de Cristo.

Admito que lo más difícil es recibir críticas de nuestros amigos. Es más fácil aceptarlas cuando se trata de un enemigo. Si nuestro enemigo nos critica, podemos ignorarlo. Pero si lo hace un amigo, la crítica nos perseguirá hasta que el asunto llegue a su fin.

Hay dos tipos de crítica: justificada e injustificada. ¿Cómo saber la diferencia?

La crítica justificada tiene al menos un dejo de verdad. Hay un proverbio árabe que dice: «Si alguien te llama burro, olvídalo. Pero si cinco personas te llaman burro, ve y compra una montura».

Permítame darle una ilustración personal con respecto a la crítica justificada y la injustificada.

Cuando comencé a predicar, a los diecisiete años, mi modo era copia fiel de lo que había observado en las Asambleas de Dios, la denominación en la que había servido mi padre como ministro ordenado durante cincuenta y tres años. Caminaba por la tarima como león enjaulado. Utilizaba la trampa lingüística de sonar ungido, aun cuando no lo estuviera.

Sonaba como: «Si quiere usted... ahhhh.... ser salvo, ahhh... todo lo que tiene que hacer.... ahhh... es confesar sus pecados, ahhhh...»

Esto no es estar ungido; esto es un mal hábito. Pero yo no lo sabía; tenía solo diecisiete años.

Un día, el pastor principal de una exitosa iglesia en la que estaba predicando durante dos semanas me invitó a almorzar. Luego de pedir la comida, me dijo: «¿Por qué vas de un lado al otro de la tarima mientras predicas?»

¡No supe qué decir! Respondí con una larga lista de nombres de predicadores que lo hacían durante sus sermones.

El pastor no se sintió impresionado por esto.

Le dije que estaba imitando lo que la denominación de mi padre tomaba como la mejor caracterización de un predicador.

Él me comentó: «No son tus modelos. Lo que tienes que decir tiene tanta sustancia que no necesitas el arte escénico barato. Cuando Jesús presentó el Sermón del Monte, predicó sentado. No corría como gato incendiado. ¡Detente, John! La sustancia de tu mensaje *es el mensaje*».

Esta crítica constructiva cambió inmediatamente mi modo de predicar. Desde ese día, dejé que correr por la tarima.

El secreto del éxito consiste en hacer las cosas
ordinarias extraordinariamente bien.
—JUAN D. ROCKEFELLER

Ahora, permítame mostrarle un ejemplo de crítica injustificada. Recuerde que es el tipo de crítica que no contiene nada de verdad. Es una historia dolorosa, pero cierta.

Hace muchos años, contraté a un hombre para trabajar en los Ministerios John Hagee. Este hombre no era un extraño. Yo había asistido con él y con su entonces novia, que se había convertido ya en su esposa, a la universidad. Era un ministro ordenado. Le consideraba un amigo debido a la relación de cuarenta años que nos unía.

Después de haber estado trabajando en los Ministerios John Hagee durante casi un año, observé que su actitud había cambiado. Pero pude imaginar poco la gravedad del problema.

Recibí entonces una llamada de larga distancia del presidente de una universidad cristiana, diciendo que este empleado había hecho las más viles observaciones con respecto a mi persona.

—¿Qué dijo? —pregunté.

—Dijo que usted era alcohólico. Que estaba borracho todo el tiempo. En realidad, dijo que era él quien preparaba sus sermones en los ratos en que no tenía que estar sacándolo a la rastra de los bares.

¡No podía creer lo que oía!

—¿Es eso todo lo que dijo? —intentaba reírme de esto, pero en realidad, sentía que estaba volviéndome loco.

—No, también dijo que usted envió a su esposa a California para que se hiciera un aborto cuando quedó embarazada.

Eso fue la gota que colmó el vaso. Pueden atacarme todo lo que quiera, tengo la piel gruesa. Pero si ataca a mi esposa o a mis hijos, le tiraré con toda mi artillería.

Colgué el auricular del teléfono. (En realidad, casi lo estrellé con ira).

Me quedé sentado en mi oficina hasta que pude dejar de temblar. Y luego conduje hasta nuestro centro de televisión. Entré en la oficina de mi «amigo», cerré la puerta de un golpe y dije: «¡Hablemos!». Luego repetí lo que había oído.

¡El empleado lo negó todo! Este hombre, a quien conocía desde hacía cuarenta años, mintió tan magistralmente que puse en duda lo que me había dicho el presidente de la universidad.

Cuando dos personas en quienes confío me dicen dos cosas totalmente diferentes, le pido a Dios que me revele quién miente. Oré las palabras de Santiago 1:5: «Y si alguno de vosotros tiene falta de sabiduría, pídala a Dios».

Dos semanas más tarde recibí un llamado de un socio que estaba en otro estado, diciendo que había hablado con este empleado. Le había dicho lo mismo que al presidente de la universidad.

Ahora ya sabía quién estaba mintiendo.

Le pedí a este socio que conversara telefónicamente con dicho empleado y grabara la conversación. Lo hizo. Luego me envió la grabación por correo. Entonces me puse en contacto con mi abogado, quien escribió la carta más draconiana y tajante en la historia de la jurisprudencia.

¡Despedimos al empleado!

Le envié a él y a su abogado una copia de la carta, que afirmaba en parte que «había mentido, con toda intención, y que si él, su esposa o cualquier otro miembro de su familia» volvían a hacerlo, serían llevados a juicio y la carta se utilizaría como evidencia para determinar su culpabilidad.

En contra de lo que su abogado le aconsejaba, el empleado despedido firmó la carta que le envié. ¡Las mentiras cesaron inmediatamente!

Si me tomara el tiempo de relatarles apenas una porción de la cantidad de críticas infundadas (mentiras) que Diana y yo hemos tenido que soportar a lo largo de los años, llenaría las páginas de este libro, y varias más. Aliento a cada lector a que cuando oiga rumores acerca de su pastor o de algún ministro de la televisión, «ponga a prueba a los espíritus para ver si son de Dios». ¡No creerá la increíble la cantidad de mentirosos y sicóticos que andan sueltos por ahí con la Biblia en la mano, llamándose cristianos!

Es una pena, pero la crítica injustificada ha perseguido a la humanidad durante siglos.

Un día, Henry Ward Beecher, uno de los más grandes predicadores en la historia de los Estados Unidos, subió al púlpito a predicar. La iglesia estaba llena. Cuando el predicador puso su Biblia sobre el púlpito, encontró una hoja de papel con sólo una palabra escrita en letras grandes: «¡Tonto!»

El sutil sentido del humor de Beecher aprovechó el momento. Levantó la hoja de papel para que todos la vieran. Su potente voz llenó luego el ambiente: «Generalmente recibo cartas de personas que escriben sin recordar poner su firma al pie. Esta carta es totalmente diferente. La persona ha firmado con su nombre, pero olvidó escribir la carta».

¡Hay tanta gente dispuesta a criticar a otros! Después de cuarenta y cinco años como ministro puedo decirle con suficiente autoridad que he conocido gente con un espíritu crítico tal que podría hasta criticar a Jesús. La persona con espíritu crítico es la que se ha divorciado de la esperanza para casarse con la desesperanza.

A menudo nos llegan críticas de personas que sólo sienten envidia de nosotros. Recuerde que los cuervos picotean sólo las mejores frutas. Cuando alguien dice: «Espero que no te importe que te diga esto», tenga por seguro que sí le importará.

Cuando le critiquen injustificadamente, ¡olvídelo!

¡Es lo que hizo Jesús!

Cuando los fariseos le acusaban de estar poseído por Satanás (Marcos 3:22), Jesús vio que no estaba frente a una crítica racional. En lugar de prestar atención a la crítica, la llamó por su nombre: blasfemia. Jesús se negó a ser el depósito de su basura. ¡Haga usted lo mismo!

Sin embargo, recuerde escuchar cuando la crítica es justificada.

Mi querido amigo Jamie Buckingham, uno de los autores más talentosos en nuestra generación, escribió varios libros que describen la vida de Kathryn Kuhlman. Él escribió en *Coping with Criticism* [Enfrentando las críticas]:

> Durante años, hasta su muerte en 1976, trabajé de vez en cuando con Kathryn Kuhlman como escritor. A pesar de que la señorita Kuhlman era muy susceptible a la crítica, jamás permitió que le impidiera avanzar hacia su meta. En cambio, la utilizaba para que le ayudara a llegar, buscando siempre sacar provecho aun de las críticas más duras.
>
> Poco después de comenzar con su programa semanal en la televisión nacional, recibió una carta escrita por una autoridad de la escuela pública en el pueblo de Iredell, Texas.
>
> «Me gusta usted y me gusta su programa», decía la carta. «Sería mucho mejor si usted no tuviera que pasar tanto tiempo usted de su falda para cubrir sus rodillas. Me distrae. ¿Por qué no lleva faldas más largas?»
>
> Kathryn leyó la carta. «Sabes, tiene razón», dijo a su secretaria. Jamás volvió a vestir faldas cortas en televisión. Quizá otra persona habría respondido con enojo, o habría ignorado la observación. Pero ella no era así. Escuchó. Enfrentó la crítica. Hizo que le ayudara a llegar a su meta de poder comunicarse con los demás. Todo esto fue posible porque no tenía amargura en su corazón que diera mal gusto a lo que llegaba a su vida. Vio el punto de vista de la otra persona.[6]

Kathryn Kuhlman tomó la crítica que contenía algo de verdad y la utilizó para hacer de su ministerio algo más único de lo que ya era. ¡Haga usted lo mismo!

El Dr. James G. Carr, psicólogo relacional, señala que nuestro mayor obstáculo para conocer más acerca de nosotros mismos es nuestra reticencia a descubrir todo aquello que no sea halagüeño en nosotros. Cuando erigimos defensas contra nuestros propios defectos, intentamos ocultarlos ante nuestros ojos y los de los demás, cerrando la puerta a una fuente vital de autoconocimiento y negándonos la necesidad de crecimiento espiritual.

Deje de esconderse de la verdad. Cada uno de nosotros puede mejorar en lo que hacemos y en cómo lo hacemos. La crítica puede ser la llave que abre la puerta al autodescubrimiento. ¡*Selah*!

El éxito no tiene que ver con ninguno de estos siete mitos. Permítame mostrarle una verdadera definición del éxito, encontrada en la Palabra de Dios, en la Biblia.

EL RETRATO DEL ÉXITO PINTADO POR DIOS

Si busca un retrato de una vida exitosa, según los parámetros celestiales, no busque en medio de las luces y la música de Broadway. Ni en Washington D.C, ni en las Naciones Unidas. Escuche, en cambio, el sonido del agua fluyendo de un cántaro, mientras Dios hecho carne, con toda humildad, lava los pies de sus discípulos (humanos poco merecedores de tal privilegio). «El que es el mayor de vosotros, sea vuestro siervo». (Mateo 23:11). Esto es el poder verdadero, es el éxito total en la vida.

¿Qué imagina usted cuando alguien dice la palabra «siervo»?

¿Ve a los esclavos negros, como en *Raíces*, o a los millones de inmigrantes que llegan a los Estados Unidos desde México? ¿Ve a una persona patética, sin voluntad ni propósito? ¿A alguien derrotado, sin espíritu ni autoestima? ¿A alguien sucio, cansado, vestido con harapos?

Por desgracia, nuestra falsa definición de la palabra «siervo» se expresa en la sarcástica beatitud de J. B. Phillips, quien escribió una paráfrasis del Nuevo Testamento:

Benditos quienes empujan... porque llegarán donde quieren.
Benditos los duros... porque jamás se lastiman.
Benditos los quejosos... porque obtienen toda la atención.
Benditos los livianos... porque no se preocupan por el pecado.

Benditos los que explotan a otros... porque obtienen resultados.
Benditos los codiciosos... porque obtienen todo lo que desean.

Compare esto con la definición de algunos de los más devotos seguidores de Cristo. Por ejemplo, ¿cómo se presentaba a sí mismo Pablo, el hombre que convirtió a los gentiles de su era? «Pablo, siervo de Jesucristo, llamado a ser apóstol, apartado para el evangelio de Dios» (Romanos 1:1)

¿Qué hay de Santiago, el medio hermano de Jesús, líder de la iglesia en Jerusalén? «Santiago, siervo de Dios y del Señor Jesucristo» (Santiago 1:1)

¿Y Pedro, sobre quien Cristo construyó su Iglesia? «Simón Pedro, siervo y apóstol de Jesucristo» (2 Pedro 1:1).

Vea la presentación de Juan, el que escribió las revelaciones, que con pluma diestra relató al mundo lo que sobrevendría en la tierra: «La revelación de Jesucristo, que Dios le dio, para manifestar a sus siervos las cosas que deben suceder pronto; y la declaró enviándola por medio de su ángel a su siervo Juan» (Apocalipsis 1:1).

Finalmente, ¿cómo se presentaba el Señor Jesucristo, quien está sentado a la diestra de Dios?: «Porque el Hijo del Hombre no vino para ser servido, *sino para servir*, y para dar su vida en rescate por muchos» (Marcos 10:45).

La similitud de estas presentaciones es obvia. Y muchos cristianos desean reflejar esta humildad. Ruth Calkin, autora y poeta, expresó su deseo en su poema «Me pregunto»:

Sabes, Señor, cómo te sirvo con gran fervor emocional, bajo tu luz. Sabes con qué ansia hablo por ti en el club de mujeres. Sabes cómo brillo cuando promociono un grupo nuevo. Pero cómo reaccionaría yo, me pregunto, si me señalaras la vasija de agua... y me pidieras que lave los pies callosos de una anciana arrugada y decrépita... día tras día... mes tras mes... en un cuarto donde nadie me viera... donde nadie supiera. Me pregunto. ¿Te lo preguntas tú también?

Me pregunto: «¿Cómo me presento yo?»

Hace treinta años tuve el honor de sentarme junto a Corrie ten Boom, en el almuerzo de Fleming Revell para sus autores, en Dallas, Texas. Corrie había escrito recientemente su éxito *The Hiding Place* [El lugar secreto], llevado al cine por la Asociación Evangelística

Billy Graham. Fue un almuerzo que atesoraré en mi memoria siempre.

Estaba junto a esta preciosa santa de Dios, acosándola con preguntas acerca de cómo los nazis habían llevado a su familia al infierno en vida del holocausto por el crimen de esconder a los judíos que Hitler quería matar. La escuché con atención, y el dulce espíritu de esta sobreviviente del holocausto holandés me invadió.

Jamás había conocido a alguien que sintiera tanto amor por los judíos, por el estado de Israel. Con ojos brillantes y marcado acento holandés, me dijo que siempre debía recordar la deuda de gratitud que todo cristiano tiene con el pueblo judío.

Fueron los elegidos, la niña de los ojos de Dios, quienes nos dieron la preciosa Palabra de Dios. Cada versículo, capítulo y libro, ha sido escrito por la semilla de Abraham. Me pidió que recordara que los patriarcas a quienes adoramos —Abraham, Isaac y Jacob— eran judíos. ¿Qué sentido tiene elogiar a los judíos muertos del pasado mientras odiamos a los que viven del otro lado de nuestra calle? Debía recordar que fueron los judíos quienes nos dieron a María, a José y a Jesús. Que Jesús guardaba las fiestas de Israel, y que volvería a la tierra como judío, para gobernar un reino eterno que jamás terminará. Cuando Él vuelva, restaurará su Iglesia, y restaurará a Israel como centro del universo.

Corrie ten Boom fue la oradora principal ante miles de invitados en ese almuerzo. Finalmente, el maestro de ceremonias pidió a todos hacer silencio y presentó a Corrie, leyendo de varias páginas escritas una serie de elogios y distinciones que eran fenomenales y exactos.

Cuando Corrie se levantó de su silla y se dirigió a la tarima, miles de personas se pusieron de pie, llenando al auditorio con el sonido atronador de sus aplausos entusiastas. Ninguno de los asistentes podrá jamás olvidar la primera oración que salió de su boca.

«Le agradezco sus amables palabras, pero prefiero que me presenten como Corrie ten Boom, una sierva de Jesucristo».

Pregunto nuevamente: ¿Cómo se presenta usted? Aparte un momento en los próximos días y piense en esto: un hombre, envuelto en sí mismo, es un paquete pequeño.

Pero veamos a alguien que demuestra que el éxito está al alcance de todos.

LA HISTORIA DE RED MCCOMBS

B. J. «Red» McCombs nació el 19 de octubre de 1927 en el polvoriento pueblo de Spur, al oeste de Texas. Su padre abandonó la granja cuando tenía diecinueve años para ser aprendiz de mecánico. Solo había ido a la escuela hasta tercer grado, y durante dos años durmió en el piso, aplicando su mente brillante a los principios de la mecánica automotriz. El dueño del taller le daba dinero suficiente para comida y tabaco. El padre de Red llegó a ser maestro mecánico, y trabajó para Ford en la fábrica de automóviles.

Cuando Red estaba en el primer año de la secundaria, su profesor le dijo que para dominar el arte de la oratoria debía escuchar la única estación de radio que había en Spur, Texas, una estación con origen en Lubbok. Él lo hizo, obedientemente.

Red aprendió muy bien y dirigió el equipo de representantes de la escuela, que supervisaba el concurso de Reglas de Orden de Roberts. Y como miembro de la autoridad agrónoma, también era juez de ganado.

Su primera experiencia como empresario la tuvo a los diez años, cuando comenzó a empacar maní tostado para venderlo a los que cosechaban algodón. Red dijo: «Fue una gran experiencia para mí. Aprendí mucho. En las primeras bolsas, ponía demasiados maníes, y llenaba un balde con monedas, pero no obtenía ganancias. Luego, comencé a poner menos maní, enrollando la parte superior de la bolsa. Vendí todo, y ni un solo cliente se quejó. Y la mitad de las monedas que llenaban el balde fueron ganancia. Fue mi primera lección de mercadeo, utilizando el capital que me daba mi padre».

Red dejó el pueblo de Spur para vivir durante dos años en la Universidad de Georgetown, donde jugaba en el equipo de football. De allí, fue luego a la Universidad de Texas en Austin, y de ahí, a la facultad de abogacía, durante dos años.

A los veintidós años Red dejó Austin y fue a Corpus Christi, donde comenzó a vender automóviles para un hombre llamado George Jones. Se convirtió en superestrella inmediatamente.

«Estuve en la concesionaria de George Jones durante tres años, y durante ese tiempo, aprendí que el vendedor promedio vendía diez autos al mes, mientras yo vendía un auto por día... treinta autos al mes».

Red ahorró, hipotecó su casa, y se mudó con su esposa Charlene y sus hijos a una casa de dos habitaciones, alquilada. Invirtió todo su dinero, quedándose casi sin un centavo, para iniciar su propio negocio automotor en 1952, a los veinticinco años.

Un año más tarde, el Sr. Hemphill, que había sido jefe de Red en la Concesionaria de George Jones en Corpus Christi, se mudó a San Antonio para abrir una nueva concesionaria Ford. Cinco años más tarde, Hemphill le pidió a su vendedor superestrella de Corpus que se le uniera en San Antonio. La nueva concesionaria se llamó Hemphill-McCombs, y estaba ubicada sobre la Avenida San Pedro.

El secreto de una vida exitosa está en ser como un pato: suave y tranquilo por arriba, pero pataleando furiosamente debajo.

Red recuerda con afecto los orígenes de su carrera: «En el transcurso de dieciocho meses después de mi llegada a San Antonio, pasé de tener dos lotes de autos usados en Corpus Christi, con cinco empleados, a tener concesionarias Ford en San Antonio, Houston y Dallas, con doscientos cincuenta empleados. ¡La carrera ascendente había comenzado!»

En pocos años, Red McCombs construyó la red de concesionarias automotrices más grande de los Estados Unidos, un imperio, propiedad de un muchacho del pueblo de Spur, Texas, que antes de dirigir este imperio había vendido maníes en bolsa a los que cosechaban algodón. Un muchacho cuyo padre dormía en el piso de un taller mecánico, donde era aprendiz.

Red luego se volcó al deporte profesional. Compró los San Antonio Spurs en 1972, y fue su propietario durante cinco años. Luego compró los Denver Nuggets, en 1980, y pasados seis años los vendió para comprar en 1988 a los San Antonio Spurs por segunda vez. Cinco años más tarde, volvió a venderlos.

Los Minnesota Vikings estaban a la venta, y el famoso escritor Tom Clancy y su grupo de inversionistas hicieron una oferta para comprarlos. Después de meses de negociaciones, Red ganó en 1998 y compró a los Vikings. Aún sigue siendo su propietario.

En San Antonio tenemos un dicho: «Si ves a Red montado en una mula renga, apuesta por él, porque de seguro ganará la carrera».

¿Cómo llegó un muchacho que vendía maníes a tener tanto éxito? Miraba la adversidad del mismo modo en que un león mira una carne jugosa. Se sobreponía a los obstáculos. Vencía cada valla de oposición con actitud positiva, y con un corazón que sigue siendo compasivo y generoso. Él y su esposa han donado millones de dólares a universidades, obras de caridad, iglesias y causas nobles. Camina con presidentes y con primeros ministros, pero no ha perdido el toque de hombre común. Red McCombs es una leyenda en Texas, que crecerá a medida que se acerca al atardecer de su vida.[7]

Las personas como Red McCombs prueban que el éxito está al alcance de todos. Todo lo que se necesita es el poder de lograrlo. Y yo le daré a usted mis secretos para lograr el éxito en siete pasos. En realidad, en este libro sobre el éxito utilizaré a menudo el número siete. Lo hago porque el número siete tiene un poder particular en la Biblia.

EL PODER DEL NÚMERO SIETE

He estudiado la palabra de Dios durante cuarenta y cinco años, y siempre me ha atraído el estudio de la numerología bíblica. Hay un mensaje en la numerología bíblica, como lo hay en la Palabra escrita.

Me ha interesado siempre el número siete, el cual representa la perfección. Hay siete días en la creación, en Génesis. Hay siete fiestas en Israel, que revelan el futuro proféticamente. Jacob sirvió durante siete años por cada una de sus dos esposas. Había siete vacas y siete fardos de grano en el sueño del Faraón, reflejando los años de prosperidad y de hambruna.

El tabernáculo, diseñado por Dios en cada detalle, tenía siete muebles que mostraban el camino de la redención desde el derramamiento de sangre al arca de la alianza, en el lugar santísimo. Siete sacerdotes con siete trompetas rodearon a Jericó siete veces en el libro de Josué, y las murallas se derrumbaron.

En el libro del Apocalipsis hay siete iglesias, siete lámparas, siete estrellas, siete sellos, siete cuernos, siete Espíritus de Dios, siete ángeles, siete trompetas, siete coronas, siete plagas y siete vasijas de ira.

Este libro se llama *Los siete secretos*. Cada uno de estos siete secretos para una vida exitosa tiene siete principios de aplicación que producen cuarenta y nueve verdades de la Biblia, las cuales liberarán el Año del Jubileo del Señor en su vida.

He aprendido cada uno de estos siete secretos del éxito a lo largo del camino, a medida que mi ministerio crecía año tras año. Dios mismo me ha guiado y ha provisto en mi vida, desde el primer día en mi camino como cristiano. Oro porque estas cuarenta y nueve verdades produzcan una próspera cosecha, que sobrepase sus más grandes sueños.

Creo que el éxito es para usted.

¡El éxito está a su alcance AHORA!

CAPÍTULO DOS

SECRETO UNO: EL MISTERIO Y EL PODER DE SU MENTE

Un imperio de recursos y actitudes sin límites.

Somos reyes de un reino de poder y potencial ilimitado: nuestra mente. Nuestra capacidad para lograr una vida de sorprendente éxito o para vivir una vida de desilusión y absoluta miseria depende de una sola elección.

Es una elección que hacemos a cada hora, cada uno de los días de nuestra vida.

Esta elección determina nuestro gozo, nuestra paz, la calidad de nuestro matrimonio, nuestro éxito profesional, la felicidad y bienestar de nuestros hijos, y —lo que es más importante— el destino de nuestra alma.

Esta elección determinará su factor de estrés. Determinará nuestra capacidad para tornar el odio en amor, el rechazo en logro y el temor en triunfo.

Esta elección tiene que ver con *cómo elegimos reaccionar a lo que nos han hecho en el pasado o a lo que nos hacen ahora mismo.* Nuestra actitud determinará el éxito en nuestra vida.

El Dr. Viktor Frankl, un médico judío, soportó el infierno del holocausto aplicando este único principio. Los nazis mataron a su familia y lo llevaron a un campo de concentración, donde tuvo hambre, lo golpeaban y le raparon la cabeza para humillarlo. Su nombre ya no significaba nada, y en su lugar, le tatuaron el símbolo de los prisioneros políticos.

Cuando terminó el horror del holocausto, el Dr. Frankl no estaba marcado por la amargura ni por la ira compulsiva que busca venganza. Cuando le preguntaron cómo había podido soportar tratos tan inhumanos con una visión tan positiva, dijo: «A un hombre puede quitársele todo con excepción de una cosa: la última libertad humana, que es elegir nuestra actitud antes las circunstancias que se nos presenten».1

El 11 de septiembre de 2001, los norteamericanos vieron con horror cómo diecinueve terroristas islámicos estrellaron aviones que habían secuestrado contra las Torres Gemelas, como misiles de la muerte. Vimos, sin poder creerlo, cómo las llamas del infierno envolvían los pisos superiores, y cómo los ciudadanos de nuestra amada Nueva York saltaban al vacío, prefiriendo una muerte más piadosa que la de la carbonización. Y el horrendo ataque continuó, con un impacto contra el Pentágono y la caída del vuelo 93 de *United Airlines* en un campo de Pennsylvania. El 11 de septiembre fue un nuevo día de infamia para los norteamericanos. Fue el día en que comenzó la guerra contra el terrorismo internacional.

Cuando visité Nueva York, fui hasta el lugar donde estaban las Torres Gemelas. Miré el cráter donde habían estado, altas, como símbolo de la fuerza económica de los Estados Unidos. Tres mil personas murieron allí. Jamás olvidaré ese momento.

¿Cómo eligieron los neoyorquinos responder a este acto salvaje e insensible del terrorismo?

A un lado del sitio, un cartel anuncia su respuesta ante el mundo. Dice: «El espíritu humano no se mide por el tamaño del acto, sino por el tamaño del corazón». Esa es la actitud que los terroristas jamás podrán doblegar ni conquistar. Es la actitud que Dios nos llama a adoptar.

La Biblia es la guía para la mente, y tiene mucho para decirnos en cuanto a lo que nos permitimos pensar. Este libro no es solo el más vendido del mundo; es también la mejor compra que podamos hacer. En realidad, es la constitución de la civilización cristiana. La Biblia dice: «Por lo demás, hermanos, todo lo que es verdadero, todo lo honesto, todo lo justo, todo lo puro, todo lo amable, todo lo que es de buen nombre; si hay virtud alguna, si algo digno de alabanza, en esto pensad». (Filipenses 4:8).

Debemos tomar una decisión. ¿Cómo enfrentaremos cada día? Solo hay dos opciones para elegir qué disposición adoptaremos: la actitud buena y la actitud mala.

PERFIL DE UNA ACTITUD

Permítame definir la actitud, la disposición, con cuatro afirmaciones:

Nuestra actitud es un sentimiento interior que se expresa en una conducta exterior. La actitud se ve, aunque no digamos ni una palabra.

Nuestra actitud es la línea de combate de nuestro verdadero ser. La raíz de nuestra actitud está oculta, pero su fruto siempre es visible.

Nuestra actitud será nuestro mejor amigo o nuestro peor enemigo. Hará que la gente se sienta atraída o rechazada ante nuestra presencia.

Nuestra actitud determina *la calidad de nuestras relaciones, con nuestro esposo, esposa, hijos, empleador, amigos y con Dios Todopoderoso.*

Por desgracia, algunas personas eligen una mala actitud, y también hay muchos que son propensos a expresarla verbalmente.

Una mañana estaba despachando mi equipaje en el aeropuerto de Washington D.C., cuando vi que había un ramito de muérdago atado a la rejilla del equipaje. Le pregunté al empleado que me atendía: «¿Para qué es ese muérdago en la rejilla del equipaje?».

Respondió: «Para que pueda decirle a su equipaje adiós para siempre».

Eso es tener una actitud... una mala (aunque sus palabras sean ciertas muchas veces).

Permítame preguntarle: ¿La expresión de su rostro se parece a la reedición del libro de Lamentaciones? ¿Hace pensar que lloverá siempre? ¿Si heredara la *General Motors Corporation* creería que alguien podría decretar que a partir de entonces los autos serían ilegales? ¿Le molesta el pajarito que canta junto a su ventana? Si su respuesta es sí, tiene usted un problema de actitud.

Sin embargo, la actitud no tiene por qué ser permanente. Elija cambiar de actitud ahora mismo. Piense en adoptar estos siete secretos para una buena actitud.

1
SU ACTITUD ES ELECCIÓN SUYA Y DE NADIE MÁS

Usted elige su actitud cada mañana al despertar. El rey David dijo: «Este es el día que hizo Jehová; nos gozaremos y alegraremos en él» (Salmo 118:24). Si despertó esta mañana y no encontró su nombre en la página de avisos fúnebres del periódico, póngase contento. Elija tener una buena actitud tan pronto despierte.

En una ocasión llevé mi reloj al relojero para que lo reparara. El hombre examinó mi reloj y me preguntó: «Reverendo Hagee, ¿a qué hora le da cuerda usted a su reloj?»

Pensé durante un momento y luego respondí: «No lo hago siempre a la misma hora, solo cuando comienza a andar más despacio».

El relojero me miró, se apoyó en el mostrador, bajó sus gafas y dijo: «Si le da cuerda al reloj apenas despierta por la mañana, podrá entonces funcionar bien durante todo el día, ¿verdad?»

Jamás olvidé esa sencilla frase. La Biblia nos dice: «Me hallan los que temprano me buscan» (Proverbios 8:17). Cuando ajustamos nuestro corazón y nuestra alma temprano por la mañana para que estén sincronizados con la voluntad de Dios en nuestras vidas, y elegimos Sus pensamientos y Su disposición, está garantizado que nuestro día será exitoso.

¿Qué tipo de actitud eligió usted esta mañana? ¿Fue «¡Buenos días, Señor!» o «¡Dios, otro día!»?

Algunas personas eligen una actitud positiva a pesar de sus problemas. Hace poco tiempo Bárbara Walters, de la ABC News, entrevistó a Christopher Reeve, la estrella de cine que quedó parapléjico después de caer de un caballo. La entrevista fue una de las más poderosas e inspiradoras que haya visto en la televisión secular.

Christopher Reeve estaba en su silla de ruedas, paralizado desde el cuello hasta los pies. El hombre que interpretaba a Superman no puede levantar la mano, no puede comer por sí solo, ni siquiera puede respirar sin ayuda de una máquina. ¿Cuál fue la respuesta de él y la de su familia ante este dilema?

Su esposa Dana le tocó la frente, miró a la cámara y dijo: «Esto es lo que eres, no tu cuerpo». Estaba diciendo que Christopher Reeve sigue siendo el hombre con quien se casó Uno es lo que piensa, decía, y no lo que su cuerpo es capaz de hacer. Su actitud fue una elección.

El pasado es pasado... ¡no presente!

Lo mejor que puede hacer para garantizar el éxito en su vida es olvidar el pasado. El apóstol Pablo nos dio uno de los mejores consejos que puede aceptar un mortal cuando dijo: «Olvidando ciertamente lo que queda atrás...» (Filipenses 3:13).

¿Ha tenido usted gran éxito? Olvídelo. ¿Ha sido el vendedor del año durante el año pasado? Olvídelo. ¿Estuvo en el cuadro de honor el semestre pasado? Olvídelo. ¿Ganó usted la copa del campeonato de golf el año pasado? Olvídelo. Deje de mirar el lugar en que estuvo y comience a mirar el lugar en el que puede estar. No se estacione junto a los logros o fracasos del ayer.

Debemos recordar que es imposible tener éxito sin experimentar el fracaso. Quien jamás ha fracasado es alguien que jamás ha logrado nada.

Cuando el pianista polaco Paderewski comenzó a estudiar piano, su profesor le dijo que sus manos eran demasiado pequeñas como para dominar el teclado. Y sin embargo, el fuego interior de Paderewski por llegar a ser un pianista célebre le impulsó a sobreponerse a esta limitación. Se convirtió en un pianista de fama mundial.

Cuando el gran tenor italiano Enrico Caruso comenzó a estudiar canto, su profesor le dijo que su voz sonaba como el viento que sopla al colarse por la ventana. Mostrando una actitud que demostró conquistar la adversidad, Caruso se convirtió en uno de los mejores tenores del planeta.

Jesucristo podría haber escrito un libro titulado *Los siete secretos del fracaso*. Quizá los temas de los capítulos podrían haber sido algo como esto:

1. La sociedad dice que soy hijo ilegítimo
2. Nací siendo parte de una minoría odiada, los judíos, que sufrieron brutal opresión política.
3. La iglesia reconocida me llamó hereje, borracho y marginado endemoniado.
4. El estado me llamó insurrecto, demasiado peligroso para estar vivo.
5. Uno de mis amigos más queridos me traicionó ante el gobierno por treinta monedas de plata.
6. Me enjuiciaron y sentenciaron injustamente.
7. Soy el Creador del cielo y de la tierra, pero me trataron como a un criminal.

Jesucristo sufrió todos estos fracasos para poder estar sentado en el cielo, siendo nuestro representante ante el Padre. Podría decir: «Me senté donde se sentaron ellos, sentí lo que ellos sienten. Fui un ser humano que debió soportar la adversidad, el rechazo y la traición». ¿Su respuesta ante Su sufrimiento y el nuestro? «En el mundo tendréis aflicción; pero confiad, yo he vencido al mundo» (Juan 16:33).

El pasado es pasado... ¡no presente!

Pero debemos admitir que pasamos demasiado tiempo «llorando por la leche derramada» en momentos en que la vida no puede cambiarse. En lugar de prestar atención a la misión más importante que tenemos por delante cada mañana —la elección de nuestra actitud— malgastamos nuestra energía creativa en cosas que no pueden modificarse.

La leche derramada

El mayor malgasto de energía en Estados Unidos no es el de la electricidad, ni el del gas. Es la energía emocional e intelectual que desperdiciamos peleando contra las situaciones inevitables de la vida. Debemos comprender algo de forma clara: No podemos cambiar ciertas cosas en la vida.

No podemos cambiar la muerte de un ser amado. La Biblia dice: «Está establecido para los hombres que mueran una sola vez» (Hebreos 9:27). Es un hecho: uno de cada uno, muere.

No podemos cambiar el hecho de que algún día nuestro cónyuge nos diga: «Quiero el divorcio».

No podemos cambiar las tontas elecciones de nuestros hijos ya mayores. Su hija ha elegido casarse con un vago. Su hijo ha elegido casarse con una mujer sin estabilidad espiritual ni emocional. Usted no puede cambiar las elecciones de sus hijos ya mayores.

Cuando peleamos contra las situaciones inevitables de la vida nos volvemos amargos y resentidos. Sufrimos de úlceras. Nos volvemos retorcidos, negativos y odiosos. Algunas personas incluso mueren debido a su incapacidad de avanzar más allá de estas inevitables situaciones.

El mayor F. J. Harold Kushner, un oficial médico del ejército que estuvo en Vietcong durante cinco años, cita un ejemplo de una muerte de este tipo. Entre los prisioneros del campamento de Kushner había un marinero joven y rudo, de veinticuatro años, que ya había sobrevivido a su cautiverio dos años con relativa buena salud.

La razón por la que había soportado su situación relativamente bien era que el comandante del campo de prisioneros le había prometido la libertad si cooperaba. Como esto ya había sucedido con otros, el marinero se convirtió en prisionero modelo, y lideraba el grupo de «entrenamiento mental» del campo.

Sin embargo, con el paso del tiempo, este joven notó que sus captores le habían mentido. Cuando se percató de esto se volvió un zombi. Se negaba a trabajar y rechazaba toda oferta de alimento o aliento; simplemente permanecía en su cama, en posición fetal, succionándose el dedo pulgar. En cuestión de semanas, estaba muerto.

Atrapado en las garras de la desesperanza, la vida se había vuelto demasiado imposible para este marinero, otrora tan fuerte y rudo. Cuando se abandonó a la desesperanza, no le quedó más que hacer que acostarse y morir.

¿Se ha rendido usted a la desesperanza a causa de su pasado o de las situaciones inevitables en su vida? ¡Deje ya de hacerlo! Los días más grandiosos de su vida están esperándole aún.

El pasado ha pasado. Deje de vivir la vida mirando por el espejo retrovisor. Mire hacia adelante. ¡Siga adelante! Lo mejor está por venir. Dios jamás consulta su pasado para determinar su futuro.

Dios jamás consulta su pasado, para determinar su futuro.

Piense en Moisés, el que libertó y dio la ley a Israel. Moisés, a quien Dios eligió para que entregara los Diez Mandamientos al pueblo judío. Moisés, aquel que escribió los primeros cinco libros de la Biblia. Moisés, cuyo nombre es conocido en todo el mundo, incluso cuatro mil años después de su muerte.

Recuerde también que Moisés había matado. Figuraba en la lista negra de Egipto como el enemigo público número uno. Era fugitivo de la justicia y vivía en el desierto, donde permaneció durante cuarenta años como pastor, guiando ovejas bajo el sol ardiente. Con el cincel de la adversidad, Dios estaba dando forma a la vida de Moisés para que pudiera liberar al pueblo judío.

Moisés no permitió que su pasado determinara su futuro. Invadió el majestuoso salón de mármol del Faraón, y gritó: «¡Deja ir a mi pueblo!». La nación de Israel nació cuando un hombre se negó a dejar de luchar para conseguir su destino divino.

O piense en el rey David, el joven pastorcito que mató al gigante Goliat. Fue la victoria militar más grande en la historia de Israel. Más tarde David llegó a la cima del poder, y condujo a Israel a lo que los historiadores llaman *La Era de Oro*.

Pero recuerde que David cometió adulterio con Betsabé y que asesinó a su esposo a sangre fría. Y sin embargo, Dios dijo de David:

«He hallado a David hijo de Isaí, varón conforme a mi corazón, quien hará todo lo que yo quiero» (Hechos 13:22). Dios no permitió que el pasado de David determinara su futuro.

¿Está usted paralizado a causa de su penoso pasado? ¿Hay algún capítulo oscuro que le mantiene cautivo por vergüenza, haciendo que se sienta incapaz de seguir adelante? Si Dios perdonó y utilizó a Moisés y al rey David, el Señor también lo hará con usted. Permita que ese pensamiento llene su mente, y repítalo hasta que su cerebro lo haya registrado, hasta que sea un eco en su cabeza: ¡El pasado ha pasado!

Quiero enseñarle una de las frases más terapéuticas del lenguaje humano. La he enseñado en mi congregación durante muchos años, y los resultados son positivamente milagrosos. Todos pasamos por tiempos de adversidad, rechazo y fracaso. La frase que debemos recordar en esos momentos es: «¡Debo sobreponerme!»

¿Ha sido herido? ¡Debe sobreponerse!

¿Ha sido criticado? ¡Debe sobreponerse!

¿Ha sido traicionado? ¡Debe sobreponerse!

¿Ha fracasado? ¡Debe sobreponerse!

Sería imposible calcular la cantidad de empleos perdidos, ascensos que no ocurrieron, ventas que no se hicieron, matrimonios quebrados e iglesias destruidas debido a gente pequeña y lastimosa, sin valor, visión ni fortaleza.

En 1 Tesalonicenses 5:18 el apóstol Pablo escribe: «Dad gracias en todo». En el fracaso, demos las gracias. En el dolor, demos las gracias. En el calabozo de la desesperanza y en la cima del deleite, demos las gracias. En la pena, la pobreza o la prosperidad, demos las gracias: «Entrad por sus puertas con acción de gracias, por sus atrios con alabanza; alabadle, bendecid su nombre. Porque Jehová es bueno; para siempre es su misericordia» (Salmo 100:4-5).

Dios es mucho más grande que la crítica que usted ha sufrido. Es más grande que los gigantes con quienes se enfrenta. Es más grande que las montañas que está escalando. Y más grande que la carga que está soportando.

Vea la cantidad de hombres en la Biblia que eligieron mirar el borde plateado de las nubes, en lugar de la negrura que anunciaba tormenta. Estos hombres no maldecían la oscuridad. Prendían una vela, y la oscuridad desaparecía. Específicamente, eligieron esta actitud.

A los ochenta años, Josué y Caleb escalaron la montaña para pelear con los gigantes que se interponían entre ellos y la Tierra Prometida. Juntos gritaron: «¡Dennos esta montaña!»

Recuerde que años antes habían llegado a la Tierra Prometida con una comitiva de doce espías, de los cuales diez habían dicho: «Nosotros llegamos a la tierra a la cual nos enviaste, la que ciertamente fluye leche y miel; y este es el fruto de ella ... mas ... no podremos subir contra aquel pueblo, porque es más fuerte que nosotros» (Números 13:27-31). En la lengua de los hebreos, la palabra *mas* cancela todo lo que está en la frase anterior.

El *mas* de estos hombres cancelaba las promesas de Dios, y causó que los israelitas fueran presas del terror. Y Dios juzgó a Israel al permitir que toda persona mayor de veinte años muriera en el desierto, a causa de que se negaron a aceptar lo que Él claramente les había dicho que sería suyo.

¿Cuántas de las promesas de Dios cancela usted al decir: «Sé cuál es la voluntad de Dios para mi vida, pero...», o «Sé que este nuevo empleo es una oportunidad fantástica, pero...», o «Confío en que Dios ha traído a esta persona a mi vida para que nos casemos, pero...»?

He pensado en predicar un sermón titulado: «Todos tenemos un pero».

Deje de decir: «Podría, pero...»

Y diga: «Hoy haré...»

Deje de esconderse del éxito por temor al fracaso. El fracaso es necesario. Deje de temer al riesgo. Tenga fe en Dios y avance, en busca de las estrellas.

Todo lo que existe en la vida involucra algún riesgo:

- Reírnos implica el riesgo de vernos como tontos.
- Llorar implica el riesgo de vernos demasiado sentimentales.
- Intentar ayudar a otros implica el riesgo de quedar involucrados.
- Mostrar los sentimientos implica el riesgo de mostrar nuestro interior.
- Exponer nuestras ideas y sueños ante una multitud implica el riesgo del rechazo.
- Amar es arriesgarnos a que no seamos correspondidos.
- Vivir es arriesgarnos a morir.
- Esperar es arriesgarnos a la desesperanza.[2]

¡Corra el riesgo! Trepe a la rama que tiene el fruto más dulce. Deje de vivir la vida abrazado al tronco del árbol, llorando porque los demás tienen la fruta. Busque su lugar y entre en el círculo de los ganadores.

Su actitud depende de usted. Es su elección.

2
SU ACTITUD DETERMINARÁ SUS LOGROS

He predicado un sermón titulado: «Los milagros vienen en lata». Está inspirado en las palabras del apóstol Pablo, que dijo: «Todo lo puedo en Cristo que me fortalece» (Filipenses 4:13). La persona que alcanza logros es aquella que tiene una actitud de: «Yo puedo», la cual le permite lograrlos. Glenn Cunningham es un ejemplo inspirador.

Nacido en una granja de Kansas, y educado en una escuela rural y pequeña, Glenn tuvo una infancia dura y difícil. Él y sus amigos eran los responsables de mantener encendido el fuego en la escuela. Una mañana, mientras los niños echaban kerosén sobre las brasas, la estufa explotó. Glenn podría haber escapado, pero su hermano estaba dentro. Al rescatarlo, ambos sufrieron quemaduras graves. Su hermano murió, y la pierna de Glenn quedó severamente dañada.

La historia no termina aquí. Porque Glenn siempre había soñado con establecer un récord en una carrera. Durante un período de desaliento, desilusión y dolor, de algún modo siguió adelante. Y más aún, decidió que volvería a caminar... ¡y lo logró! Que volvería a correr... ¡y lo logró! Que entrenaría con disciplina... ¡y lo logró! Que dominaría la carrera de una milla... ¡ y lo logró! Y que rompería el récord internacional... ¡y lo logró!

Glenn Cunningham logró fama mundial como «El volador de Kansas», estableciendo marcas mundiales en carreras de una milla (4:06.8) en 1934 y en los 800 metros (1:49.7) en 1936. Recibió el anhelado Premio Sullivan en 1933, como mejor atleta aficionado del país, terminó cuarto en las Olimpíadas de Los Ángeles de 1932 en los 1,500 metros, y ganó la medalla de plata en las Olimpíadas de Berlín de 1936. En 1938, cuando Cunningham rompió su propio record para la milla, cubriéndola en 4:04.4, ya era poseedor de doce de los treinta y un récord de tiempo para dicha distancia. Glenn entró en el Salón de la Fama de su categoría en 1979.

Glenn Cunningham tenía un propósito en su corazón, y su resolución le dio el poder de transformar las peores circunstancias en las más ricas bendiciones. Él tenía una actitud de «Yo puedo».[2]

Quizá usted no esté buscando su objetivo en su empleo porque carece de motivación. Lo ha intentado y ha fracasado, por lo tanto ha claudicado. ¿De verdad hizo todo lo posible en su empleo... en su matrimonio... con respecto a su educación... con respecto a sus hijos? ¿Por qué no lo intenta una vez más? Pero esta vez ponga en ello todo su corazón. Todo el propósito que hay en su corazón.

Su actitud determinará sus logros. Y dicha actitud se ve en sus palabras.

El poder de las palabras

La Biblia dice: «La muerte y la vida están en poder de la lengua» (Proverbios 18:21). Lo que decimos tiene una manera poderosa y extraña de convertirse en realidad. Creo que cuando una persona dice: «Desearía estar muerto», está invitando al espíritu de la muerte a invadir su vida.

Cuando una esposa infeliz dice: «Mi matrimonio es un fracaso», ha pronunciado la sentencia de muerte de esa relación.

Cuando una madre embarazada dice: «No quiero a este bebé», proclama la terminación del embarazo, o sentencia una maldición sobre la vida del niño que aún no ha nacido. Las palabras tienen ese poder.

Son tan comunes como los pimpollos en la primavera, pero son tan poderosas que pueden herir el espíritu de un ser humano. Las heridas de una espada sanan rápidamente, pero las heridas provocadas por la lengua se infectan y supuran para siempre. ¿Está usted permitiendo que sus palabras destruyan su futuro?

Deje de decir: «Ya veré si...» y diga: «Con la gracia de Dios haré...» Deje de decir: «Es imposible» y comience a decir: «Nada hay imposible para Dios» (Lucas 1:37).

Deje de decir: «No tengo contactos» y comience a decir: «Conozco a Dios Todopoderoso, y con Él todo es posible».

Deje de decir: «Me faltan conocimientos y educación», y comience a decir las palabras del apóstol Santiago: «Y si alguno de vosotros tiene falta de sabiduría, pídala a Dios» (Santiago 1:5).

Deje de decir: «Ya estoy demasiado viejo». Moisés tenía ochenta años cuando Dios lo llamó para cumplir su ministerio. Murió a los ciento veinte años, y llegó caminando a su propio funeral.

Es verdad. Nuestra actitud determina nuestros logros. Compare la vida de Tomás, el que dudaba, con la del apóstol Pablo. Tomás vio los milagros de Jesús cuando alimentó a cinco mil personas con el almuerzo de un muchacho. Vio a Jesús caminar sobre las aguas furiosas del

Mar de Galilea, yendo hacia los doce discípulos que sentían terror de morir ahogados. Oyó al Señor decir «Aquiétense», y vio cómo el agua se aquietaba hasta quedar como un espejo.

Tomás oyó a Jesús ordenarle a los espíritus demoníacos abandonar el cuerpo del gadareno, y vio cómo esos espíritus demoníacos se metían en el cuerpo de los cerdos, que echaron a correr colina abajo para ahogarse en el Mar de Galilea. Tomás estaba allí cuando Jesús oró, «Lázaro, levántate», y el muerto salió de su tumba.

Tomás, el que dudaba, vio todos estos milagros, y sin embargo, cuando Jesús atravesó su prueba, instantáneamente dudó que Él fuera el Hijo de Dios. Aun cuando los otros discípulos habían visto al Señor resucitado, Tomás dijo: «Si no viere en sus manos la señal de los clavos, y metiere mi dedo en el lugar de los clavos, y metiere mi mano en su costado, no creeré» (Juan 20:25).

Tomás merecía el apodo de «el que dudaba», y ha sido conocido por ello durante siglos. Sus logros fueron pocos, porque albergaba la duda en lugar de la fe en Jesucristo. Definitivamente, tenía un problema de actitud.

Comparemos la vida de Tomás con la del apóstol Pablo, nacido en el año 1 d.C. como Saulo, «judío, nacido en Tarso de Cilicia ... del linaje de Israel, de la tribu de Benjamín, hebreo de hebreos» (Hechos 22:3; Filipenses 3:5).

¡Saulo jamás había visto a Jesús! Jamás tuvo las oportunidades que tuvo Tomás, el que dudaba, de ver los milagros, oír el Sermón del Monte o ver cómo un muerto salía de su tumba.

En realidad, al principio Saulo estaba convencido de que Jesús era un fraude. Cuando Esteban predicaba que Jesús era el Señor y el Salvador, y que se había levantado de entre los muertos, Saulo pensó que eran tonterías. La sola idea le volvía loco de ira.

Saulo persiguió a Esteban con saña, buscando la enemistad, el disenso y los celos, insultando a Jesús, diciendo que era un fraude. No puso freno ni a su ardiente temperamento ni a su sarcasmo.

Pero los fariseos de Saulo tenían armas más fuertes que el insulto. Si podían retorcer las palabras de Esteban para que sonaran como una blasfemia lo sentenciarían a muerte. «Entonces sobornaron a unos para que dijesen que le habían oído hablar palabras blasfemas contra Moisés y contra Dios». (Hechos 6:11). Los fariseos arrastraron a Esteban ante los setenta y un jueces del Sanedrín.

Dos años antes, Jesucristo había estado en este mismo salón, ante los mismos hombres. Ahora Esteban dio testimonio de Jesús y enfureció al

Sanedrín. Esteban dejó de lado la cautela cuando tuvo una visión del Hijo del Hombre parado a la diestra de Dios, mientras hablaba con los jueces. (Hechos 7:56). La Biblia registra que todos «vieron su rostro como el rostro de un ángel» (Hechos 6:15).

La gente arrastró a Esteban fuera de la ciudad y lo apedreó hasta que murió. En Hechos 7:58, leemos: «Y los testigos pusieron sus ropas a los pies de un joven que se llamaba Saulo». Este es el hombre que se convirtió en Pablo, el padre de la Iglesia del Nuevo Testamento. Más tarde, en el camino a Damasco, Dios cegó a Saulo con una luz brillante como el sol del mediodía, lo cual lo hizo caer de su caballo.

La voz desde el cielo le dijo: «Saulo, Saulo, ¿por qué me persigues?». Él respondió esa pregunta con otra: «¿Quién eres, Señor?». Y la voz del cielo respondió: «Soy Jesús, a quien tú persigues».

Saulo fue llevado de la mano a Damasco y estuvo tres días sin ver, comer ni beber agua. Luego, en una visión, el Señor le dijo a Ananías, un devoto judío cristiano que vivía en Damasco: «Levántate, y ve a la calle que se llama Derecha, y busca en casa de Judas a uno llamado Saulo, de Tarso» (Hechos 9:11).

Creo que Ananías habrá mirado al cielo diciendo: «Dios, ¡debes estar bromeando! ¿Quieres que vaya a orar por el hombre que mató a tus seguidores y que puso en prisión a otros? Es un demonio».

La respuesta de Dios está en Hechos 9:15: «Ve, porque instrumento escogido me es éste, para llevar mi nombre en presencia de los gentiles, y de reyes, y de los hijos de Israel».

¿Cuántas veces sucede que las personas más difíciles que conocemos son las que tienen el mayor potencial? Dios a menudo nos bendice con personas que nos irritan para que fortalezcamos nuestro carácter. Recuerde, es el grano de arena que irrita a la ostra el que se convierte en perla.

Después que Ananías oró por Pablo, le fue restaurada la vista. De allí se levantó y llevó el Evangelio de Jesucristo por todo el Mediterráneo. Dondequiera que estuvo Pablo, se estableció una iglesia del Nuevo Testamento.

Pablo fue el autor de trece libros del Nuevo Testamento. Este hombre habló con los ángeles. La gente se inclinaba ante él, creyendo que era un dios. Incluso fue llevado a visitar el cielo, y supo que jamás podría describir a la Nueva Jerusalén. Simplemente escribió: «Cosas que ojo no vio, ni oído oyó, ni han subido en corazón de hombre, son las que Dios ha preparado para los que le aman» (1 Corintios 2:9).

Hasta hoy, la epístola de Pablo a los Romanos es considerada una obra maestra de la teología, la piedra fundamental del cristianismo. Martín Lutero leyó este libro, y bastó un solo versículo —«El justo por la fe vivirá» (Romanos 1:17)— para que tuviera lugar la Reforma.

Todo esto lo hizo un hombre que jamás había conocido personalmente a Jesús. En tanto otro hombre, Tomás, el que dudaba, que había vivido junto a Jesús, comido con Él, lo había tocado y había orado con Él, ese Tomás... no logró casi nada. Nuestra actitud determina nuestros logros.

3
NUESTRA ACTITUD DETERMINA NUESTRA SALUD MENTAL

Cuando iniciamos nuestra iglesia en San Antonio, en octubre de 1966, yo era el pastor, el jardinero, el encargado de la limpieza, el director del grupo de jóvenes, el director del coro. Había días en que sentía que ya no podía soportar que el teléfono sonara siquiera una vez más.

El primer invierno, decidí llevar a los jóvenes de la iglesia a esquiar a Colorado. Mientras entraba en el hermoso refugio, construido entre los árboles cubiertos de nieve, vi un cartelito en el escritorio del propietario del lugar que decía: «El hombre que pueda provocarme a ira, podrá matarme».

Luego de que el propietario hubiera recabado la información de nuestro grupo, le pregunté acerca del cartelito.

Con calma, cruzó sus manos, me miró, y dijo: «La historia de ese cartelito es la siguiente: Mi cuñado era uno de los comerciantes más exitosos de Colorado. Recientemente, había comprado un nuevo Cadillac, y apenas había recorrido con él una milla, cuando alguien chocó contra el automóvil nuevo, estropeando el guardabarros delantero. Mi cuñado se apeó del auto gritando como loco. Y de repente, cayó muerto en la calle. Desde entonces, he vivido según la frase que está en el cartelito: El hombre que pueda provocarme a ira, podrá matarme».

¿Está usted matándose?

La Asociación Norteamericana de Psiquiatría dice que uno de cada cuatro norteamericanos no está emocionalmente bien. Si forma parte un grupo de cuatro personas, y las otras tres se ven bien, ¡entonces el que está mal es usted!

Es un hecho: nuestra actitud determina nuestra salud mental. Nuestra actitud es un sentimiento interior que se manifiesta en una conducta exterior.

4
NUESTRA ACTITUD VENCE A LA ADVERSIDAD

Todos experimentamos la adversidad. La vida a veces puede ser una pulidora que hace polvo nuestra existencia. Una pulidora sirve para pulir un diamante y hacerlo brillar, pero también puede moler hasta hacer polvo una sólida roca. La vida puede molernos o pulirnos, dependiendo del material de que estemos hechos. ¿De qué material está hecho usted?

Si lo que hace no produce resistencia, entonces no vale la pena. Piense en esto:

* Sin la resistencia del agua, los barcos no flotarían.
* Sin la resistencia del aire, los aviones no volarían.
* Sin la resistencia de la gravedad, no podríamos caminar.

La adversidad es una oportunidad para quienes poseen la actitud de los creyentes del Nuevo Testamento, la cual he visto expresada en los miembros de nuestra congregación.

San Antonio es una ciudad militar. Hay cinco bases militares aquí, y estamos muy orgullosos de los hombres y mujeres que sirven a los Estados Unidos en las fuerzas armadas, pero la guerra de Vietnam fue un período muy difícil para nuestra ciudad y nuestra nación.

Recuerdo cuando Billy volvió de Vietnam. Su madre sabía que había sido herido, pero no sabía cuánto. Llegó a la estación de tren esperando ver a su hijo bajar del tren con muletas, herido pero con posibilidad de sanar. Esperó y esperó, mientras todos los demás soldados bajaban. Luego, cuando vio a su hijo en silla de ruedas, cayó en la cuenta de que estaba cuadripléjico.

Lo miró, sin poder creer lo que veía, y gritó: «¡Mi Dios, Billy, la guerra te lo ha quitado todo!»

Billy miró directamente a los ojos de su madre, y con total convicción respondió: «¡No, mamá! No se ha llevado todo el gozo que Dios me ha dado. Aún tengo su gozo».

La actitud vence a la adversidad. Consideremos de nuevo algunas cosas básicas:

* Una banda elástica solo sirve cuando se estira.
* La tortuga no va a ninguna parte si no asoma la cabeza.
* Los cometas vuelan en contra del viento, no a favor.

La actitud vence a la adversidad.

El proceso de luchar desarrolla nuestro carácter, nuestra fuerza y nuestra mente.

Cuando estuve por última vez en Israel, fui a Hebrón a la casa del alfarero. Allí vi a un alfarero haciendo vasijas del mismo modo en que los israelitas lo hacían miles de años atrás, en el tiempo en que Jeremías escribió: «Y descendí a casa del alfarero» (Jeremías 18:3).

Observé cómo el alfarero hacía girar la rueda pisando sobre el pedal, y cómo utilizaba sus hábiles manos para dar forma a la arcilla, convirtiéndola en una vasija perfecta. Luego, sus dedos volvían a palpar la superficie, y cuando encontraba una imperfección, tomaba la arcilla y la deformaba, reduciéndola a la nada nuevamente para quitar toda imperfección de su obra.

Entonces comenzaba de nuevo, y si encontraba una nueva imperfección, otra vez destruía lo que había hecho y volvía a empezar. Ese día el alfarero debió repetir el procedimiento tres veces. Después de la tercera vez, cuando al final la vasija estuvo formada a su satisfacción, la puso en el fuego.

—La dejo en el fuego hasta que se cueza —dijo volviéndose hacia nosotros.

—¿Cómo sabe que estará lista?—le pregunté.

—La dejo en el fuego hasta tanto pueda retirarla, golpear el borde superior y oír que canta —respondió mirándome.

Jamás olvidaré esa frase tan sencilla. Cada vez que Dios me ha hecho comenzar de nuevo para pulir mis imperfecciones, he recordado estas palabras, porque Él me está dando la oportunidad de cantar con todas mis fuerzas. Si no canto frente a la adversidad, entonces Él me pone otra vez en el fuego. Y sin embargo, Dios no lo hace para atormentarme. Me pone en el fuego para perfeccionarme. Pedro escribió: «Amados, no os sorprendáis del fuego de prueba que os ha sobrevenido (1 Pedro 4:12). Pasemos por el fuego cantando.

En la antigua Israel, cuando los refinadores perfeccionaban el oro, lo hacían hervir. Colaban el metal fundido con una malla fina para quitarle las impurezas. Y volvían a poner el oro en el fuego, repitiendo el proceso hasta obtener el oro más puro. Este proceso terminaba cuando el refinador podía verse reflejado en el oro como si fuera un espejo.

Cuando Dios puede ponernos en el fuego y retirarnos de él viendo Su gloriosa imagen en nosotros, allí es donde termina nuestra prueba. Pero mientras sintamos resentimiento y amargura, mientras protestemos dando patadas contra el suelo, Dios seguirá poniéndonos en el fuego hasta que desaparezcan las imperfecciones y las impurezas.

Nuestra actitud será la que determine cuánto tiempo deberemos permaneces allí, a prueba. Nuestra actitud puede vencer a la adversidad.

Charles Steinmetz, el genio de la electricidad y uno de los fundadores de la colosal *General Electric*, era discapacitado de nacimiento. Su cuerpo era algo grotesco, tenía una joroba, y era tan bajo en estatura, que parecía un enano.

La madre de Steinmetz murió antes de que el niño cumpliera un año. Su padre era pobre, pero estaba decidido a que el pequeño Charles recibiera la mejor educación que pudiera conseguir. Charles no podía correr o jugar como lo hacían los otros niños, así que decidió dedicarse a la ciencia. Su objetivo fue: «Descubriré cosas que ayuden a otras personas».

Cuando Steinmetz inmigró a los Estados Unidos no sabía hablar inglés. Su cara estaba hinchada por el frío que había tenido que soportar en el barco. No veía bien. Su ropa era vieja. Las autoridades portuarias casi deciden enviarlo de vuelta a su Suiza natal.

Pero Charles se quedó, y encontró un empleo que le reportaba doce dólares a la semana. Allí demostró tener capacidades sorprendentes. La empresa incipiente, *General Electric*, pronto notó que Charles Steinmetz era uno de los más grandes expertos mundiales en materia de electricidad. Su carrera estuvo marcada por la investigación y el desarrollo, y no tuvo parangón.

Cuando Steinmetz murió en 1923, un escritor manifestó: «Este jorobado deformado tenía la mente de un ángel y el alma de un vidente».[4] A pesar de tener un cuerpo enano y retorcido, Charles Steinmetz era un gigante en la mente y el espíritu.

Un amigo mío que vivía en Schenectady, Nueva York (hogar original de la *General Electric*), oyó hablar durante unos diez años del brillante protegido de Thomas Edison, Charles Steinmetz, pero jamás había oído mención alguna de su joroba o discapacidad. Sus logros, no su estatura, fueron los que le sobrevivieron. Su actitud venció a la adversidad.

¿Por qué nos desalentamos? Porque contamos nuestras bendiciones con los dedos y nuestras miserias con la calculadora.

Pero las tormentas de la vida tienen como propósito mejorarnos, no amargarnos.¡Contemos todo como parte del gozo! No hay flor que florezca en el paraíso que no haya sido transplantada del Getsemaní. Dios nos juzgará el Día del Juicio, no por nuestras medallas, sino por nuestras cicatrices.

La actitud que vence a la adversidad conquista a la murmuración y al descontento.

La trampa de la murmuración y el descontento

La Biblia nos advierte acerca de la murmuración y el descontento. Lea estos dos versículos y piense en su mensaje:

«Haced todo sin murmuraciones y contiendas»
(Filipenses 2:14).

«He aquí, vino el Señor con sus santas decenas de millares, para hacer juicio contra todos, y dejar convictos a todos los impíos de todas sus obras impías que han hecho impíamente, y de todas las cosas duras que los pecadores impíos han hablado contra él. Estos son murmuradores, querellosos, que andan según sus propios deseos, cuya boca habla cosas infladas, adulando a las personas para sacar provecho» (Judas 14-16).

Los quejosos y murmuradores están en la lista del juicio de Dios. Nos quejamos sobre nuestras casas cuando tres millones de norteamericanos dormirán esta noche sobre cartones en la calle. Nos quejamos por lo que no tenemos. Y sin embargo, dentro de una hora, habrá diez mil niños más muertos por hambre en todo el mundo.

El *Chicago Tribune* publicó la historia de una niña del gueto que llegó al hospital con neumonía. En su casa no había ni frazadas ni calefacción. Cuando la enfermera le acercó un vaso de leche a la pequeña de diez años, ella extendió sus manitos flacas para tomar el vaso y preguntó:

—¿Cuánto puedo tomar?

—¿Cómo dices, amor? —preguntó la enfermera.

—En mi casa nadie puede tomar un vaso de leche entero. Papá traza una línea en el vaso, y hasta allí podemos tomar. ¿Cuánto puedo tomar ahora? —dijo la niña.

El apóstol Pablo escribió en Filipenses 2:14: «Haced todo sin murmuraciones ni contiendas». Nuestra generación necesita ese mensaje. Es prácticamente imposible llegar al fin del día sin haber caído en la trampa de la murmuración, la queja o el lloriqueo. El hecho bíblico es este: Cuando Israel murmuró, Dios les envió serpientes para que les mordieran. Si Dios hiciera hoy eso, la mayoría de las iglesias parecerían casas de serpientes este domingo por la mañana.

La vida está llena de cosas que nos provocan a la queja. Sabemos que tendremos un mal día cuando nuestra bocina se dispara accidentalmente y sigue sonando, justamente cuando estamos en la vía detrás de un grupo de motociclistas aguerridos. O cuando nuestro jefe nos dice que no nos molestemos en quitarnos el saco. O cuando llega nuestro formulario de impuestos. He tenido varios días de ese tipo.

En una ocasión, estaba atascado en el tránsito en la salida 410 y Blanco. El semáforo dura cinco minutos. Estacionada justamente delante de mí, estaba una ancianita, mirando el semáforo tranquilamente, como si tuviera todo el tiempo del mundo.

Cuando la luz cambió de rojo a verde y la ancianita no se movió, no pude creerlo. La luz volvió al rojo, y seguimos allí durante cinco minutos más.

Ahora ya yo estaba mascullando. ¡Era increíble! La luz volvió a ponerse verde, y la anciana tampoco avanzó. *Esta ha de ser la Gran Tribulación que Juan anunció en el Apocalipsis*, pensé.

¡Perdí los estribos! Toqué la bocina con furia. Golpeé el tablero del auto. Grité con todas mis fuerzas: «Vamos, señora, o estacione de una vez. ¡Pero no aquí, ni ahora!»

En ese momento de liberación emocional miré a mi derecha y vi un automóvil lleno de miembros de mi congregación. Me saludaban riendo y decían: «¡Hola, Pastor Hagee, vemos que está teniendo un gran día!»

Me atraparon con las manos en la masa.

Sin embargo, la actitud que vence a la adversidad se niega a murmurar, a quejarse o a buscar culpables, lo cual se ha convertido en una actividad muy popular en los Estados Unidos.

El juego de buscar al culpable

Nos negamos a hacernos responsables por lo que somos y por lo que hacemos. Siempre hay alguien más que tiene la culpa. Nuestros padres, nuestro líder en el grupo de niños exploradores, que no nos daba todas las galletas que queríamos y por eso ahora somos mentirosos psicópatas. El gobierno, que no nos dio el subsidio para la clase de natación.

¡Oiga! Debemos hacernos cargo de nuestra vida o alguien más lo hará. Si no aceptamos la responsabilidad sobre nosotros mismos no hay esperanza ¿Por qué? Porque no es posible el cambio hasta tanto nos hagamos cargo. Si le damos a otro el poder de controlar nuestro destino, no habrá cambio. No podemos cambiar a los demás. Solo podemos cambiarnos a nosotros mismos.

Cuando culpamos a otros, extendemos las diferencias entre los demás y nosotros. Envenenamos nuestras relaciones. Cuando nos culpamos a nosotros mismos, multiplicamos nuestra culpa. Cuando culpamos a Dios, cortamos nuestra única fuente de poder.

Pensemos en esto:

La culpa nunca afirma; asalta.
La culpa nunca sana; hiere.
La culpa nunca resuelve; complica.
La culpa nunca une; separa
La culpa nunca sonríe; frunce el ceño.
La culpa nunca perdona; rechaza.
La culpa nunca construye; destruye.

Hasta tanto adoptemos la actitud que vence a la adversidad y dejemos de culparnos a nosotros mismos, a nuestros padres, al líder del grupo de exploradores y a los demás, jamás tendremos un solo día de felicidad.

Nuestra mente es como una computadora: la basura entra y sale. Si pensamos en cada ofensa que hemos enfrentado, nuestra mente se corromperá para siempre. Pero si elegimos «empacar nuestros problemas y marchar sonriendo, siempre sonriendo», ni siquiera el infierno podrá vencernos.

Permítame urgirle a hacerse cargo de sus pensamientos, su matrimonio, su futuro, su destino y su alma eterna. Que su mente celebre la pura Palabra de Dios, la cual produce el cambio positivo.

Nuestra actitud puede vencer a la adversidad.

5
NUESTRA ACTITUD DETERMINA LA ACTITUD DE LOS DEMÁS

En toda relación, nuestra actitud hacia los demás determinará el modo en que los demás nos responden.

Por ejemplo, nuestra actitud determina la calidad de nuestra relación con nuestros hijos. Hace algunos años fui al hospital M. D. Anderson de Houston, una de las principales clínicas de cáncer de los Estados Unidos. Estuve allí durante dos días, visitando a una adolescente de nuestra iglesia *Cornerstone* que sufría de cáncer.

Observé a un padre apuesto que iba a quimioterapia con su hijito de seis años. El hombre era alto, con hombros anchos y cabello oscuro y encrespado, con una gran sonrisa que le iluminaba el rostro. La tierna mirada a su hijo demostraba de forma evidente que el niño era la luz de sus ojos. Y podía decirse que el niño sentía lo mismo por su papá. Cada vez que pasaban ante mí, el niño iba sosteniendo la mano de su padre con fuerza, irradiando confianza en que todo saldría bien porque su papá estaba allí con él. El niño estaba tomando sesiones de quimioterapia, y había perdido todo su cabello.

Al día siguiente, el papá pasó junto a mí, y observé que estaba calvo. El niñito se detuvo y me miró: «Mi papá se cortó el cabello para estar igual que yo», dijo.

Esa es la actitud que hace de nuestro hogar un cielo en la tierra. En toda relación, nuestra actitud hacia los demás determinará cómo nos responden los demás.

¿Trabaja usted por su cuenta? Su actitud hacia sus clientes determinará la actitud de ellos hacia usted. La investigación industrial ha descubierto las seis razones por las que la gente deja de ir a las grandes tiendas:

- El uno por ciento muere.
- El tres por ciento se muda.
- El cinco por ciento cambia de amistades.
- El nueve por ciento cambia porque encuentra mejores precios.
- El catorce por ciento no está satisfecho con el producto.
- El sesenta y ocho por ciento deja de ir a causa de la indiferencia demostrada por algún empleado

Nuestra actitud hacia nuestros clientes determinará la actitud de ellos hacia nuestro negocio.

Teddy Roosevelt, el vigésimo sexto presidente de los Estados Unidos, dijo: «El ingrediente más importante en la fórmula del éxito es saber cómo llevarse bien con la gente».5 John D. Rockefeller, uno de los norteamericanos más ricos, dijo: «La capacidad de tratar con la gente se compra, al igual que se compra una mercancía, el azúcar o el café, y pagaré más por esta capacidad que por cualquier otra bajo el sol».6

Jesucristo dijo: «Así que, todas las cosas que queráis que los hombres hagan con vosotros, así también haced vosotros con ellos» (Mateo 7:12). Repito: Nuestra actitud hacia los demás determina la actitud de los demás hacia nosotros.

¿Cuál es su actitud hacia su cónyuge? ¿Y hacia sus hijos? ¿Su empleador? ¿Sus clientes? ¿Sus empleados?

Hace años los niños solían recoger botellas de Coca-Cola para llevarlas al almacén, donde se les pagaba por ellas. Luego apareció un tipo de botella con una inscripción extraña: ¡Sin depósito no hay retorno! ¡Si no da nada, no obtendrá nada!

Vea esa frase: Sin depósito no hay retorno.

La vida es así también. Y nuestro matrimonio, nuestros hijos, nuestro empleo y nuestra relación con Dios. ¡Sin depósito, no hay retorno!

Nuestra actitud hacia Dios determina su actitud hacia nosotros

¿Cuál es su actitud hacia Jesucristo? Me pregunto si hoy los creyentes conocen al verdadero Jesucristo de Nazaret. En el siglo veintiuno, le hemos las garras al León de Judá, certificándolo como «humilde y gentil», recomendándolo como mascota para las ancianas piadosas.

Para quienes le conocieron personalmente, sin embargo, su personalidad no era el reflejo de una dulce golosina. Le conocían en su aspecto más peligroso. Sí, era tierno con los desafortunados, paciente con quienes se le acercaban a preguntar con corazón sincero, y humilde ante el cielo, pero también insultó a la iglesia establecida y provocó enojo en los clérigos locales, a quienes llamó hipócritas. Jesús inspiró miedo al gobierno romano. Aquél que podía alimentar a cinco mil personas con un pequeño almuerzo, quien podía sanar a los enfermos y heridos y hacer revivir a los muertos, podía reunir un ejército de seguidores que derrocara al gobierno de Roma en la antigua Palestina.

Jesús se refirió al rey Herodes como «ese zorro» (Lucas 13:32). Comía con prostitutas y pecadores, y se decía que era «un hombre comilón y bebedor de vino, amigo de publicanos y de pecadores» (Lucas 7:34).

El Señor insultó a los comerciantes indignos y los echó del templo, junto con sus pertenencias. No mostró deferencia alguna por la riqueza o la posición social. Cuando le presentaban trampas teológicas, mostró un sentido del humor paradójico que ofendía a los más severos.

¿Cuál es su actitud ante Jesucristo? ¿Lo ve como a una tierna mascota que puede ser controlada con una corea o como a un hombre que podía hacer revivir a los muertos y alimentar a cinco mil con cinco hogazas de pan y unos pocos peces? Su actitud hacia Él determinará la actitud de Él hacia usted... y su capacidad de creer en su ayuda.

Permítame preguntarle esto: Si usted no va a la casa de Dios, ¿por qué iría Él a la suya? Una vez se le preguntó a un pastor cuál era la definición de la asistencia fiel al servicio, y respondió: «Sólo pido que apliquemos en nuestras actividades de la iglesia los mismos parámetros de fidelidad que aplicamos para las demás áreas de nuestra vida». Eso no parece pedir demasiado de nosotros. La iglesia, después de todo, considera seriamente la fidelidad. Piense en estos ejemplos.

Si su automóvil arrancara sólo una vez de cada tres intentos, ¿lo consideraría confiable y fiel? Si el muchacho que trae el periódico olvidara traerlo los días lunes y jueves, ¿le consideraría confiable? Si usted no fuera a trabajar dos o tres veces al mes, ¿su jefe le consideraría confiable y fiel? Si su refrigerador se rompiera a cada rato, ¿diría usted: «Bueno, pero la mayor parte del tiempo sí funciona»?

Si su calentador le saludara con agua helada dos o tres días a la semana mientras está usted en la ducha ¿diría que es confiable? Si dejara de hacer dos o tres pagos de su hipoteca cada año, ¿el banco le diría: «Bueno, diez de cada doce está bastante bien»? Si no asistiera a los servicios y fuera a algunas reuniones solo para mostrar que le interesa, pero no lo suficiente como para involucrarse, ¿es usted fiel?

A menudo he pensado acerca de tener un domingo «sin excusas» en la iglesia de *Cornerstone*. Para alentar tanto a los fieles como a los no fieles, pondría el siguiente cartel junto a la entrada:

Se ubicarán catres en el vestíbulo para quienes dicen: «El domingo en el único día en que puedo dormir hasta tarde».

Repartiremos gotas de colirio para quienes sientan los ojos cansados por haber estado viento TV hasta tarde la noche del sábado.

Habrá cascos de acero para quienes dicen que el techo se les caería encima si fueran a la iglesia.

Repartiremos frazadas para quienes dicen que hace mucho frío, y abanicos para quienes dicen que hace mucho calor.

Tendremos audífonos para quienes dicen que el ministro habla demasiado bajo, y algodón para quienes dicen que habla con voz demasiado alta.

Repartiremos tarjetas de puntaje para quienes deseen ver quiénes son los hipócritas que han venido.

Habrá parientes para quienes deseen ir de visita a verlos el día domingo.

Habrá comida para quienes no pueden ir a la iglesia y preparar los alimentos también.

Un sector de la iglesia se decorará con césped y árboles para quienes dicen gustar de buscar a Dios en la naturaleza.

La iglesia estará decorada con objetos navideños y pascuales, para quienes jamás han estado en ella fuera de esas fechas.

¿Cuál es su actitud hacia la iglesia y su relación con Jesucristo? Si no va a la casa de Dios, ¿espera que Él se acuerde de usted?

La Biblia nos advierte: «No dejando de congregarnos» (Hebreos 10:25).

En estos cuarenta y cinco años como ministro he descubierto que las personas que disfrutan de la vida y de su relación con Dios poseen una actitud de gratitud.

El poder de la actitud de gratitud

Una actitud de gratitud es la llave que libera el poder sobrenatural de Dios. ¿Necesita usted un milagro en su salud, su negocio, su matrimonio o las vidas de sus hijos? La clave está en la actitud de gratitud.

Filipenses 4:6 nos dice: «Por nada estéis afanosos, sino sean conocidas vuestras peticiones delante de Dios en toda oración y ruego, con acción de gracias». La actitud de gratitud es necesaria para que sean efectivas otras formas de oración. En realidad, sin la actitud de gratitud, Dios no escucha su oración. Le aliento a comenzar su momento de oración dando gracias, no enumerando la lista de pedidos y exigencias. El apóstol Pablo nos da un ejemplo del agradecimiento: «Primeramente doy gracias a mi Dios mediante Jesucristo con respecto a todos vosotros» (Romanos 1:8). El agradecimiento primero.

La actitud de gratitud es la llave que libera el poder sobrenatural de Dios. ¿Necesita usted vivir un milagro? ¡Comience por dar las gracias!

La Biblia nos relata la historia de Jonás en el vientre del gran pez. Diríamos que esta puede ser la versión del Antiguo Testamento de la historia de *Tiburón*. En el cine de su mente, visualice lo que se sentirá al estar en el estómago del pez. Este apesta. Es pegajoso. No se necesita ser doctor en sicología para saber que Jonás quiere librarse desesperadamente de esta situación. Ha desafiado las claras instrucciones de Dios con relación a ir a Nínive, y ahora necesita un milagro muy grande.

Durante varios versículos vemos que Jonás ora. Pero nada sucede. Luego dice: «Pero yo, con voz de gratitud, te ofreceré sacrificios» (Jonás 2:9, DHH). En ese momento Dios interviene de manera sobrenatural, y el milagro salva a Jonás. El gran pez se vuelve hacia la costa y vomita a Jonás sobre la arena seca.

¿Desea usted vivir el poder sobrenatural de Dios? Entonces deje ya de quejarse acerca de su situación y comience a agradecer a Dios por Sus milagrosas respuestas.

Jesús alimentó a cinco mil personas con la actitud de gratitud. En Juan 6:11 la Biblia dice: «Y tomó Jesús aquellos panes, y habiendo dado gracias, los repartió entre los discípulos, y los discípulos entre los que estaban recostados». Nada de oraciones largas golpeándose el pecho, enunciando palabras grandiosas o recitando versos poéticos y grandilocuentes. Solo las gracias. Y luego un milagro sobrenatural.

El poder de dar gracias produjo un milagro sobrenatural de nuevo cuando Jesús levantó a Lázaro de entre los muertos con el poder sobrenatural creado por la actitud de gratitud. La Biblia dice: «Y Jesús, alzando los ojos a lo alto, dijo: Padre, gracias te doy por haberme oído ...Y habiendo dicho esto, clamó a gran voz: ¡Lázaro, ven fuera!» (Juan 11: 41,43).

¿Por qué llamó a Lázaro por su nombre? Porque si Jesús no hubiera utilizado el nombre de Lázaro, todos los muertos del planeta Tierra se habrían levantado de su tumba. Jesús era y es la resurrección y la vida.

Lázaro salió de su tumba caminando. Para sorpresa de María y Marta se quitó las vendas que lo envolvían. Puedo ver a los miembros de la Primera Iglesia de los Elegidos Atónitos, diciendo. «No es posible que esto suceda». «No lo creo».

¿Necesita un milagro? Comience por ofrecer al Señor una oración de gracias. Él abrirá las ventanas del cielo para usted. Él le dará casas que no ha construido, manantiales que no ha excavado y viñedos que no ha plantado.

Comience orando de la siguiente manera: «Señor, te agradezco por la prueba por la que estoy pasando. No la comprendo, pero sé que eres demasiado sabio como para equivocarte, y demasiado bueno como para ser malintencionado».

O diga: «Señor, te agradezco por el negocio que ha fracasado. No me amargaré, sino te alabaré por tu gloria y tu apoyo. Sé que me estás guiando ahora mismo hacia la mayor oportunidad de mi vida, porque tus planes para mí son mucho más grandes de lo que mi mente jamás pueda concebir».

O: «Señor, te agradezco por esa pena. Te agradezco por este oscuro Getsemaní. Te agradezco por la vez en que oré durante toda la noche sin esperanza alguna por delante. Fue esa la noche en que oí tu voz y me tocaste suavemente. Fue la noche en que descubrí que eras un amigo más fiel que un hermano. Fue la noche en que te convertiste en mi fortaleza, mi atalaya, mi escudo y mi defensa. Tú sólo eres mi Dios, mi Rey y mi Redentor. Bendigo tu santo nombre». Comience a orar de esta manera, y Dios moverá montañas para responder a su oración.

¿Estamos tan benditos que ya no sabemos cómo agradecer? ¿Estamos tan mimados, tan privilegiados, que ya no podemos agradecer por las cosas simples que Dios nos da cada día? Camino casi todos los días por los pasillos del hospital. Observo a hombres mayores luchando por respirar, y le agradezco a Dios que puedo respirar sin dolor. Veo a personas en sillas de ruedas, y le agradezco a Dios que puedo caminar.

¿Da por sentado el hecho de tener salud? Entonces le desafío a visitar el hospital de su ciudad, hoy mismo. Encontrará allí a personas de su misma edad que jamás saldrán con vida del hospital, ojos que no verán otro atardecer, piernas retorcidas sin posibilidad de curación, oídos que no pueden oír, mentes que se han quebrado ante las presiones de la vida. Entonces miro hacia arriba y digo: «Gracias, Dios. Gracias por las bendición de la salud que tanto disfruto».

En los vestuarios del Estadio *Jeppeson*, en Houston, Texas, donde me cambiaba de ropa cada vez que jugaba al football en la escuela secundaria, había un cartel: «Me quejaba por no tener zapatos, hasta que conocí a un hombre que no tenía pies».

¿Se ha olvidado usted de agradecer? Escuche este poderoso principio sobrenatural de labios del rey David: «Deléitate asimismo en Jehová, y él te concederá las peticiones de tu corazón» (Salmo 37:4).

Nuestra actitud hacia Dios y hacia los demás determina la actitud de ellos hacia nosotros.

6

NUESTRA ACTITUD ES CONTAGIOSA

Nuestra actitud se contagia a los demás miembros de nuestra familia, de nuestra iglesia y del negocio en que trabajamos. Vea la actitud contagiosa del apóstol Pablo, que estableció los parámetros de actitud para los creyentes del Nuevo Testamento. Pablo fue apedreado, golpeado y dado por muerto. Naufragó y fue mordido por serpientes venenosas. Fue criticado, insultado y echado de su ciudad. Fue apresado y abandonado por otros creyentes.

¿Cuál fue su reacción? No se puso en el papel de víctima ni intentó renunciar a su lugar en la iglesia. Al contrario, comenzó a escribir y dijo: «Antes, en todas estas cosas somos más que vencedores por medio de aquel que nos amó» (Romanos 8:37). Alentó a los cristianos: «Pelea la buena batalla de la fe» (1 Timoteo 6:12). Nos instó: «Sufre penalidades como buen soldado de Jesucristo» (2 Timoteo 2:3). Y señaló al futuro: «Porque esta leve tribulación momentánea produce en nosotros un cada vez más excelente y eterno peso de gloria» (2 Corintios 4:17). Esa es la actitud que contagia. ¿Coincide esta descripción con la suya?

¡Mire alrededor de usted! Analice las conversaciones de las personas a quienes conoce que tienen vidas tristes e incompletas. Son personas demasiado negativas, críticas y discutidoras. Son sarcásticas y arrogantes. Actúan como perros de guarda desde las nueve de la mañana hasta las cinco de la tarde. Han dominado el arte del sufrimiento creativo. No pueden mantener cerca a un amigo, a un cónyuge, ni tampoco duran en su empleo. Son individuos sin gozo, y digo junto con el apóstol Pablo: «¡De ellos, apártense!»

Nuestra actitud se contagia. Puede dar lugar a la confianza o a la desesperanza.

Piense en la batalla entre David y Goliat. Cuando Goliat apareció ante los israelitas, los cuarenta mil soldados israelitas pensaron: «Es tan grande que no podremos matarlo jamás». David vio al mismo gigante y pensó: «Es tan grande que jamás podría errar el tiro». Su actitud inspiraba confianza.

Nuestra actitud es contagiosa. Le aliento a que comience hoy a decir en voz alta.

Todo lo puedo en Cristo (Filipenses 4:13).

Al que cree todo le es posible (Marcos 9:23).

Y todo lo que pidiereis en oración, creyendo, lo recibiréis (Mateo 21:22).

¿Por qué te abates, oh alma mía, y por qué te turbas dentro de mí? Espera en Dios (Salmo 42:11).

Antes, en todas estas cosas somos más que vencedores por medio de aquel que nos amó (Romanos 8:37).

Nuestra actitud es una elección, determina nuestros logros y vence a la adversidad. Nuestra actitud hacia otros determina la actitud de ellos hacia nosotros. Nuestra actitud es contagiosa.

7
NUESTRA ACTITUD PUEDE VENCER
CUALQUIER DISCAPACIDAD

Durante la guerra de Vietnam, estaba viendo el clásico show de Bob Hope para los soldados que estaban lejos de su patria. Mientras Bob Hope regalaba la alegría de su rutina de comedia, observé a dos soldados en sillas de ruedas que estaban en primera fila. Cada uno de ellos tenía un solo brazo. Estaban sentados juntos, y cuando Bob decía algo gracioso, aplaudían utilizando su única mano, en un aplauso conjunto. Se veían verdaderamente contentos, no parecían derrotados por la tragedia de haber perdido un brazo.

El 8 de noviembre de 1970 hubo un partido difícil entre los *New Orleans Saints* y los *Detroit Lions*. Estaban empatados, y faltaban solo unos segundos para el final. La multitud contenía el aliento al ver que los *Saints* iban a intentar convertir un gol de medio campo, a las sesenta y tres yardas. Al intentar algo que jamás se había hecho antes, iban a necesitar a un Goliat. La multitud buscaba entre los jugadores al más grande, quizá a alguien que midiera más de dos metros y calzara zapatillas talla cuarenta y ocho.

Pero en lugar de un gigante, entró al campo un hombre que no tenía dedos en la mano derecha ni en el pie derecho, que solo tenía la mitad del pie con que patearía. Cuando Tom Dempsey pateó esa pelota, hizo historia en el football profesional. No solo ganó el juego, sino que además se negó a la discapacidad y al obstáculo que la misma representaba.

Muchas personas esperan que sus circunstancias cambien, en lugar de decidir cambiar de actitud. Eso es un retroceso, no un avance. Vea cuántas cosas dejan de hacer las personas a causa de las circunstancias. Dejan empleos y negocios. Dejan la iglesia. Dejan su matrimonio. Dejan la escuela. Esperan que algo en su relación cambie, en lugar de cambiar ellos mismos. En verdad... si cambia su modo de ver el mundo, su mundo cambiará hoy mismo.

Oiga de nuevo las palabras del apóstol Pablo: «Por lo demás, hermanos, todo lo que es verdadero, todo lo honesto, todo lo justo, todo lo puro, todo lo amable, todo lo que es de buen nombre; si hay virtud alguna, si algo digno de alabanza, en esto pensad» (Filipenses 4:8).

Usted es el soberano absoluto de un reino con recursos ilimitados... su mente. Usted, y solo usted, determina su destino al elegir su actitud.

Capítulo Tres

Secreto dos: Los siete principios de la perseverancia

La clave para llegar a ser campeones

El día de mi octavo cumpleaños, mi madre, la luz que guió mi vida, comenzó a enseñarme una palabra que le dio forma a mi vivir para siempre. La palabra era *perseverancia*.

Su definición de la perseverancia era simple: «Quienes perseveran son los que continúan mientras los demás abandonan». Con sus manos de ángel sostenía mi rostro, mientras sus ojos oscuros penetraban en mi alma, y luego decía: «¡Eres mi hijo, y renunciar es impensable! Debes aprender que la perseverancia comienza con la transpiración».

1
LA PERSEVERANCIA COMIENZA CON LA TRANSPIRACIÓN

El 12 de abril de 1948, el día de mi octavo cumpleaños, entré en la pequeña cocina de nuestro hogar en el sur de Texas, ansioso por ver qué aventura me depararía este día especial. Me senté a la mesa y observé cómo mi madre me preparaba un desayuno suculento de jamón con huevos. Mi madre era fanática en cuanto a que el tiempo no debía desperdiciarse; por lo tanto, me habló mientras seguía trabajando.

«¡Hoy te daré algo por tu cumpleaños que va a serte de beneficio por el resto de tu vida!»

Mi imaginación comenzó a volar. ¿Qué sería? ¿Un bate de béisbol irrompible? ¿Un nuevo guante de béisbol? Una Biblia no, por favor... ya tenía dos.

Esta odisea del deseo recorría los rincones de mi mente, pero terminó abruptamente cuando mamá anunció: «Hoy voy a enseñarte el incalculable valor de la perseverancia y el trabajo».

«¿Y cómo vas a enseñármelo?», quise saber. Las amigas de mi madre la llamaban «una adicta al trabajo», por lo que imaginé que mi «regalo» sería algo terrible. Muchas veces le había oído decir: «Sólo quiero que trabajen medio día, todos los días, ¡y no me importa cuáles sean las doce horas que elijan!» En realidad, creo que mi mamá podría haber sido sargento de entrenamiento en la marina.

Tan pronto tuve edad y altura suficiente, me puso a lavar platos. Creativo como era, pensé que si dejaba caer un plato y lo rompía, ella pensaría que aún era muy temprano para mí y lo dejaría pasar. ¡Lo hice! ¿Cuál fue su respuesta? Con toda calma me dijo que barriera los vidrios y los echara en la basura. Luego dijo: «Cuando tengas un trabajo en el que te paguen, te descontaré el precio del plato».

Enseguida dejé a un lado el plan de romper los platos ¿Trabajar? Comencé a cortar el pasto y a planchar mi ropa de escuela cuando tenía seis años. ¿Perseverancia? Teníamos una vieja y pesada cortadora de pasto que debíamos empujar por el enorme jardín que había alrededor de la casa. Hasta Arnold Schwarzenegger habría quedado exhausto.

La diferencia entre los logros más grandes de la historia y sus más trágicos fracasos es simplemente la voluntad de perseverar.

El día de mi octavo cumpleaños supe que esas tempranas lecciones sólo eran un comienzo. «Hoy te llevaré a la plantación de algodón del Sr. Jodick y podrás cosechar algodón», dijo mi madre.

Me encantó la noticia, porque era un trabajo pago. Mi madre no creía en dar dinero a los hijos todos los meses, por ningún motivo. Su versión de «mensualidad» era: «Vives aquí mensualmente. Comes aquí mensualmente. Duermes aquí mensualmente... ¡ahora, ve a trabajar!»

Después del desayuno, en verdad corrí al automóvil en el que atravesaríamos los doce kilómetros que nos separaban de los campos de algodón.

—¿Y cuánto pagan por este trabajo? —le pregunté a mi madre para que no hubiera detalle sin aclarar.

—La paga es según tu perseverancia y los resultados que obtengas.

—De todas formas, quisiera saber cuánto pagan —dije con respeto. Mi madre era muy dura con los niños maleducados.

—Un dólar por cada cincuenta kilogramos de algodón recogidos. De algodón, no de algodón con pedazos de planta, así que debes recoger el algodón con suavidad, sin tironear de la bola.

—¿Cuánto tiempo tardaré en recoger cincuenta kilos? —pregunté. Estaba sentado en el asiento trasero, calculando la fortuna que haría en un solo día. ¡Tonto de mí!

—Eso dependerá de cuán duro trabajes.

El resto del camino fue en silencio. Al llegar a la plantación del Sr. Jodick me sentía como un corredor en las olimpíadas en busca del oro. Salté del auto y el Sr. Jodick me dio una bolsa enorme, de cinco metros de largo.

Entonces, llegó el momento del impacto.

El Sr. Jodick me llevó a la hilera en la que recogería algodón. La planta era más alta que yo, y la hilera se extendía a lo largo de trescientos metros. Desde mi perspectiva, la hilera terminaba en el horizonte. Ahora comenzaba a darme cuenta de que no sería tan rico como Rockefeller para la hora en que cayera el sol.

—¿Cómo se llega al final de esta hilera? —le pregunté al bronceado Sr. Jodick.

—¡Cabeza abajo, trasero arriba! —respondió.

Quizá en polaco eso quisiera decir: «Trabaja y transpira. No te detengas hasta haber terminado». ¡Persevera!. Pronto aprendí que la perseverancia comienza con la transpiración.

Trabajé en la plantación hasta que terminó la temporada. Gané veintitrés dólares, y me convertí en un avaro total. Nadie podía sacarme siquiera una moneda de la mano.

Confieso que en una ocasión robé algodón de la bolsa de mi hermano mayor. Bill había ido a beber un poco de agua. ¡Terrible error! Aproveché el momento y vacié su bolsa dentro de la mía, pensando «*El Señor da, el Señor quita*».

Teníamos un versículo bíblico para todo en casa. Por ejemplo, cuando iba a la escuela y jugaba a las canicas, quedándonos con las que ganábamos, mi madre decía que eso era apostar, y decretaba que ya no podría jugar más a las canicas.

—¿Tienes un versículo Bíblico para eso? —le pregunté.

—Sí, claro. «No jugarás a las canicas» —replicó sin dudar ni pestañear.

Confieso también que fue ese el verano en que descubrí que el agua pesaba un kilogramo por litro. Mi creativa mente de ocho años calculó lo siguiente: el algodón absorbe el agua rápidamente. Intenté verter agua sobre mi algodón tantas veces como me fuera posible, para poder aumentar mis ingresos. Me atraparon en la primera semana. Todo niño de ocho años que lleve una jarra de agua a los campos a las ocho de la mañana y se quede sin agua para las nueve, caerá bajo sospecha.

Al finalizar la temporada de algodón, mi madre me llevó a mí y a mi fortuna de veintitrés dólares a la tienda JC Penney, en la gran metrópolis de Baytown. Allí gasté la mayor parte de mi fortuna en ropa para la escuela y zapatos para el año que comenzaba.

Durante mi niñez, las palabras de mi madre: *Persevera* y *sigue intentándolo*, quedaron grabadas a fuego en mi mente. No se nos permitía abandonar ningún proyecto una vez iniciado. Podíamos decidir no comenzar, pero si comenzábamos, no podíamos abandonar.

Aprendí bien temprano que la perseverancia comienza con la transpiración.

2
LA PERSEVERANCIA SE APOYA EN EL PROPÓSITO

En 1966, cuando tenía veintiséis años, me invitaron a San Antonio para ser pastor de una nueva iglesia sin edificio, sin presupuesto y sin himnario. La congregación estaba conformada por seis adultos demasiado optimistas. Estaba recién graduado de la Universidad del Norte de Texas en Denton, y contemplaba comenzar con mi doctorado. No se necesitaba una maestría para saber que esta era una *oportunidad* disfrazada de años de trabajo arduo. Había visto a mi padre mientras construía tres iglesias diferentes, y sabía que era un proceso largo y arduo, que debía estar alimentado por el propósito divino. Luego de un tiempo de oración y ayuno, acepté ser el pastor de este puñado de personas esperanzadas. Durante tres semanas adoramos a Dios en una casa, mientras comenzábamos a encontrar respuestas a las preguntas básicas sobre cuál sería nuestra misión y cómo la lograríamos. Era obvio que necesitaríamos construir o alquilar un lugar.

Descubrimos inmediatamente que ningún banco nos prestaría dinero.

Su razonamiento era que yo tenía solo veintiséis años, y ninguna experiencia como pastor. A pesar de que había estado predicando durante ocho años en diversas cruzadas evangelizadoras de gran importancia en todo el país, ser pastor era algo nuevo para mí. En segundo lugar, esta era una iglesia nueva, sin congregación estable y sin el respaldo financiero de una denominación. Y en tercer lugar, nadie en el reducido grupo de seis personas de la iglesia tenía medios económicos que le permitieran firmar un documento legal que sirviera de respaldo para un préstamo bancario.

Después de varios meses, descubrí que Joe Lee Todd, con quien había asistido a la escuela secundaria de Reagan, en Houston, Texas, era el vicepresidente ejecutivo de *Security Church Finance*, una compañía nacional de financiación cuyo único propósito era el de emitir bonos a las iglesias y otros negocios que cumplieran con sus requisitos. Llamé a Joe y le pedí que *Security Church Finance* emitiera un programa de bonos para nuestra nueva iglesia, a la que habíamos puesto por nombre *Trinity Church*. A los pocos días, y luego de estudiar nuestros balances financieros de mitad de año, nos concedieron un bono por sesenta mil dólares.

Con estos sesenta mil dólares compramos un terreno de casi una hectárea en la calle Nacogdoches, y echamos los cimientos para la construcción de la iglesia. No teníamos dinero, pero jamás se nos habría ocurrido abandonar. Hay personas que logran el éxito porque están destinadas a conseguirlo, pero la mayoría lo hace porque tiene la firme determinación de lograrlo. Nuestro propósito era el de traer la verdad de Dios a la ciudad de San Antonio. Era nuestro tiempo de perseverancia.

Con perseverancia, el caracol llegó al arca.
—Charles H. Spurgeon

Nuestro plan de construcción era simple. Con las ofrendas de cada domingo pagaríamos las facturas de servicios, y compraríamos materiales de construcción con lo que quedara. Personalmente, organicé un grupo de construcción que lideré cada noche, de lunes a viernes, durante dieciocho meses.

Comenzamos por levantar la estructura del santuario y el sector de la escuela. Luego cubrimos el techo con madera. No teníamos dinero para comprar tejas o amianto. Llegó el invierno, y fue el más frío en treinta años. Cuando la congregación se ponía de pie para cantar

«Asombrosa gracia» los domingos por la mañana, su aliento recordaba el humo de un cigarro.

Finalmente, llegamos a poner tejas en el techo, y luego aislamiento de amianto. Llegó el momento en que ya no veíamos hacia afuera, gracias a las paredes que levantamos. Nadie sabía colocar ladrillos, por lo cual debimos contratar albañiles. Y luego organicé un grupo de revestimientos para el interior del edificio.

Descubrí que no era tarea fácil sostener las lajas mientras se estaba en un andamio. Pero una pieza a la vez, un día por vez, una semana a la vez, un mes a la vez... ese era nuestro enfoque. Nos impulsaba un propósito divino: el de construir la casa de Dios con excelencia.

Luego colocamos alfombras en el piso, y destinamos hasta el último centavo a la compra de bancos. Cuando colocamos el último banco en su lugar, y una vez que los trabajadores se habían ido a casa, encendí las luces, me senté en el primer banco, y lloré como un bebé.

Quisiera relatar también lo referente a los ataques que debimos soportar, no de parte de los no creyentes, sino de ministros del Evangelio que se conducían como parte de la mafia. Por el bien del Reino, dejaré que esto se resuelve al Día del Juicio, cuando debamos rendir cuentas de cada palabra que nos «justifique o condene». Como dicen las Escrituras: «Muchos pensamientos hay en el corazón del hombre; mas el consejo de Jehová permanecerá» (Proverbios 19:21).

Nos llevó dieciocho meses terminar de construir la iglesia y el complejo educativo. El día de la dedicación, la iglesia estaba llena de gente, y lo único que habría necesitado para sentirme en el cielo era quitarme los zapatos. ¡Dios es fiel!

El humilde comienzo de hace treinta y siete años se logró con sangre, sudor, lágrimas y perseverancia, impulsados por un propósito divino.

¿Conoce usted su proyecto divino?

Si no lo conoce, vivirá en un estado de perpetua insatisfacción hasta que comprenda con claridad las razones por las que Dios le ha puesto en esta tierra.

Saulo era un acérrimo fariseo que perseguía sin piedad a la iglesia, intentando destruirla. Pero el propósito de Dios para la vida de Saulo era que predicara el Evangelio de Jesucristo a los gentiles (Gálatas 1:16).

El propósito de Dios y la pasión de Saulo chocaron camino a Damasco. Dios hizo que Saulo cayera de su caballo, lo cegó y le preguntó: «Saulo, Saulo, ¿por qué me persigues?» Ese encuentro cambió la vida de este hombre para siempre. Saulo, el fariseo, se convirtió en

Pablo, el fundador de la Iglesia del Nuevo Testamento. Su propósito divino le había sido revelado.

He conocido a muchas personas exitosas que han alcanzado sus objetivos, pero no tienen paz, ni gozo, ni sentido de logro.

¿Por qué? Porque la vida, sin que conozcamos nuestro propósito divino, nos lleva a una sensación de vacío, de desilusión.

Dedique un tiempo hoy para examinar su vida. Si no está controlado por el propósito de Dios, está entonces bajo el control del mundo, de la carne, y hasta quizá de Satanás mismo. Tome la decisión de encontrar el propósito de Dios para su vida.

El intento de asesinato

El 23 de diciembre de 1971, a cinco años de haberme convertido en el pastor de *Trinity Church*, un loco entró en la iglesia con un revolver cargado. Estábamos reunidos para nuestro estudio bíblico de los miércoles por la noche. Caminó por el pasillo exterior, manteniéndose cerca de la pared, rugiendo como un animal salvaje, insultando a viva voz. Al principio la gente pensó que esto era la ilustración del sermón... hasta que el aire se llenó de insultos y vieron el arma. Lo que ocurrió entonces fue un estudio de sicología y madurez espiritual.

Algunos miembros de la «triunfante iglesia» se escondieron bajo los asientos, gritando con terror. Un hombre, levantador de pesas, comenzó a arrastrarse por el pasillo del medio, presa del pánico. Varias abuelas permanecieron paradas, señalando al hombre con su dedo, amonestándolo en nombre de Jesús. Dios bendiga a los pocos elegidos que supieron qué hacer y tuvieron el coraje de enfrentarse a un revólver. La mayoría eran mujeres.

Mientras el invasor se acercaba al frente de la iglesia con su arma extendida en la mano derecha, me ordenó rogar por mi vida.

—He venido a demostrar que el poder de Satán es mayor que el de Dios —gritó con demoníaca furia.

—La Palabra de Dios dice: "Ninguna arma forjada contra ti prosperará, y condenarás toda lengua que se levante contra ti en juicio" —dije, citando Isaías 54:17.

El agresor se enojó aún más con esta respuesta.

—Arrodíllese —gritó— y ruegue por su vida, porque a la cuenta de tres lo mataré.

—¡Soy la autoridad aquí, y no me arrodillaré! —respondí.

Mi propósito divino era el de decir la verdad de Dios en este lugar y en este momento. No iba a retroceder.

El asesino estaba mintiendo. No comenzó a disparar a la cuenta de tres. En realidad, lo hizo a la cuenta de dos, vaciando su carga de municiones en mí a una distancia de unos dos y medio metros. Mientras disparaba, no me moví ni a la izquierda ni a la derecha.

Cuando el lunático hubo disparado su última bala, corrió por el pasillo de la iglesia. Fue aplastado contra la pared por el cuerpo de un jugador de football de la universidad que cruzó el pasillo de un salto para detener al agresor. El revolver golpeó tan fuertemente contra la pared que las incrustaciones de nogal se desprendieron. Luego, entre varios hombres, lograron sujetar al agresor.

Un hombre se convierte en héroe, no por ser más valiente que los demás, sino por ser valiente durante diez minutos más que los demás.
—EMERSON

Llamamos a la policía, y al día siguiente, el agresor fue enviado al Hospital Rusk, un centro para criminales con enfermedades mentales. Después de noventa días, una junta de psiquiatras determinó que estaba mentalmente apto como para retomar su lugar en la sociedad. El día de su liberación, condujo su automóvil hasta su casa, trepó al árbol más alto de su jardín, y se ahorcó.

El día después del ataque, la policía vino a la iglesia y tomó fotografías de los orificios de bala que había en la pared, detrás de donde había estado parado. Colocaron una varilla en el lugar en el que había estado parado el agresor, y con un hilo, midieron la distancia a la que habían sido disparadas las balas. Yo me paré en el mismo lugar en el que había estado durante el ataque. Tres de las balas pasaron a mi izquierda y tres a la derecha. Me protegió el ángel de Dios, que desvió las balas hacia un lado y el otro. No hay modo de errar el tiro a tan corta distancia. Pero Dios estaba al mando, y su propósito para mi vida aún no estaba cumplido.

Este incidente apareció en la primera página de los periódicos. Hubo gente que dejó de venir a la iglesia porque creían que el mensaje acerca de la liberación de los demonios era demasiado extremo. Otros se sentían inseguros. Y algunos no querían soportar la vergüenza de contarles a sus amigos que asistían a la iglesia «en la que habían intentado matar al pastor». Hubo quienes, sin embargo, que se quedaron y siguieron adorando a Dios en la calle Nacogdoches.

El FBI y la bomba

Años más tarde, mientras era pastor de la iglesia *Cornerstone* en la salida 1604, recibí un llamado del agente del FBI a cargo de la oficina de San Antonio. «Le han enviado una bomba, y es fatal», me advirtió.

El FBI nos ordenó con énfasis: «No abran ninguna caja que llegue por correo durante estos días». El ministerio televisivo opera por correo, ya que recibe envíos de los *Salt Covenant Partners* de los Estados Unidos y el resto del mundo. De repente, los empleados de nuestro ministerio televisivo temían por sus vidas, y con justa causa.

Al día siguiente, cuando llegué a mi lugar de trabajo, vi al escuadrón antibombas con sus perros entrenados para detectar explosivos. A la espera, había carros de bomberos y ambulancias, con las luces encendidas. Había muchas patrullas con policías, esperando que llegara «la bomba». Los empleados debieron salir del edificio para que los perros pudieran rastrear cada centímetro cuadrado en busca de «la bomba». ¿Estaría allí, descontando los segundos, lista para detonar?

No hace falta destacar que el ambiente de trabajo era tenso.

Cinco días más tarde, explotó una bomba en la oficina de correo de Dallas. Gracias a Dios, fue en la cinta transportadora, lejos de las personas. El FBI me llamó inmediatamente: «Esa bomba estaba dirigida a usted», dijo el agente.

Unos días más tarde, el director local del FBI, junto con el especialista en terrorismo del FBI y el fiscal adjunto de los Estados Unidos, vinieron a mi oficina. Querían explicar en detalle su plan legal para poner al atacante detrás de las rejas.

Después de oír sus explicaciones sobre los cargos que se imputarían al atacante, y sus cálculos acerca del momento del juicio, les interrumpí para preguntarles algo que desesperadamente quería saber:

—¿Por qué me envió una bomba este hombre?

—El atacante envió ese mismo día una bomba dirigida a usted, otra al FBI y una tercera a Bill Clinton —afirmó el director del FBI.

Reí con ganas.

No se sorprendieron.

—¿Qué conexión puede haber encontrado entre mi persona y Bill Clinton? —pregunté.

En ese momento todos irrumpieron en risas. Nadie encontraba una respuesta.

—Yo sé por qué le envió la bomba a usted —dijo luego el especialista en terrorismo. Tomó unas anotaciones que tenía en el bolsillo y agregó—. Escribí la respuesta del atacante, palabra por palabra, porque sabía que usted querría conocer sus motivos.

El especialista en terrorismo leyó: «Cuando oí predicar a este hombre por televisión, supe que lo que decía era la absoluta verdad, y que la única manera de acallarlo sería matándolo».

Dios en su gracia hizo que la bomba explotara en la cinta transportadora de la oficina de correos, sin que nadie saliera lastimado.

El apóstol Pablo lo dijo bien: «El Señor es mi ayudador; no temeré lo que me pueda hacer el hombre» (Hebreos 13:6).

La perseverancia se ve sostenida por el propósito: el llamado divino a hablar la verdad de Dios frente a nuestra sociedad siempre en lucha. Para hacerlo, siempre debemos recordar el principio de la perseverancia.

3
EL PRINCIPIO DE LA PERSEVERANCIA: SIEMPRE ES DEMASIADO TEMPRANO PARA CLAUDICAR

El año más difícil de mi vida y de mi ministerio fue 1975. Fue el primer año de la iglesia *Cornerstone*, y dormía en el piso del garaje de la casa de Harold y Jane Hild, miembros de la congregación. No era un apartamento. Era un garaje, lisa y llanamente.

Colgaba mi ropa de la tubería del agua, en una de las esquinas. Guardaba mi ropa interior y mis medias en cajas de cartón. No había aire acondicionado en el verano, ni calefacción en el invierno. Además, un enorme gran danés, de unos sesenta kilogramos, compartía el espacio conmigo. Me gustan mucho los perros, pero debo admitir que casi mando a este al cielo antes de tiempo cuando se le ocurrió lamerme la cara a las cuatro de la mañana. ¡Imagine cómo me sentía, cubierto de saliva de perro y durmiendo en el garaje!

Es un año que jamás olvidaré.

Mi ministerio ha continuado gracias al principio de la perseverancia: ¡siempre es demasiado temprano para claudicar!

Hubo muchas noches en que me sentaba al borde de mi bolsa de dormir, con la mirada fija en el abismo que tenía por delante. El futuro se veía oscuro, duro, poco prometedor. Si hubo un momento en que dijera que era justo claudicar, abandonar y bajar los brazos, habría sido ese.

Pero en la oscuridad oía la voz de mi madre: «Ningún hijo mío claudicará jamás». Y podía oír la voz de Dios diciendo: «Mas el que persevere hasta el fin, éste será salvo» (Mateo 24:13).

Hay cuatro caras en los seres vivientes de Dios en el libro de Ezequiel: el león, el águila, el hombre y el buey. La última cara, la del buey, nos habla de la perseverancia. El buey persevera. Arará desde el amanecer hasta la puesta del sol, sin detenerse. Póngalo en un establo, aliméntelo, y al día siguiente, y al siguiente, y al siguiente, arará hasta que el trabajo esté terminado. Dios ha dado al buey un natural sentido de la perseverancia: ¡siempre es demasiado temprano para claudicar!

La perseverancia se evidencia en Job, que asistió al funeral de sus diez hijos, perdió sus riquezas, su salud y tuvo que escuchar a su esposa, cuya lengua afilada podía cortar troncos. ¿Recuerda las palabras de aliento de la esposa de Job? Le aconsejó: «Maldice a Dios, y muérete» (Job 2:9). O las palabras de los tres amigos de Job, que le acusaban de pecar, de ser tonto, que le dijeron que Dios le estaba castigando y le aconsejaron arrepentirse. Y sin embargo, a pesar de estas duras palabras, Job perseveró. Dijo: «Aunque Dios me mate, saldré puro como el oro». ¡No claudicaré! ¡Lo soportaré y perseveraré! ¡Es demasiado temprano para claudicar!

Pero por desgracia, nuestra generación vive en la era de la gratificación instantánea. Queremos todo ahora, ya. Hace poco divisé un gran cartel en la autopista que anunciaba: «Fabricamos sus antigüedades mientras usted espera».

Llega un momento en la vida en que parece atractiva la idea de claudicar. Cuando los problemas parecen demasiado terribles... cuando los gigantes parecen invencibles... las montañas infranqueables... cuando la derrota parece inevitable... ¡cuando retroceder parece la única opción!

Pero recuerde: ¡Siempre es demasiado temprano para claudicar!

Ojalá tuviera un dólar por cada vez que oí a mi madre decir: «¡Termina lo que empieces!» También decía: «¡Los peores son los que comienzan y abandonan!»

Judas Iscariote comenzó siendo discípulo de Jesucristo, y luego lo traicionó con un beso. Terminó ahorcándose. Comenzó bien, ¡pero claudicó!

Adolf Hitler comenzó su carrera en una escuela católica, deseando ser sacerdote. Comenzó bien, pero luego se entregó a los demonios que dieron lugar al terrible infierno del holocausto.

Joseph Stalin y Karl Marx comenzaron ambos como seminaristas. ¡Comenzaron bien, pero abandonaron! Stalin mató a treinta millones de rusos en los albores del comunismo.

La Biblia no dice: «Quienes comiencen bien serán salvos». Dice claramente: «Mas el que persevere hasta el fin, éste será salvo» (Mateo 24:13).

Sea lo que fuere que esté haciendo hoy, siga intentándolo. Las montañas se ven altas solo cuando se las mira desde el llano. Por desgracia, el camino al éxito va ladera arriba, así que no espere romper ningún récord de velocidad. Lo único que podemos intentar cuando todo lo demás fracasa es «comenzar de nuevo».

Por gracia de Dios, en mis treinta y siete años como pastor en San Antonio, se me ha permitido construir cuatro complejos educativos con sus santuarios. Cuando los pastores jóvenes caminan por el hermoso santuario de cinco mil asientos, ubicado en un terreno que vale cuarenta millones de dólares, en la salida 1604, siempre formulan la pregunta mágica: «¿Cuál es el secreto del éxito de esta iglesia?». Buscan algún programa secreto, algún misterio oculto.

Mi respuesta es simple: «Abandonen toda idea de claudicar... AHORA». ¡Siempre es demasiado temprano para claudicar! Correr más rápido, saltar más alto y ser mejor que los que compiten con nosotros tiene un precio. Los campeones se obligan a hacer lo que no les gusta para poder hacer lo que se debe en el momento de la competencia.

Mi querido amigo, el Dr. W. A. Criswell, pastor de la Primera Iglesia Bautista de Dallas durante cincuenta años, relató una muy buena historia sobre la perseverancia el día de la dedicación de la iglesia *Cornerstone*. Un amigo evangelista del Dr. Criswell tenía dos hermosos perros en su patio. Un día un pequeño buldog se acercó, olfateando el suelo, y arrastrándose por debajo de la cerca entró en su propiedad. El evangelista sabía que habría una pelea. Su primer impulso fue llevar a los dos perros al sótano, para que no lastimaran al otro perro, que era más pequeño. Pero luego decidió dejar que la naturaleza siguiera su curso. ¡Sus dos perros y el buldog se trabaron en lucha feroz! Volaron pelos, hubo gruñidos y alaridos. El pequeño buldog, lastimado, pasó nuevamente por debajo de la cerca y se fue.

Al día siguiente, a la misma hora, el buldog volvió a aparecer, olfateando el suelo. Volvió a pasar por debajo de la cerca y se acercó otra vez a los dos perros grandes. Una vez más, hubo pelea, y claro... el pequeño volvió a salir lastimado. Pasó por debajo de la cerca, y se fue a casa para curar sus heridas.

Créase o no, al día siguiente volvió a suceder lo mismo. Y otra vez el día después. Así, cada día, el buldog volvía, se trababa en lucha con los perros grandes, y luego se iba. No tenía miedo. ¡Era persistente! No claudicaba.

Después de dos semanas, los perros grandes corrieron al sótano, lloriqueando de miedo al oír que se acercaba el pequeño buldog por el callejón. ¡El perrito entraba al patio con la cabeza en alto, como el campeón de los caninos!

No era el más grande. No era el mejor... ¡Pero era el ganador! ¿Por qué? Porque era lo suficientemente persistente como para no claudicar. Quedó en pie y ganó.

¡Eso sí es perseverar! ¡Seguir intentándolo! Si uno llega al final de la cuerda, deberá hacer un nudo y sostenerse firmemente, sin soltar la soga jamás.

Muchos de los fracasados en la vida son individuos que jamás supieron lo poco que les faltaba para alcanzar el éxito en el momento en que claudicaron.

Todos queremos lograr el éxito. La mayoría de las personas pasan días y años soñando con el éxito. La gente habla, escribe, visualiza y estudia en seminarios para saber cómo alcanzarlo. Pero no es hasta que uno decide perseverar —resistir hasta el final— para ser el último que queda en pie cuando toca la campana que indica el final del último asalto, que lograremos hacer que el fracaso nos eluda hasta nuestro último suspiro.

La perseverancia comienza con la transpiración, se apoya en el propósito y significa que siempre es demasiado temprano para claudicar.

4
¡LA PERSEVERANCIA PRODUCE CAMPEONES!

Nunca ha habido una historia que me inspire más que la de Wilma Rudolph, la vigésima hija en una familia de veintidós hijos. Denis Waitley relata su historia en su éxito nacional *Seeds of Greatness* [Semillas de grandeza]. Wilma no tuvo lo que llamaríamos un buen comienzo. Nació prematuramente, y los médicos no esperaban que sobreviviera. Estas complicaciones causaron que sufriera de neumonía doble en dos ocasiones y de escarlatina. Un brote de poliomielitis causó que quedara con una pierna y un pie torcidos hacia adentro. Su aparato para caminar siempre le molestó. Todo esto hacía que fuese más difícil competir con sus hermanos y hermanas en la carrera hacia la mesa para la cena de cada día.

Wilma recuerda muchos viajes en ómnibus a Nashville, cuarenta y cinco millas al sur de su hogar, para recibir sus tratamientos. Una vez en el hospital le preguntaba al doctor siempre, a veces tres o cuatro veces por visita: «¿Cuándo podré quitarme este aparato y caminar sin él?»

No queriendo despertar falsas esperanzas, el médico respondía siempre: «Ya veremos».

Camino a casa, en el autobús, Wilma se imaginaba a sí misma como madre, con muchos niños felices alrededor. Le contaba a su madre acerca de sus sueños de hacer algo especial, de contribuir con algo bueno para los demás, y de viajar por el mundo. Su primer pensamiento vívido a los seis años fue: *Saldré de este pueblito y encontraré mi lugar en el mundo».*

Su madre, cariñosa y alentadora, la escuchaba con paciencia y le decía palabras que Wilma jamás olvidó: «Amor, lo más importante en la vida es creer en lo que quieres y seguir intentándolo».

A los once años Wilma comenzó a creer que algún día se quitaría el aparato. El doctor no estaba tan seguro, pero sugirió que podía ejercitar las piernas un poco, por lo cual enseñó a los padres y a los hermanos los ejercicios que recomendaba para Wilma cada día.

Pero la idea de «ejercicios» para Wilma no coincidía con la del médico. Cuando sus padres salían, uno de sus hermanos o hermanas permanecía junto a la puerta, actuando como «centinela». Y Wilma se quitaba el aparato e intentaba caminar por la casa, tarea sumamente dolorosa, pero que ella insistía en prolongar durante horas. Si alguien entraba en la casa, el «centinela» la ayudaba a volver a la cama y simulaba estar dándole masajes en las piernas, para justificar el hecho de que no llevaba el aparato puesto. Esto continuó durante aproximadamente un año, y a pesar de que su confianza crecía, sentía mucha culpa también.

Wilma se preguntaba cómo podría decirle a su madre acerca de este programa de rehabilitación no autorizado realizado por ella misma. La familia tenía fuertes raíces cristianas, de la iglesia Bautista del Sur, y la sinceridad era una virtud importante para Wilma.

Durante la siguiente visita de rutina a Nashville, Wilma decidió que había llegado el día del juicio. Le dijo al doctor: «Tengo que confesarle algo». Procedió a quitarse los aparatos y a caminar por el consultorio del médico. Detrás de ella, podía sentir los ojos de su madre mirándola, sabiendo que las acciones que le habían llevado a este momento milagroso estaban en contra de las estrictas reglas de su hogar.

—¿Cuánto hace que has estado practicando? —preguntó el doctor intentando ocultar su sorpresa.

—Un año —dijo ella, evitando mirar directamente a su madre—. A veces... me quito el aparato... y camino por la casa.

—Bien, entonces, ya que has sido honesta conmigo —respondió el médico— te permitiré quitártelos de tanto en tanto para caminar por tu casa.

«A veces» era el único permiso que necesitaba Wilma. Jamás volvió a ponerse el aparato.

Debemos comenzar por alguna parte

Al cumplir los doce años, Wilma descubrió que las niñas corren y saltan igual que los varones. Había estado confinada a las paredes de su casa durante mucho tiempo, y las personas siempre habían ido a visitarla. Pero ahora comenzó a explorar su nuevo horizonte, y decidió que conquistaría todo lo que tuviera que ver con el atletismo femenino.

Caer no significa el fracaso.
El fracaso es quedarse en el suelo.

Una de sus hermanas, Yvonne, dos años mayor que Wilma, estaba realizando las pruebas para entrar en el equipo de baloncesto femenino. Wilma decidió intentarlo también, pensando que sería divertido estar en el mismo equipo con su hermana. El día de las pruebas sufrió al saber que de las treinta niñas que se habían presentado, ella no figuraba entre las doce finalistas. Volvió corriendo a casa, jurando que les mostraría que sí era lo suficientemente buena.

Cuando llegó a la casa observó que el automóvil del entrenador estaba frente a la puerta. *¡Oh, no!*, pensó, *¡ni siquiera me dejará darle la noticia a mis padres!*

Corrió hacia la puerta trasera y entró sin hacer ruido. Luego intentó escuchar la conversación desde la cocina.

El entrenador estaba explicando los horarios de la hermana, los viajes que harían, los detalles del entrenamiento y todo lo que los padres necesitaban saber al momento de ser aceptada su hija en el equipo. Su padre era hombre de pocas palabras, pero cuando decía algo, se sabía que era ley.

—Hay una sola cosa que deseo estipular antes de dar mi aprobación para que Yvonne se una al equipo —dijo el padre.

—Lo que sea —le aseguró el entrenador.

—Mis hijas siempre viajan juntas —dijo el padre con voz calma—. Y si quiere usted a Yvonne, Wilma tendrá que ir también como acompañante.

Esto no era exactamente lo que Wilma tenía pensado, pero era al menos un comienzo.

Sin embargo, Wilma descubrió que el ser incluida en un equipo a causa de lo que diga un padre, y el ser seleccionada por el entrenador, eran dos cosas bien diferentes. Sentía el resentimiento de las otras doce muchachas, pero también se emocionó al ver los nuevos uniformes de satín negro y dorado.

Hay algo en nuestro primer uniforme, cuando nos unimos a un equipo de las Ligas Menores, o al grupo de Niños Exploradores, o a algún tipo de servicio, que crea un sentimiento especial de identidad. El vestir el uniforme indica que uno pertenece al grupo.

Por desgracia, para cuando llegó el turno de Wilma, no había más uniformes, por lo que le dieron uno verde y dorado de la temporada pasada.

No importa, pensó mientras permanecía sentada en el banco durante toda la temporada. *Ya tendré mi oportunidad.*

Un día Wilma por fin se animó a enfrentarse con el entrenador, exponiendo su magnífica obsesión. Con su un metro ochenta de estatura y sus cincuenta kilogramos de peso entró en la oficina y encontró al entrenador con su habitual humor, un tanto brusco y ácido.

—Bien, ¿qué quieres? —preguntó.

Wilma olvido el discurso que tenía preparado, y quedó allí, de pie, cambiando el peso de su cuerpo de una pierna a la otra.

—Habla —dijo el hombre de manera brusca—. ¡Cuando uno tiene algo importante que decir, lo dice y ya! Si no dices qué es, jamás sabré cuál es tu problema.

—Si me da diez minutos de su tiempo todos los días, sólo diez minutos, le daré a cambio una atleta de categoría mundial —pudo decir al fin Wilma nerviosa.

El entrenador rió hasta más no poder, sin saber si había oído correctamente. Tan audaces eran las palabras de Wilma.

Pero, cuando ella estaba por salir de la oficina, le dijo:

—Espera un minuto. Te daré los diez minutos que quieres, pero recuerda que estaré ocupado con atletas verdaderos, gente que obtiene becas y va a la universidad.

Wilma estaba tan feliz que llevaba puesto el uniforme todo el tiempo, aun para ir a la escuela, debajo de su ropa de clase. Cuando sonaba el timbre de salida era la primera en llegar al gimnasio, por lo que recibía su precioso regalo de diez minutos de entrenamiento personal. Desde el comienzo fue obvio que las instrucciones serían siempre verbales, y que ella debía hacerse cargo de progresar, traduciendo lo dicho en capacidad para jugar al baloncesto. Wilma estaba llorando, sentada en el banco, y dos muchachos conocidos de ella se acercaron para consolarla.

—No entiendo por qué me cuesta tanto hacer lo que me indica. Necesito ayuda —dijo con suavidad.

—Te acompañaremos en tus sesiones de diez minutos, y luego te ayudaremos a poner en práctica lo que el entrenador intenta enseñarte —le dijeron.

Al día siguiente comenzaron. La mejor amiga de Wilma también se les unió, para que pudieran jugar partidos con equipos de dos en cada bando. Día tras día escuchaban y practicaban, escuchaban y practicaban... hasta dominar el juego.

Cuando Wilma y su amiga fueron seleccionadas para formar parte del equipo del año siguiente se preguntaron si podrían estar a la altura de las circunstancias en un juego real, en la competencia. El par de amigas inseparables habló de sus sueños y temores compartidos, y decidieron que lo único que podrían hacer era *dar lo mejor de sí*. Acordaron que si lo que tenían para dar no era lo suficientemente bueno, o si no podían estar a la altura de las circunstancias, estarían igualmente agradecidas por la experiencia y dejarían el equipo, habiendo ganado un conocimiento que les serviría por el resto de sus vidas.

La mañana después de cada juego durante la temporada, corrían a leer el periódico para ver los comentarios sobre su actuación. Se volvió rutina la noticia: la amiga de Wilma fue la número uno, y Wilma, la número dos.

Siempre en busca del oro

Mientras Wilma corría por la cancha ese año, intentando superar a su amiga en la competencia fraternal que se habían propuesto de mutuo acuerdo, había alguien que la observaba. El árbitro de los juegos de su escuela secundaria era alguien que Wilma no conocía: Ed Temple, el entrenador de corredores de fama internacional, conocido por su trabajo con los prestigiosas *Tigerbelles* del estado de Tennessee en Nashville. Bajo su tutoría, algunas de las *Tigerbelles* habían llegado a ser las más veloces corredoras del país.

Un día Temple pidió voluntarias del equipo de baloncesto que estuvieran interesadas en realizar pruebas para el equipo de corredoras. El razonamiento de Wilma fue natural: *la temporada de baloncesto ya*

terminado, lo cual significa que tendré que cumplir más tareas en casa.
¿Por qué no ofrecerme como voluntaria?

La primera vez que Wilma corrió una carrera descubrió que podía correr más rápido que su amiga. Luego corrió más rápido que todas las demás chicas de su escuela y que todas las estudiantes de secundaria del estado de Tennessee. Ella y su amiga se dieron una tregua y establecieron un acuerdo: Wilma sería la corredora número uno, y su amiga, la número uno en baloncesto.

A los catorce años, y aún en la escuela secundaria, Wilma se unió al equipo de corredoras de las *Tigerbelles*, y comenzó a entrenar en serio en la Universidad del Estado de Tennessee los fines de semana y cada día después de la escuela. En el campus, conoció a una adorable mujer llamada Mae Faggs, que había formado parte de dos equipos nacionales olímpicos en el pasado. Mae era la única persona, fuera del círculo familiar, con la que Wilma podía compartir sus sueños. Ella también había vivido las frustraciones de los primeros años, el problema de usar aparatos para caminar, y la sensación de sentir que no tenía oportunidades. El entrenamiento continuó, así como el aliento, el apoyo y las victorias. Para finales del primer verano, Wilma había salido victoriosa en las carreras de 75 y 100 yardas, y se encontraba en el equipo ganador de la carrera de relevo de 440 yardas de la división juvenil de la AAU nacional realizada en Filadelfia.

Un día, unos dos años más tarde, Mae Faggs se le acercó y le dijo:

—¿Te gustaría formar parte de nuestro equipo olímpico?

La respuesta de Wilma fue típica de una adolescente, y reflejaba las fantasías que había soñado en sus viajes en ómnibus hacia y desde Nashville años antes:

—¿Eso implica viajar?

—Sí, claro —respondió Mae—. Las olimpíadas de 1956 se harán en Australia.

—¿Cuándo viajamos? —imploró Wilma.

No sería enseguida, porque primero debían calificar para el equipo en las pruebas olímpicas de la Universidad Norteamericana de Washington, D.C. Durante las pruebas de calificación de los 200 metros, Wilma comenzó a liderar. Al hallarse al frente, por delante de Mae Faggs, miró a su alrededor buscando a su amiga. Mae aceleró y llegó primera. Wilma llegó en segundo lugar.

—¡Qué desilusión! —la reprendió Mae más tarde—. No es suficiente con calificar; debes buscar el oro siempre.

Wilma fue eliminada en las semifinales de la carrera de los 200 metros en las olimpíadas de 1956 en Melbourne, pero continuó en busca de la medalla de bronce como parte del equipo de relevo femenino de los 400 metros.

Durante su estadía en Australia estaba a veces muy feliz y otras veces se sentía descorazonada. Se dijo que este tipo de actuación no debía repetirse, la próxima vez, lo haría bien. Wilma tenía solo dieciséis años, estaba aún en la escuela secundaria, ¡y ya se estaba comprometiendo a ganar en 1960!

De vuelta en casa se resistió a la tentación de aprovecharse de su fama. Wilma podría haber despreciado a los niños de su barrio que habían sido tan crueles con ella mientras llevaba los aparatos de inválida, pero en lugar de hacer esto, les mostró la medalla de bronce y les habló de la excitación y la emoción del momento en que se la entregaron. Sus antiguos torturadores eran ahora sus amigos, y disfrutaban al sentir que por una vez en la vida alguien de su pequeño pueblo de Clarksville, Tennessee, había alcanzado la fama.

La poca persistencia conduce al fracaso.

Cuando hablamos de dedicación y persistencia solemos recordar solo los momentos gloriosos, y olvidamos las realidades duras de lo que implica llegar al éxito. Es importante recordar que en esos días no había becas atléticas para las mujeres, por lo que Wilma debía pagar sus estudios en la Universidad del Estado de Tennessee.

Al mismo tiempo, los entrenamientos eran duros. Y era obligatorio que las estudiantes tuvieran un promedio de calificaciones superior a una B (muy bueno) en dieciocho materias para poder seguir formando parte del club de las *Tigerbelles*.

Para poder lograr su victoria, Wilma recurrió a un programa extracurricular similar al que había utilizado cuando aprendía a caminar sin sus aparatos. Cuando vio que estaba quedando rezagada con respecto a las demás jóvenes del equipo por causa de sus estudios y su trabajo, comenzó a escaparse del dormitorio por las noches para correr por la pista de ocho a diez de la noche. Entonces volvía a entrar al dormitorio a hurtadillas, utilizando la escalera de emergencia, y esperaba la señal que indicaba apagar las luces del dormitorio.

Una leyenda viviente

Cuando Wilma salió al campo del estadio en el verano de 1960 durante las olimpíadas de Roma, estaba lista. Los casi ochenta mil seguidores la alentaban, sintiendo que sería una de las atletas especiales que cautivaría los corazones de los espectadores del mundo y de la historia (como lo habían hecho Jesse Owens y Babe Didrikson antes que ella, o como Olga Korbut y Bruce Jenner más tarde). Mientras se preparaba para el primer evento, comenzó a oír el clamor del público: «Vilma, Vilma, Vilma». Jamás albergó duda en su mente, y ellos tampoco lo hicieron. Wilma llegaría al podio, ocupando el primer puesto.

Wilma Rudolph ofreció tres espectaculares actuaciones como atleta, obteniendo la victoria en las carreras de 100 y 200 metros, y llevando al equipo femenino norteamericano al primer puesto en la carrera de relevo de los 400 metros. Ganó tres medallas de oro. ¡Fue la primera mujer en la historia en lograr tres medallas de oro en las olimpíadas! Y en cada una de esas carreras, ganó en tiempo récord.

Wilma había sido la niña inválida que viajaba en autobús a Nashville, aislada de sus vecinos, pero con el apoyo de sus padres, su familia y unos pocos y leales amigos, ahora se había convertido en Wilma Rudolph, la leyenda viviente.[1]

Wilma Rudolph es el retrato de la perseverancia. Alguien a quien el mundo puede admirar. Su perseverancia dio como resultado una campeona.

5
LA PERSEVERANCIA ES LA LLAVE HACIA LA PERFECCIÓN

Si se siente tentado a pensar que algunos seres humanos están especialmente dotados con inteligencia o cuerpos superiores, de modo que con solo un mínimo de esfuerzo pueden lograr la excelencia, piense en las personas que menciono aquí debajo y luego recorra conmigo la vida de un maestro: Thomas Edison.

CUADRO DE HONOR DE LOS MAESTROS

Platón escribió la primera oración de su famosa *República* nueve veces, utilizando estilos diferentes, hasta sentir que había logrado escribir lo que deseaba. Cicerón practicaba sus discursos ante sus amigos, y lo hizo durante treinta años, todos los días, para perfeccionar su oratoria. Noah Webster trabajo durante treinta y seis años para escribir su diccionario, y cruzó el Atlántico dos veces para reunir material e información.

Milton se levantaba a las cuatro de la mañana para poder tener suficiente tiempo cada día para dedicarlo a su *Paraíso Perdido*. Sir Walter Scott dedicaba quince horas al día a su obra. Se levantaba a las cuatro de la mañana cada día, logrando así escribir un libro cada dos meses y la serie de novelas *Waverly* al ritmo de un libro por mes. Virgilio pasó siete años escribiendo sus *Geórgicas,* y doce escribiendo la *Eneida*. Sin embargo, se sintió tan insatisfecho con la última que intento levantarse de su lecho de muerte para echarla al fuego.

Beethoven no tiene parangón por su fidelidad a su música. No hay compás que no haya escrito y reescrito al menos una docena de veces. El *Juicio Final* de Miguel Ángel, uno de los doce cuadros maestros de todas las épocas, fue el producto de ocho años de intenso trabajo. Más de dos mil estudios se encontraron entre sus papeles. Cada vez que Miguel Ángel, ese «loco divino», como se refiriera a él Richardson, meditaba sobre alguno de sus grandes diseños, solía encerrarse, alejado del mundo.

«¿Por qué llevas una vida tan solitaria?», le preguntó un amigo. El sublime artista respondió: «El arte es un dios celoso; exige todo de uno». Mientras trabajó en la Capilla Sixtina, se negó a tener comunicación con persona alguna, ni siquiera con su familia.

Piense en la perseverancia de la abeja. Ha sido descrita muchas veces como «laboriosa». Para producir medio kilogramo de miel la abeja debe visitar cincuenta y seis mil flores de trébol. Como cada una de estas flores tiene seis estambres, deberá efectuar 3.36 millones de visitas para brindarnos ese medio kilogramo de miel que disfrutamos en la mesa del desayuno. Mientras tanto, la abeja habrá volado el equivalente a tres veces la vuelta entera alrededor del planeta.

Para producir una cucharada de miel para nuestras tostadas, la abejita efectúa cuatro mil doscientos viajes hacia las flores. Son casi diez viajes al día, que le toman unos veinte minutos promedio cada uno, para visitar unas cuatrocientas flores. La abeja obrera volará unos seis kilómetros si no puede encontrar néctar en las cercanías.[2]

Por eso, cuando sienta que la persistencia es una tarea difícil, piense en la abeja, piense en Thomas Edison.

Edison no abandonó cuando fracasó su primer intento por encontrar un filamento efectivo para la lámpara de carbono incandescente. Hizo infinidad de experimentos, con todo tipo de materiales. Cada intento infructuoso salía volando por la ventana. La pila llegaba al segundo piso de su casa. Luego envió hombres a China, Japón, Sudamérica, Asia, Jamaica, Ceilán y Burma, en busca de fibras y hierbas para probar en su laboratorio.

Un día, el 21 de octubre de 1879, luego de trece meses de fracasos ininterrumpidos, Thomas Edison logró encontrar un filamento que soportara el flujo de la corriente eléctrica. El hallazgo sucedió de la siguiente manera:

> Tomó un poco de tizne y lo mezcló con brea, enrollándolo para formar un delgado hilo. Luego se le ocurrió utilizar fibra de algodón carbonizada. Durante cinco horas trabajó en el primer filamento, pero se rompía cada vez que lo retiraba del molde. Edison utilizó dos carretes de hilo antes de lograrlo. Al final, obtuvo su primer tramo de filamento, era perfecto, pero se rompió apenas lo introdujo en el bulbo de vidrio. Aun así, Edison se negó a darse por vencido. Siguió trabajando, sin dormir, durante dos días y dos noches. Finalmente logró insertar uno de los hilos carbonizados en un bulbo sellado al vacío. «Cuando hicimos fluir la corriente eléctrica», dijo, «apareció lo que tanto habíamos esperado ver».[3]

¡La persistencia de Edison ante el desaliento le ha dado al mundo la perfección de la luz eléctrica! Sin embargo, Edison no hizo esto solo gracias a su genio, sino por medio de la perseverancia, la llave a la perfección.

A lo largo de la historia, hubo grandes hombres que aprendieron que la perseverancia es la llave a la excelencia. ¿Ha fracasado usted en su matrimonio? ¿En sus negocios? ¿En su educación? Dios es el Dios de la segunda oportunidad. ¡Inténtelo de nuevo! No busque una coartada; inténtelo una vez más.

6
LA PERSEVERANCIA ES PARTE DE LA
VIDA CRISTIANA

La Biblia es un libro de perseverancia. El retrato de la perseverancia es el de Noé trabajando para construir el arca, durante ciento veinte años, con toda la humanidad riéndose de él. Su generación jamás había visto la lluvia. Vivían a miles de kilómetros del agua. La perseverancia de Noé hizo que construyera el barco diseñado por el Arquitecto de todas las eras.

La perseverancia fue lo que hizo entrar a los animales en el arca. La perseverancia hizo que la esposa de Noé y sus hijos entraran en el barco, bajo un cielo azul y con cuarenta grados centígrados de temperatura.

La perseverancia es el fuego en los huesos, lo que nos llevará más allá del ridículo, la burla, y el rechazo.

La perseverancia no necesita de la aprobación de los demás.

A la perseverancia no le importa lo que es políticamente correcto. La perseverancia dice:

*   Por la fe: ¡Muévete, montaña!
*   «Nada os será imposible» (Mateo 17:20).
*   Si Dios es por nosotros, ¿quién contra nosotros? (Romanos 8:31).
*   «Mas gracias sean dadas a Dios, que nos da la victoria por medio de nuestro Señor Jesucristo» (1 Corintios 15:57).
*   «Y esta es la victoria que ha vencido al mundo, nuestra fe» (1 Juan 5:4).

No hay nada tibio ni a medias en la perseverancia. Todo es atrevido, sin temor, valiente.

La perseverancia se ejemplifica en Nehemías reconstruyendo las murallas de Jerusalén cuando los poderosos organizaron una campaña en su contra para detener su proyecto. Cuando las calumnias no lograron detenerlo, estos hombres comenzaron a burlarse de él. Al final, cuando ni la calumnia ni el ridículo lograron detener a Nehemías, amenazaron con matarlo.

Nehemías repartió espadas a la mitad de sus hombres, y ladrillos a la otra mitad. Dejó en claro que estaba dispuesto a luchar hasta la muerte. La muralla se reconstruiría para gloria de Dios, y se logró por medio del poder de la perseverancia.

El apóstol Pablo enseñó el poder de la perseverancia mientras vivió en esta tierra:

Luego de ser azotado tres veces con un látigo romano, y con la espalda llena de cicatrices...

Luego de naufragar...

Después de haber sido apedreado y dado por muerto, yaciendo con el rostro en la tierra como una masa sangrienta, más muerto que vivo...

Cuando lo traicionaron sus amigos más queridos...

Después de vivir en el infierno del escándalo permanente...

Después de aparecer ante la iglesia encadenado...

Después de ir de prisión en prisión...

Pablo tomó su pluma y escribió esto: «Estamos atribulados en todo, mas no angustiados; en apuros, mas no desesperados; perseguidos, mas no desamparados; derribados, pero no destruidos» (2 Corintios 4:8-9).

La Traducción Internacional Hagee de 2 Corintios 4:8-9 dice:

El infierno me ha tirado el lavabo por la cabeza y continúo peleando la buena pelea. ¡Sigo en la lucha! ¡Sigo en pie! ¡No me arrodillaré, ni me inclinaré, ni me quemaré! No miraré hacia atrás, ni abandonaré, ni retrocederé, ni me callaré. Mi pasado ha sido perdonado; mi presente ha sido redimido; mi futuro es seguro. Ya no necesito posición, prominencia ni popularidad. No necesito tener razón, ser reconocido, considerado ni recompensado.

Ahora vivo por la fe y camino con unción divina. Mi rostro muestra determinación; mi paso, decisión; mi objetivo es el cielo; mi senda es angosta; mi camino es arduo, y mis compañeros son pocos.

No podrán comprarme, corromperme, desviarme, tentarme, hacerme retroceder, ni engañarme o retrasarme. No retrocederé ante el sacrificio, ni dudaré en presencia del adversario. El diablo está loco de furia, ¡y yo me alegro mucho por ello!

La noche antes de que le cortaran la cabeza a Pablo, este apóstol de la perseverancia volvió a tomar su pluma, y a la luz de la vela escribió:

«He peleado la buena batalla, he acabado la carrera, he guardado la fe. Por lo demás, me está guardada la corona de justicia, la cual me dará el Señor, juez justo, en aquel día; y no solo a mí, sino también a todos los que aman su venida» (2 Timoteo 4:7-8).

Piense en esa promesa. Está disponible, para todos los que perseveremos. Es una corona de rectitud.

¿Le han derribado?
¿Un amigo querido le ha traicionado?
¿Ha sufrido la pérdida de un ser querido?
¿Está luchando contra una enfermedad mortal?
¿Está pasando por una crisis financiera?
¿Le ha golpeado la tragedia, como rayo caído de un cielo límpido y claro?
¡Levántese! ¡Levántese! ¡Levántese AHORA!

La imagen de Jacob luchando con el ángel hasta el amanecer muestra el poder de la perseverancia para producir el éxito espiritual. Jacob dijo: «No te dejaré, si no me bendices» (Génesis 32:26).

El ángel cambió su nombre por Israel, lo hizo «Príncipe de Dios» en reconocimiento a su esfuerzo. La diferencia entre ser un «Príncipe de Dios» y ser un hombre común fue la perseverancia.

Salomón, con toda sabiduría, escribió: «Mas el justo está confiado como un león» (Proverbios 28:1). A Jesucristo, el Hijo de Dios, se le llama: «El León de la tribu de Judá» (Apocalipsis 5:5). El pueblo de Dios está compuesto por luchadores valientes, que no tienen miedo. No estamos en la tierra para pactar con el mal; estamos aquí para conquistar el mal. La iglesia no es un centro de retiro para los gatos gordos y religiosos. ¡Es el centro de reclutamiento para el victorioso ejército del Dios viviente!

El Calvario no era un parque para un picnic. ¡Fue el punto cero en la zona de guerra universal! ¡La marca suprema que el cielo estableció para la perseverancia! Las Escrituras sugieren que tomemos a Jesús como ejemplo para nuestra vida cotidiana: «Puestos los ojos en Jesús, el autor y consumador de la fe, el cual por el gozo puesto delante de él sufrió la cruz» (Hebreos 12:2).

¿Cómo puede decir que alguien es seguidor de Cristo? No será por su manera de hablar. La gente habla como debe hablar, pero no camina por donde debe caminar. Profesan a Cristo, pero no poseen a Cristo dentro de ellos. Si los entusiastas informes que aparecen en las páginas de los libros cristianos fueran verdad, entonces el diablo estaría en el pabellón psiquiátrico del infierno, tomando Maalox y haciendo flamear una bandera blanca, lloriqueando: «¡Por favor, no me hagan daño!»

La perseverancia forma parte de la vida cristiana.

7
LA PERSEVERANCIA ES UNA DECISIÓN

¡La perseverancia produce vencedores! ¿Quiere ser reconocido en el cielo como un vencedor? Antes de responder a esta pregunta, piense en lo que anuncia el libro de Apocalipsis en relación con los vencedores: «El que venciere será vestido de vestiduras blancas; y no borraré su nombre del libro de la vida, y confesaré su nombre delante de mi Padre, y delante de sus ángeles» (Apocalipsis 3:5).

Y eso no es todo. El mismo capítulo dice más adelante: «Al que venciere, yo lo haré columna en el templo de mi Dios, y nunca más saldrá de allí; y escribiré sobre él el nombre de mi Dios, y el nombre de la ciudad de mi Dios, la nueva Jerusalén, la cual desciende del cielo, de mi Dios, y mi nombre nuevo» (Apocalipsis 3:12).

Y esto tampoco nos pinta al vencedor de cuerpo completo. Dios además promete: «Al que venciere, le daré que se siente conmigo en mi trono, así como yo he vencido, y me he sentado con mi Padre en su trono» (Apocalipsis 3:21). ¿Puede usted imaginar mejor posición que esa? Personalmente, quiero llegar a ser vencedor. ¿Y usted?

Un vencedor toma una decisión definitiva, como lo hizo Jesús en el huerto de Getsemaní. Sabía muy bien la tortura que le esperaba. Y naturalmente, comenzó orando: «Padre, si quieres, pasa de mí esta copa; pero no se haga mi voluntad, sino la tuya» (Lucas 22:42).

La perseverancia es sinónimo de Jesús colgando en la cruz, con sus manos, su cabeza, su costado, sus pies sangrando. Debajo de un cielo más negro que mil noches juntas, nuestro Señor alza su rostro ensangrentado al cielo y grita: «Consumado es».

¿Qué es lo que se ha consumado?
¡El plan de redención que comenzó en Génesis 3!
¡La muerte, el infierno y la tumba están acabados!
Las enfermedades... ¡acabadas!
La culpa del pasado... ¡acabada!
El miedo al futuro... ¡acabado!
El poder de la pobreza que destruye sueños... ¡acabado!

La Luz del Mundo ha aplastado al príncipe de las tinieblas. Satanás está acabado. Ha sido derrotado. Cristo es Señor... y su Reino no tendrá fin.

¡La perseverancia es una decisión! Una decisión que toma todo ganador, incluyendo al ganador de la medalla de oro en las olimpíadas. Qué cuerpos magníficos tienen los atletas. Son la imagen del poder y la fuerza. El maratón comienza, y todos corren bien al principio. Pero luego algunos comienzan a transpirar. Después de varios kilómetros, algunos están exhaustos. Uno se cansa y abandona. Otro tropieza. Otro se desmaya. Otro se desvanece por falta de aire.

¿Quién gana? El que persevera hasta el final. El vencedor es el que recibe la corona.

Y la vida en grande comienza cuando miramos dentro de nuestra alma y decidimos que no jugaremos el papel del cobarde. Tomamos una decisión definitoria. Vamos a resistir. Vamos a perseverar... ¡punto!

La gente con perseverancia lo logra «de todos modos». Le desafío a vivir según estas decisiones que deben tomarse «de todos modos»:

Descubrirá que las personas son irracionales, ilógicas y egocéntricas. ¡Pero las amará de todos modos!

Si hace el bien le acusarán de tener motivos egoístas. ¡Haga el bien de todos modos!

El éxito le traerá amigos falsos y enemigos verdaderos. ¡Alcance el éxito de todos modos!

El bien que haga hoy será olvidado mañana. ¡Haga el bien de todos modos!

Las personas más grandes, con las ideas más grandes, pueden ser derribadas por enanos mentales con ideas diminutas. ¡Piense en grande de todos modos!

Lo que le toma años construir, puede ser destruido de la noche a la mañana. ¡Construya de todos modos!

La gente necesita ayuda, pero quizá le ataquen cuando les extienda una mano ¡Ayúdelos de todos modos!

Darle al mundo lo mejor de sí puede resultar en recibir un puntapié. ¡Ofrézcale al mundo lo mejor de sí de todos modos!

¡Sea persistente! ¡Nunca... nunca... nunca abandone! ¡Es demasiado temprano para claudicar!

CAPÍTULO CUATRO

SECRETO TRES: SU VISIÓN DE SÍ MISMO Y DE LOS DEMÁS

La esencia de la verdadera autoestima

El tercero de los siete secretos para una vida exitosa es el secreto de la verdadera autoestima. Jesús nos reveló este secreto en Mateo 19:19, cuando dijo: «Amarás a tu prójimo como a ti mismo».

Observe que esta verdad bíblica tiene dos partes: Ama a tu prójimo y ámate a ti mismo. Y el hecho es el siguiente: si no nos gustamos, tampoco nos gustará nuestro prójimo. El concretar nuestros objetivos y sueños —el éxito— comienza con la autoestima. Le desafío a liberarse de las dudas y a construir la confianza en sí mismo, además de un nuevo sentido de su propia valía. Aprenda que amar a su prójimo y a sí mismo es el secreto de la felicidad en la vida, en el amor y en todo lo que haga.

No importa qué le haya pasado en la vida, no es «un fracaso total». No es «un perdedor». No es lo que otros digan que es. Es lo que usted y Dios determinen que puede llegar a ser.

Comience hoy a verse a sí mismo como Dios le ve. Cuando esto suceda, se sentirá alentado en lugar de tímido, entusiasta en lugar de aburrido, exitoso en lugar de fracasado, con energías en lugar de fatigado, amable en lugar de intratable, positivo en lugar de negativo, se perdonará a sí mismo en lugar de condenarse y se respetará en lugar de despreciarse.

Como la autoestima verdadera implica amarse a sí mismo y a su prójimo, examinaremos el amor desde la perspectiva secular y desde la bíblica. Comencemos por ver el amor desde el punto de vista del mundo.

LO QUE EL AMOR NO ES

1. El amor no es emoción.

He oído decir a muchos jóvenes: «Cuando estoy cerca de mi novia, no puedo respirar».

Mi respuesta es: «Eso no es amor. ¡Es asma!»

He oído decir a otros también «Cuando estoy cerca de Suzie, mi vista se nubla».

Mi respuesta es: «Eso no es amor. Usted necesita anteojos. Vea al oculista».

Y hay muchos otros mitos acerca del amor tan falsos como estos. Por ejemplo, si el amor es ciego, ¿por qué se sienten atraídos tantos jóvenes por la misma mujer hermosa? El amor no es ciego. Y el amor no es lo que uno siente. El amor es lo que uno hace. Las obras, no las palabras, son la prueba de su amor.

Todos somos ángeles con una sola ala;
necesitamos a otro para poder volar.

Jesucristo no dijo: «Cuando tenía hambre, te compadeciste de mí. Cuando estuve desnudo, te avergonzaste por mí. Cuando estuve en prisión, sentiste vergüenza por mí. Cuando estuve enfermo, sentiste lástima de mí».

No, Él no dijo nada de eso. Sin embargo, reprendió al pueblo judío y a todos nosotros cuando dijo: «Porque tuve hambre, y no me disteis de comer; tuve sed, y no me disteis de beber; fui forastero, y no me recogisteis; estuve desnudo, y no me cubristeis; enfermo, y en la cárcel, y no me visitasteis». (Mateo 25:42-43).

El mensaje es muy claro. El amor no es lo que uno siente. El amor es lo que uno hace.

2. El amor no es sexo.

El amor no es una respuesta hormonal a un escote pronunciado o una falda corta. El amor no es «la urgencia de fusionarse».

Hay un amor gratuito y un amor de pacto, y la juventud del siglo veintiuno deberá aprender la diferencia. El amor gratuito toma, mientras el amor de pacto otorga. El amor gratuito se lleva todo lo que uno pueda dar: nuestras emociones, nuestro tiempo y nuestros bienes materiales. Pero el amor de pacto nos da compromiso, respeto, y apoyo emocional y material.

El amor gratuito nos trae SIDA y un hogar eterno en el lago de fuego. El amor de pacto nos trae un anillo y hace que nuestra vida sean días del cielo en la tierra.

Contraste estos mitos seculares acerca del amor con la descripción del amor que nos da Dios en la Biblia.

QUÉ ES EL AMOR

Nuestras vidas son formadas gracias a las personas que nos aman, y también gracias a las que no nos aman. Cada bebé que busca a su madre es el retrato del amor. Cada poeta que moja su pluma en la tinta lucha por pintar un retrato del amor en su generación. Cada matrimonio es un esfuerzo por encontrar el amor. (Si un hombre dice que el matrimonio no le ha cambiado, aún no ha salido de la iglesia).

El apóstol Pablo le dio al mundo con su pluma el retrato más acabado de lo que es el amor. No hay nada en la literatura que pueda igualar su magnífica descripción del amor —ni siquiera Shakespeare, Byron, Shelley, Keats o Browning, con su «*¿Cómo te amo? Déjame contar las maneras*».

El amor no lleva un registro de los pecados y fallas de los demás. El amor perdona de forma total e incondicional

---

En 1 Corintios 13 el apóstol Pablo escribió: «Sin amor, nada soy». El apóstol Juan agregó más a esta definición del amor cuando observó: «Nosotros sabemos que hemos pasado de muerte a vida, en que amamos a los hermanos. El que no ama a su hermano, permanece en muerte» (1 Juan 3:14).

Si falta el amor en nuestra vida, dice Juan, permanecemos en muerte. No somos hijos de Dios, no importa qué experiencias espirituales digamos que hemos vivido, ni la cantidad de iglesias a las que pertenezcamos. La Biblia dice: «l que no ama, no ha conocido a Dios; porque Dios es amor» (1 Juan 4:8).

El amor, en realidad, es la firma del cristiano. Jesús dijo: «En esto conocerán todos que sois mis discípulos, si tuviereis amor los unos con los otros». (Juan 13:35). Y también ordenó a Sus seguidores: «Un mandamiento nuevo os doy: Que os améis unos a otros; como yo os he amado, que también os améis unos a otros» (Juan 13:34).

Piense en el desafío casi imposible de este mandamiento: Amarnos unos a otros como Jesús nos ha amado. ¿De qué manera nos amó Cristo? Incondicionalmente. Pero nosotros amamos a los demás porque ellos nos aman primero. Amamos a otros porque cumplen con nuestras expectativas. Amamos a otros porque hacen lo correcto y viven en nuestro mismo barrio. Amamos a otros porque son físicamente atractivos. Las chicas dicen: «Está muy bueno». Los chicos dicen: «Es una bomba».

Sin embargo, el cristianismo sin amor es sólo otro culto. Al mundo no le importa lo que sepamos hasta que sabe que nos importan los demás. El amor no lleva un registro de las situaciones y fracasos del pasado. Pablo nuevamente advierte: «Sin amor, no somos nada». Nada. Basura humana.

El amor verdadero no tiene un final feliz; el amor verdadero no tiene final.

La basura es todo lo que ya no contribuye a nada, un desecho. Lo cual me recuerda un auto que compré cuando estaba en el noveno año. A los doce años, mi padre había hecho este trato conmigo: «Cuando puedas comprar un auto con tu dinero y puedas pagar el seguro del primer año, entonces podrás comprarte un auto».

En 1954, estando en el noveno año, compré mi primer auto. Era un Pontiac 1948 cuatro puertas, con motor de ocho cilindros, tan largo como un trasatlántico. Este hermoso automóvil tenía parasol y un volante de madreperla, y cada vez que me sentaba en el asiento del conductor, por la ventana apenas se podía ver la mitad superior de mi cabeza.

Anduve en ese Pontiac durante mis años de escuela secundaria y de universidad. Tenía «casi» cuatro ruedas, lo cual significa que en cualquier momento «casi explotaban». Quemaba demasiado aceite, y dejaba una humareda increíble en la calle a medida que avanzaba. Un día, cuando estaba en la universidad, fui al galpón de repuestos usados porque necesitaba comprar una llanta. Vi montones de automóviles, heladeras, sofás y muebles viejos y oxidados, hileras de puertas para automóviles, y miles de llantas usadas, horribles. Los objetos desechados lo cubrían todo. Le dije al vendedor: «Tiene usted mucha basura aquí». El hombre me perforó con la mirada y dijo: «Jovencito, esto no es basura. La basura no tiene valor alguno. Lo que ve aquí es un campo de sueños. Son varias hectáreas de potencial que buscan un lugar donde expresarse. Usted busca aquí una cubierta usada porque tiene valor. Por lo tanto, está viendo un sinfín de posibilidades aquí. Hay potencial, dondequiera que mire». Si no hubiera hablado con tal seriedad, seguramente me habría echado a reír de buena gana. Este hombre parecía el Norman Vincent Peale del mundo de la basura.

¿Es usted basura? ¿O es una persona con posibilidades ilimitadas y gran potencial? Antes de responder a esta pregunta, recuerde las palabras del apóstol Pablo: «Sin amor, no somos nada». Sin amor, no tenemos valor alguno. Somos basura. No podemos contribuir a nada ni a nadie.

En su retrato del amor, Pablo continuó diciendo: «Si yo hablase lenguas humanas y angélicas, y no tengo amor, nada soy». He estudiado latín, griego, hebreo, español e inglés, pero no domino ninguna de estas lenguas. ¿Qué pasaría si pudiera hablar con fluidez y elocuencia en todos los idiomas del mundo? ¿Qué ocurriría si conociera cada dialecto? Tendería a decir: «Soy alguien». Pero Dios nos mira desde el cielo y dice por medio del apóstol Pablo: «Sin amor, no eres nada».

Entonces Pablo agrega otro aspecto a esta lista: «Si tuviese profecía, y entendiese todos los misterios y toda ciencia, sin amor, nada soy». ¿Y qué pasaría si pudiera ver el futuro? ¿Qué pasaría si pudiera predecir lo que sucederá mañana con un cien por ciento de exactitud? ¿Qué ocurría si supiera que mañana caerá la Bolsa, y pudiera invertir sabiamente todo mi dinero hoy? ¿Qué sucedería si supiera dónde azotará el próximo terremoto? ¿Y qué si supiera dónde habrá un tornado en los Estados Unidos? ¿Qué pasaría si pudiera predecir lo que sucederá en el Medio Oriente?

Sé que pasaría entonces. Los presidentes y los primeros ministros, los ejecutivos y agentes de bolsa, los meteorólogos y demás personas involucradas me llamarían todo el tiempo. El tesorero de la nación, Alan Greenspan, se mudaría a la casa junto a la mía. Todas las revistas y periódicos del mundo publicarían cada palabra que dijera acerca de las finanzas, y por cierto, sentiría que debiera decir: «Soy algo». Pero Pablo dijo: «Sin amor, no eres nada, Hagee».

En su definición del amor, Pablo enumeró diversos logros que no son nada si no tenemos amor, pero aun así, no había acabado su retrato del amor. Agregó: «Si entiendo todos los misterios y no tengo amor, nada soy».

Hace poco tiempo me hallaba junto al lecho de muerte de una hermosa niña que sufría de cáncer. Al tomar su manito delgada, oré: «Querido Dios, permite que resolvamos el misterio del cáncer».

Hay científicos brillantes que trabajan día y noche en todo el mundo intentando resolver este misterio. Los gobiernos y las fundaciones humanitarias gastan miles de millones para encontrar la elusiva respuesta. ¿Pero qué sucedería si pudiera llamar a la Asociación Norteamericana de Cáncer y decir: «He resuelto el misterio del cáncer»?

Seguramente, ganaría el Premio Nobel de Medicina. Mi fotografía estaría en la portada de todas las revistas del mundo. Sería noticia en primera plana en todos los periódicos. Los reporteros de televisión estarían apostados frente a mi puerta, pidiendo a gritos una entrevista. En este clima de adoración universal, me inclinaría a decir: «Soy algo».

Pero Dios dice: «Sin amor, aun cuando pudieras resolver todos los misterios de la Tierra, no eres nada».

Y Pablo continúa: «Y si tuviese profecía, y entendiese todos los misterios y toda ciencia... y no tengo amor, nada soy» (1 Corintios 13:2).

Ha sido un privilegio poder graduarme en dos universidades diferentes y ver a estudiosos internacionales muy reconocidos dedicando sus vidas exclusivamente a un campo del conocimiento. En muchos casos, algunos han dedicado sus vidas por entero a un aspecto específico de un determinado campo del conocimiento. Después de años de intenso estudio, aún siguen aprendiendo acerca de ese único elemento, intentando poder hacer una contribución positiva a la humanidad.

Pero si yo tuviera todo su conocimiento en cada uno de esos campos, un conocimiento tan vasto que me hiciera saber más de química que el legendario científico Linos Pauling, más de matemáticas y de la teoría de la relatividad que Albert Einstein, más de relaciones internacionales que Henry Kissinger, si supiera todo eso, seguramente me sentiría con derecho a decir, henchido de orgullo: «Soy algo».

Dios Todopoderoso, que posee todo el conocimiento posible en la tierra y en el cielo, me responde: «Sin amor, aunque tengas todo el conocimiento, Hagee, no eres nada».

Pablo elaboró su retrato del amor diciendo: «Y si tuviese toda la fe, de tal manera que trasladase los montes, y no tengo amor, nada soy» (1 Corintios 13:2).

El mundo ha visto solo un puñado de personas con suficiente fe como para orar por los muertos para que volvieran a la vida. Jesucristo de Nazaret lo hizo. Smith Wigglesworth de Inglaterra lo hizo. Debiera ser natural para quien tiene tanta fe decir: «Soy algo».

Pero Dios nos responde: «Si levantas a los muertos y los vuelves a la vida, o si tu ministerio es de milagros, llenando estadios y haciendo desaparecer toda enfermedad de la faz del planeta con tu sola presencia, sin el amor de Dios, nada eres».

Pablo concluyó esta primera parte de 1 Corintios 13, que se refiere a nosotros como seres humanos en este mundo secular, diciendo: «Y si repartiese todos mis bienes para dar de comer a los pobres, y si entregase mi cuerpo para ser quemado, y no tengo amor, de nada me sirve» (1 Corintios 13:2).

Tendremos un mundo mejor cuando el poder del amor reemplace al amor por el poder.

El joven gobernador se acercó a Jesús y dijo: «Maestro bueno, ¿qué bien haré para tener la vida eterna?» Jesús respondió: «Si quieres ser perfecto, anda, vende lo que tienes, y dalo a los pobres» (Mateo 19:16,21). El texto bíblico nos muestra un hombre que se aleja cabizbajo, abrumado por tanta pena. ¿Por qué? Porque amaba a sus posesiones —el éxito de este mundo, del aquí y el ahora— a tal punto que estaba dispuesto a poner en juego su vida eterna.

La mayoría de las personas están dispuestas a dar parte de sus posesiones a la iglesia, pero Jesús le pidió a este hombre que diera todo lo que tenía. Piense en eso. La mayoría de las personas que concurren a las iglesias de los Estados Unidos se niegan a dar el diezmo, cuando Dios claramente establece que todos lo que no lo hagan: «Malditos sois con maldición, porque vosotros, la nación toda, me habéis robado» (Malaquías 3:9). Pero Pablo dijo que si diéramos todo lo que poseemos en la tierra para alimentar a los pobres, mientras las cámaras de televisión registran nuestro gran acto de caridad, sin el amor de Dios, no somos nada.

El apóstol Pablo nos dio catorce definiciones del amor en 1 Corintios 13. Las primeras siete se refieren a nosotros, las otras siete a nuestras relaciones con las demás personas.

Veamos los siete secretos del verdadero amor.

1
EL AMOR ES PACIENTE

El amor paciente perdura. El amor paciente jamás se cansa de esperar. El amor paciente no baja los brazos ante el alcoholismo de un hijo o la drogadicción de una hija. El amor paciente perdura y soporta un matrimonio sin amor. El amor paciente cierra la boca y espera con esperanza viva un mañana mejor.

El retrato del amor paciente está marcado a fuego en mi mente. Es el retrato de mi madre sosteniendo a mi hermano, que sufría de ataques de epilepsia.

Mi familia había gozado históricamente de excelente salud. (Mientras escribo esto mi madre tiene noventa años y goza de perfecta salud. Su vigor y energía son sobrenaturales. Su mente está lúcida y perfectamente sana.) Por eso fue un gran choque para mis padres el momento en que la enfermera de la escuela les llamó, en el otoño de 1948, para decirles que su hijo, mi hermano Bill, había tenido un ataque en la escuela.

Mis padres fueron a la escuela secundaria para buscar a Bill y llevarlo a ver al médico enseguida. Cuando nos dieron la noticia de que Bill sufría de epilepsia y que había tenido un ataque grave, quedamos atónitos. Bill era un estudiante excelente, su voz como cantante solista era hermosa, era corpulento y atlético... pero un día, todos sus planes para el futuro, cambiaron drásticamente.

En esa época no había medicamentos para controlar los ataques violentos. El doctor les dijo a mis padres que Bill no debía jugar al football, montar una bicicleta o trepar a un árbol. Si tenía un ataque al hacer alguna de estas cosas, las heridas podían ser muy graves.

El amor paciente de mi madre entró en escena. Si alguna vez ha visto un ataque de epilepsia, sabrá que son horribles. Los de Bill parecían ser provocados por situaciones de tensión.

Cuando Bill se levantaba para cantar frente al público... ¡Zas!, sobrevenía un ataque. Mi madre se llegaba hasta él y con todo amor limpiaba la saliva que salía de su boca, usando su pañuelo. Luego esperaba pacientemente hasta que terminaran los espasmos musculares, sin sentir vergüenza, sin importarle lo que pudieran pensar los demás. Su única preocupación era su hijo.

Le ayudaba a bajar del escenario o a salir de la iglesia si es que había estado a punto de dar testimonio. Mi madre hizo un voto de orar y ayunar cada día a la hora de la cena hasta que Dios sanara a su hijo. En este tipo de situaciones es normal que las personas mantengan su promesa durante algunas semanas, para convencer a los cielos. No así mi madre. Con paciencia, traía cada día ante su Padre celestial la condición de su hijo.

Sin embargo, cuanto más oraba nuestra familia, tanto peor se volvía la situación. Los ataques parecían ser más frecuentes.

Seis meses más tarde... ¡aún no había mejoría! El paciente amor de mi mamá preparaba la cena para la familia y luego hacía que ella se retirara a su cuarto para orar por su hijo. Día tras día, el Día de Acción de Gracias, la Navidad, el Día de Año Nuevo.

Un año más tarde... no había mejorado aún. Las oraciones de mi madre golpeaban las puertas del cielo con paciencia y persistencia.

Dos años más tarde... ¡todavía no había mejoría! Mis padres llevaron a Bill a ver a un «célebre» evangelista sanador. Nada.

Tres años más tarde, en una reunión de oración de las que teníamos habitualmente, mi madre le pidió una vez más a Bill que se llegara hasta el frente para orar por él. Mi madre tocó su frente, y Bill cayó al piso como si le hubieran disparado.

«¡Dios ha sanado a mi hijo!», anunció triunfante mi madre.

Desde ese día de 1951 hasta hoy, Bill ha gozado de buena salud. Es fuerte como un caballo. Ha servido en el ejército de los Estados Unidos durante treinta años con distinciones. Ahora, ya retirado, vive con su esposa Elizabeth en Kentucky.

¿Qué fue lo que posibilitó esto? El paciente amor de mi madre, que se negaba a aceptar que la enfermedad fuera permanente. Cuando todos los demás abandonaron, ella clavó los talones y peleó la buena pelea.

¿Cuán paciente es usted?

¿Se para frente al horno de microondas gritando: «¡Vamos, apúrate!»? ¿Se impacienta al preparar café instantáneo? Sé cómo se siente. No digo que prefiera los restaurantes de comida rápida, pero el otro día me encontré a mí mismo ordenando la comida en el buzón de mi casa y conduciendo alrededor de ella.

Por desgracia, no podemos comprender a Dios, que es tan poderoso y paciente a la vez. Cuando Dios no hace lo que queremos nos ponemos impacientes, molestos. Debemos aprender este divino principio de la naturaleza del Señor: ¡Las demoras de Dios no son negativas de Dios!

Queremos lo que queremos, en el momento en que lo queremos, y si Dios no nos lo da, gritamos: «No me amas», o «¿Dónde estás, Dios, cuando más te necesito?», o «¿Por qué guarda silencio Dios cuando necesito oír su voz con tanta desesperación?» ¿Por qué? Porque su grandeza se tarda para la ira, y parte de su grandeza está en su eterna paciencia.

Vea su paciencia en el plan de la salvación. Dios le dio a Israel un líder como Moisés, y fue rechazado. Dios envió a los profetas, y fueron apedreados. Dios envió reyes, y fueron corruptos. El rey Saúl fue a ver a la adivina de Endor, buscando consejo, en lugar de tener fe en el Dios Todopoderoso. El rey David sedujo a Betsabé y concibió un hijo ilegítimo. Luego conspiró para matar a Urías, el esposo de Betsabé. El rey Salomón permitió que sus esposas le llevaran a la idolatría. Pero la paciencia de Dios no se rindió ante la corrupción de estos reyes.

Dios envió luego a su único Hijo, no sobre un caballo blanco, no sometiendo a la humanidad como si fuera un sultán, ni tampoco blandiendo un bastón de mando como si fuera un comandante supremo. Le envió bajo la forma de un bebé, nacido en un establo de Belén. Ese Hijo llegó a tocar a los intocables leprosos. Abrazó y besó a los despreciados por la sociedad. Envuelto en una toalla, lavó los pies sucios de sus discípulos en el Aposento Alto durante las últimas horas de su vida.

El Hijo de Dios, nuestro santo Señor y Salvador, permitió que los hombres de Herodes le pegaran y le escupieran, que se burlaran de Él y lo coronaran con espinas. Le llevaron al Gólgota y lo clavaron en una cruel cruz romana en las afueras de Jerusalén. ¿Por qué permitió Dios que todo esto sucediera? Porque el amor de Dios es paciente.

He aprendido que el verdadero amor es paciente y duradero.

En mis años de adolescencia trabajé en los muelles de Houston, Texas. Uno podía cargar toneladas de mercadería de un lado de los barcos cargueros y no se volcaban. Por otra parte, una canoa se volcaría muy fácilmente; apenas se desequilibra el peso, uno cae al agua.

¿Va usted en una canoa o en un barco carguero? ¿Se vuelca ante la menor provocación? ¿O es usted como un carguero, firme y sólido en todo momento? El amor es paciente.

¿Cuán paciente es usted consigo mismo y con los demás?

2
EL AMOR ES AMABLE

La amabilidad es el amor en acción. La amabilidad es la capacidad de amar a las personas más de lo que merecen.

En una ocasión, una mujer llegó a mi oficina buscando consejo matrimonial.

—Mi marido no merece que sea amable con él —dijo durante la conversación.

—Sea amable con él a crédito entonces, haga todo a crédito —respondí.

¿Quiere usted hacer algo grandioso por Dios? Entonces sea amable con sus hijos. El resultado puede llegar a ser tan dramático como lo que sucediera con Oscar Hammerstein y Mary Martin.

Una tarde, justamente antes de que la actriz musical de Broadway Mary Martin saliera al escenario con *South Pacific*, le entregaron una nota. Era de Oscar Hammerstein, uno de los escritores del musical, que en ese momento estaba en su lecho de muerte. La nota decía simplemente: «Querida Mary. Una campana no es campana hasta que suena. Una canción no es canción hasta que alguien la canta. El amor que hay en tu corazón no está allí para que lo guardes. El amor no es amor hasta que lo regalas».

Luego de su espectacular actuación esa noche, muchas personas se acercaron para decirle a Mary: «¿Qué sucedió hoy sobre el escenario, Mary? Jamás hemos visto algo así antes». Con lágrimas en los ojos, Mary les leyó la nota de Hammerstein. Luego dijo: «¡Hoy he regalado mi amor!»

Oscar Hammerstein estaba a punto de morir, pero aún así, pensaba en Mary Martin y su actuación. Todos los que asistieron a la función fueron bendecidos por su amabilidad.

La iglesia de *Cornerstone* es en verdad una catedral de amabilidad. Hace poco una madre soltera de nuestra iglesia cayó muerta, a los cuarenta y tres años, víctima del agotamiento físico.

Su marido, un miserable e inútil, la había abandonado sin causa, dejándola a su suerte con sus tres hermosos hijos. Una de las hijas estaba en la escuela secundaria, y con sus buenas calificaciones esperaba poder ingresar en la escuela de leyes. La segunda hija también tenía muy buenas calificaciones, y el único varón, era la luz de sus ojos.

Esta mujer jamás se quejó ni estuvo amargada; comenzó a trabajar para proveer para sus hijos. Cuando con un solo empleo no lograba mantenerlos, buscó otro empleo. Literalmente, trabajó hasta morir intentando mantener a sus hijos. Siento gran compasión por las madres solteras de Estados Unidos.

Cuando llegó a mi escritorio el informe de la muerte de esta madre llevé el caso ante la junta de la iglesia. Estaban atrasados en todos los pagos: la hipoteca, los gastos de electricidad, de gas, los impuestos. ¿Qué pasaría con el futuro de los niños, con su educación, con su posibilidad de permanecer juntos?

Recogimos una ofrenda de amor para esta preciosa familia de tres niños. Llegamos a reunir más de cincuenta mil dólares. Se asignó un tutor de la iglesia. Se pagaron todas las deudas, y los niños viven juntos en un hogar sin deudas, con todos sus sueños y esperanzas de vivir una vida hermosa intactos.

En un solo día se salvaron tres vidas que podrían haber terminado en la desolación. Vivirán juntos, como lo habría querido su madre, gracias a la amabilidad del Cuerpo de Cristo.

¿Cuán amable es usted consigo mismo y con los demás?

3
EL AMOR NO ES ENVIDIOSO

Piense en alguien de cuyo amor usted esté absolutamente seguro. Luego cómprese un Mercedes nuevo, con asientos ortopédicos, manijas entibiadas con vapor y todos los lujos posibles. Vaya hasta la casa de esta persona, y observe su reacción de envidia. Ni siquiera un gato salvaje sería más amenazador. Nada desvalorizará más ese automóvil que el hecho de comprarlo. (¡No seríamos tan envidiosos si nuestros prójimos no fueran tan extravagantes!)

Por lo general, las personas criticamos a quienes secretamente envidiamos. Quien le critica, probablemente esté intentando reducirlo a su medida. Cuando usted siente envidia, prepárese para tener problemas. ¡El amor verdadero no es envidioso! ¡El amor verdadero no siente celos! ¡El amor verdadero no es posesivo!

En mis cuarenta y cinco años como ministro he oído la siguiente afirmación de parte de muchos maridos frustrados: «Mi esposa es muy celosa; enloquece cada vez que alguien me mira».

Esta es la reacción de una persona emocionalmente insegura. El Dr. James Dobson dice: «Si amas algo, déjalo ir. Si vuelve a ti, es tuyo. Si no vuelve, jamás lo fue». Hay otra versión: «Si amas algo, déjalo ir. Si no vuelve a ti, búscalo y pégale hasta que muera». Eso no es amor.

El amor libera; la envidia posee. Cuando uno posee a alguien, asfixia a la otra persona. Entonces la otra persona lucha por liberarse. Uno intenta controlar al otro, y el otro lucha cada vez más por librarse. Se convierte en una lucha por la supervivencia emocional.

Un adolescente rebelde, cansado de las reglas de su padre, empacó algo de ropa en su mochila. Luego miró la casa en donde había vivido hasta entonces una vez más.

La noche anterior su padre y él habían discutido por última vez; se había cortado el cordón que los unía. Habían llegado a un acuerdo financiero en el que él recibiría el último dinero de parte de su padre, quien le amaba profundamente. Liberó a su hijo para que viajara por el camino a la perdición.

Mientras el muchacho iba hacia el frente de la casa, su hermano mayor, a quien nunca había querido mucho, le saludó desde la ventana.

El rebelde puso en marcha su motocicleta Harley Davidson, encendió el poderoso motor, y levantó la rueda delantera en el primer impulso de velocidad, dejando la huella negra del neumático frente a la puerta. Se dirigía a «Big D», para vivir como el malo y grandote J. R. Ewing de *South Fork*.

Con el bolsillo lleno de dinero y la cabeza llena de grandes ideas llegó a Dallas, para pasear por el barrio más bajo. Gastó su dinero en prostitutas, en casinos, en bares, oliendo cocaína y nadando en un río de whisky que lo destruyó.

En menos de tres meses estaba demacrado y sin un centavo. Buscó empleo por todas partes, pero no encontró nada. En casa, su amante padre oraba porque el rebelde, a quien había liberado con amor, volviera.

Una tarde el padre vio como el tren de carga se acercaba subiendo la colina cercana a la granja de la familia. Observó atento la silueta de un joven derrotado que se bajaba del tren y comenzaba a caminar hacia la linda casa sobre la colina.

Entonces el padre fijó la vista en el joven y con alegría vio que era su hijo.

Corrió hacia él y lo abrazó con lágrimas de gozo rodando por sus mejillas. El hijo a quien había liberado con todo amor había vuelto a casa, arrepentido y derrotado.

Esta historia es un plagio.

Es la historia del hijo pródigo.

¿Hay algún hijo o hija pródigos en su vida exigiendo la libertad? Con amor, libere a su hijo o hija en las manos de Dios, quien aplastará su arrogancia dando lugar a la contrición y el arrepentimiento.

Si el hijo o hija es suyo, volverá. Dios les pondrá un anzuelo para traerlos de vuelta a casa.

¿Su amor da libertad a quienes ama? ¿Su amor le da libertad a usted?

4
EL AMOR TIENE BUENOS MODALES

El apóstol Pablo escribió: «El amor ... no hace nada indebido» (1 Corintios 13:5). El amor no es mal educado. No se comporta de manera indecente. ¡Nuestra sociedad se regodea en la crudeza! El «caballero» está siendo reemplazado por algo que se asemeja a un orangután macho. La «dama» se ha convertido en alguien ardiente, vulgar, promiscua.

¿Qué hay de malo en los buenos modos? Todavía sigue siendo apropiado acercarle la silla a una dama antes de que tome asiento. Aún sigue siendo apropiado abrir la puerta para que pase su esposa, aunque lleve veinticinco años de matrimonio. Todavía sigue siendo apropiado mantener una conversación sin condimentarla con malas palabras. Aún sigue siendo apropiado enviar tarjetas de agradecimiento a los amigos y familiares. ¿Es usted educado?

Los modales se aprenden, no se contagian, como sucede con un virus. Los hijos en cada hogar llevarán los modales que aprendan de sus padres a sus propios matrimonios y a la sociedad.

Un padre observaba a su hijo pequeño que comía de manera grosera. El padre pensó que sería un momento ideal para enseñarle modales a su hijo.

—Hijo ¡comes como un cerdito!

El hijo miró a su padre sin comprender. Sabiendo que su hijo había vivido siempre en la ciudad, el padre pensó que jamás había visto a un cerdito, por lo que continuó con el seminario de buenos modales.

—Hijo, ¿sabes lo que es un cerdito, un chanchito, verdad?

—Por supuesto —dijo el niño—. Un cerdito es el hijo del cerdo grande.

He viajado por todo el mundo. Y he observado que cuanto más se aleja uno de los Estados Unidos tanto mejores modales tienen los niños.

Si ama a sus hijos o nietos les enseñará buenos modales con su ejemplo. Los modales pueden ser la voz más clara del amor.

5
EL AMOR ES LEAL

En su retrato del amor el apóstol Pablo escribió: «El amor ... no busca lo suyo» (1 Corintios 13:5). El amor no insiste en salirse con la suya. El verdadero amor no busca una ventaja egoísta.

Durante el holocausto, una madre judía polaca con tres niños escapó al bosque antes de que llegara el ejército nazi. Durante varios días, la mujer y sus hijos sobrevivieron comiendo raíces y hierba en el bosque.

Una mañana, un granjero y su hijo los encontraron. Ambos les exigieron que salieran del bosque, y en un instante, se percataron de que estaban muriendo de hambre. Por lo tanto, el granjero le dijo a su hijo que le diera a la madre una hogaza de pan. La mujer tomó el pan con avidez y lo partió en tres pedazos. Luego les dio los trozos a sus tres hijos.

El hijo del granjero miró a su padre y dijo: «No se quedó con un trozo de pan porque no tiene hambre».

El padre respondió: «No se quedó con un trozo porque es madre. Es más leal a sus hijos que a sí misma. Su lealtad es más fuerte que su miedo a la muerte».

Encontramos este tipo de lealtad a menudo en la Biblia.

La historia de Rut y Noemí en el Antiguo Testamento muestra el ejemplo máximo de lealtad en la Palabra del Dios. Rut, una mujer gentil, estaba junto a su suegra Noemí en la frontera de Judá, a punto de entrar a Belén, la casa del pan y la alabanza. Si Rut pasaba la frontera, entraría a una sociedad judía, sin esperanza de casarse jamás, porque los judíos no podían casarse con gentiles.

Sin embargo, en este momento Rut mostró una singular expresión de lealtad hacia su suegra, sabiendo que no había nada para ella en el futuro. Escuche sus palabras:

«No me ruegues que te deje, y me aparte de ti; porque a dondequiera que tú fueres, iré yo, y dondequiera que vivieres, viviré. Tu pueblo será mi pueblo, y tu Dios mi Dios. Donde tú murieres, moriré yo, y allí seré sepultada; así me haga Jehová, y aun me añada, que solo la muerte hará separación entre nosotras dos» (Rut 1:16-17).

¡Eso sí es lealtad! Con la mala fama que tienen las suegras en nuestra sociedad, ¡eso es lealtad de verdad! Rut se estaba comprometiendo a pasar el resto de su vida con su suegra. ¿Cuántas mujeres —y hombres— harían eso hoy día?

¿Es su amor leal? Si es amor verdadero, la respuesta será: *¡Sí!*

6
EL AMOR ES PERFUME

La señora Thompson estaba al frente de su quinto grado el primer día de clases. Y les dijo a sus alumnitos algo que no era cierto. Al igual que muchos maestros, miró a los niños y dijo que los amaba a todos por igual. Sin embargo, eso era imposible, porque en la primera hilera, echado contra el respaldo de su silla, había un pequeño llamado Teddy Stoddard.

La maestra había estado observando a Teddy el año anterior y notó que no jugaba bien con otros niños, que su ropa estaba siempre sucia y que no se bañaba a menudo. En los días, semanas y meses siguientes, la señora Thompson descubrió que no se había equivocado. En realidad, se deleitaba marcando sus tareas con una lápiz de color rojo, haciendo tachaduras y poniéndole bajas calificaciones con letras bien visibles.

En la escuela en la que trabajaba como maestra se le pedía a la señora Thompson revisar los registros de cada niño. Pero ella dejó el de Teddy para lo último. Sin embargo, cuando decidió leerlo, se llevó una gran sorpresa.

La maestra de primer grado había escrito: «Teddy es un niño brillante y risueño. Trabaja muy bien, es educado y prolijo. Es una alegría tenerlo en la clase».

La maestra de segundo grado había escrito: «Teddy es un excelente estudiante, y muy querido por sus compañeros. Pero está preocupado porque su madre sufre de una enfermedad terminal, por lo que la vida en su hogar ha de ser muy dura».

La maestra de tercer grado había escribo: «La muerte de su madre le ha golpeado duramente. Intenta hacer las cosas poniendo todo de sí, pero su padre no se muestra demasiado interesado. La vida de su hogar le afectará pronto si no se hace algo al respecto».

La maestra de cuarto grado había escrito: «Teddy se muestra retraído, sin interés en la escuela. No tiene muchos amigos, y a veces se duerme en clase».

Para este momento, la señora Thompson se había dado cuenta de cuál era el problema. Se sentía avergonzada de sí misma. Se sintió aún peor cuando la mayoría de sus alumnos le trajeron regalos de Navidad envueltos en papeles de colores, con hermosas cintas. Un regalo se destacaba entre todos, por lo diferente. El regalo de Teddy estaba envuelto en papel marrón, evidentemente una bolsa de almacén que el niño había cortado para envolver su presente. La señora Thompson tuvo la delicadeza de abrirlo entre los demás regalos.

Algunos de los niños comenzaron a reír cuando la maestra encontró una pulsera de piedras, a la que le faltaban algunas incrustaciones, y una botella de perfume a medio vaciar. Pero ella acalló las risas de los niños cuando exclamó que la pulsera era hermosa, y se la puso. Luego, se colocó un poco de perfume en la muñeca.

Ese día Teddy Stoddard se quedó más tarde sólo para decir: «Señora Thompson, hoy olía usted igual que mi mamá». Después que todos los niños salieran, la maestra se quedó llorando durante al menos una hora.

Ese mismo día la señora Thompson dejó de enseñar lecturas, dictados y aritmética. En su lugar se dedicó a enseñarles a los niños. Y prestaba atención especial a Teddy. Cuanto más lo alentaba, tanto más rápido respondía él. Para fin de año, Teddy se había convertido en uno de los niños más despiertos de la clase, y era la «mascota de la maestra», a pesar de que ella seguía con su inocente mentirita de que amaba a todos por igual.

Un año más tarde la maestra encontró una nota de Teddy bajo su puerta. El mensaje decía que era ella la mejor maestra que Teddy había tenido en toda su vida.

Pasaron seis años y recibió otra nota de Teddy. Le decía que había terminado la escuela secundaria como tercero en su clase, y que ella aún era la mejor maestra que había tenido.

Cuatro años más tarde recibió otra carta diciendo que si bien las cosas no habían sido del todo fáciles, había seguido estudiando, y que pronto se graduaría con los más altos honores. Le aseguraba a la señora Thompson que seguía siendo la mejor maestra que había tenido en toda su vida.

Pasaron cuatro años más y llegó una cuarta carta. Esta vez Teddy dijo que después de terminar la universidad había decidido seguir estudiando un poco más. Que era ella la mejor maestra que había tenido en su vida. Y que el nombre de Teddy se había alargado un poco. Firmaba como Theodore E. Stoddard, Doctor en Medicina.

La historia no termina aquí. Verá, hubo una carta más esa primavera. Teddy decía que había conocido a una joven, y que estaba a punto de casarse con ella. Explicó que su padre había fallecido unos años antes, y se preguntaba si la señora Thompson querría asistir a la boda y ocupar el lugar reservado para la madre del novio.

Por supuesto, la señora Thompson aceptó la invitación. Y ¿adivina qué? Llevó puesta la pulsera de piedras, esa a la que le faltaban algunas. Además, se aseguró de perfumarse con la fragancia que Teddy recordaba como el olor de su madre en su última Navidad juntos.

Después de la boda, Teddy y su mejor y más querida maestra se abrazaron. Entonces el Dr. Theodore Stoddard susurró al oído de la Sra. Thompson: «Gracias por haber creído en mí. Muchas gracias por hacer que me sintiera importante y por mostrarme que podía llegar a hacer algo que importara para los demás».

Con los ojos llenos de lágrimas, la señora Thompson susurró en respuesta: «Teddy, estás equivocado. Fuiste tú quien me enseñó que podía llegar a hacer algo que importara para los demás. No sabía cómo enseñar hasta que te conocí».

El amor es perfume. Entibie hoy el corazón de alguien con pequeños actos de amor. Su amor puede ser las manos de Dios que vuelven a dar forma a la autoestima de alguien aplastado por crueles circunstancias que escapan a su control.

7
ÁMESE A SÍ MISMO

Pablo escribió: «El amor no busca el mal» y «el amor todo lo espera». Sin embargo, cuando tenemos baja autoestima, pensamos cosas malas acerca de nosotros mismos y nos negamos a esperar lo mejor para nosotros.

¿Qué es la autoestima? El diccionario Webster la define como «respeto a uno mismo». Fundamentalmente, la autoestima es el modo en que nos vemos a nosotros mismos.

¿A quién ve usted en el espejo? ¿Le gusta lo que ve? El modo en que nos sentimos con respecto a nosotros mismos determinará nuestra respuesta a cada una de las siguientes preguntas:

¿Le gusta Dios?

¿Le gusta pensar en su futuro?

¿Le gusta su esposa?

¿Le gusta su esposo?

Si fuera usted soltero y conociera a esta persona por primera vez, sabiendo lo que hoy sabe acerca de ella, ¿volvería a casarse con su esposa o esposo?

¿Le gusta alguien a usted?

¿Querría ser otra persona?

El modo en que nos sentimos con respecto a nosotros mismos determinará nuestro futuro espiritual, emocional, intelectual y financiero.

Uno de los secretos mejor guardados del éxito es el siguiente: debemos sentir amor dentro de nosotros antes de poder darlo a otros. Si su corazón está lleno de dudas y sentimientos de inferioridad, no tiene nada para dar a su cónyuge, a sus hijos o a las personas con las que trabaja.

Así que pregunto una vez más. ¿Quién es usted? Cuando mira al espejo, ¿le gusta lo que ve? ¿Ve belleza? ¿O ve a alguien feo y poco atractivo? ¿Ve miseria? ¿Ve pena? ¿Ve esperanza?

La única cosa en el mundo que puede usted cambiar es a sí mismo. Y eso marca la diferencia. Todo el mundo piensa en cambiar al mundo, pero nadie piensa en cambiar la única cosa que podemos cambiar: a nosotros mismos.

¿Quién es usted? Pregúntele esto a los demás y la mayoría le contestará: «Soy médico», o «Soy plomero», o «Soy contador», o «Soy militar», o «Soy vendedor». Las respuestas son innumerables.

Yo no le pregunté qué hace. Le pregunté: «¿Quién es usted?». La gente no puede contestar esta simple pregunta porque no saben en realidad quiénes son. Han perdido el contacto consigo mismos, y ahora solo se ven como lo que hacen, no como lo que son.

¿Por qué? Porque nuestro mundo está fuera de control. El ritmo al que vivimos se ha vuelto insano. Trabajamos demasiado, nos abruman quinientos canales de televisión y la Internet. Trabajamos doble turno, o en dos empleos, intentando pagar todo lo que tenemos que pagar. Tenemos dos hijos y dos automóviles, y todos conspiran por robarnos lo que somos.

Los norteamericanos van en un carrusel que gira demasiado rápido como para que puedan bajarse de él. Los niños están obligados a cumplir con los sueños de sus padres frustrados, corriendo de la escuela a las clases de baile, al entrenamiento de fútbol, de baloncesto, a debates, a clases de música o de karate. En la locura de lo que parece una carrera de ratas, los niños pierden contacto consigo mismos, del mismo modo en que lo hicieron sus padres. Somos una sociedad fragmentada a causa de la locura de nuestro paso acelerado.

Recuerde: Si gana la carrera de ratas, esto solo significa que es la rata número uno.

He aquí una sencilla prueba que le ayudará a determinar si está aceptando un estilo de vida que le obliga a ignorar quién es usted.

¿Está usted siempre cansado, estresado, emocionalmente exhausto, deprimido, preocupado o infeliz? ¿Siente que solo sigue los movimientos, día tras día?

¿Su vida consiste en cosas que usted dice odiar, y sin embargo sabe que tiene que continuar haciéndolas? Esto equivale a traicionarse a sí mismo. Se queja por su sobrepeso, pero no hace nada para cambiar lo que no está dispuesto a enfrentar. Está asesinando su autoestima. Recuerde esto durante el resto de su vida: no podrá cambiar aquello que no esté dispuesto a enfrentar. Esto es válido para su matrimonio, su problema de sobrepeso, sus hijos o sus dilemas financieros.

Permítame relatarle una fascinante historia sobre Ed McClure, que tuvo el coraje de enfrentar su problema.

Conocí a Ed hace diez años por medio de mi abogado, quien me lo presentó como una de las mentes más brillantes en la industria hotelera norteamericana.

Los sensacionales resultados de su carrera, así como su fotografía, aparecían en el *Business Journal* de San Antonio. Ed solía comprar hoteles que no funcionaban bien, los reformaba por completo, y los convertía en minas de oro.

Ed McClure era en la industria hotelera lo que Stephen Spielberg en la industria cinematográfica... una categoría en sí mismo. Cuando mi hijo Christopher decidió cambiar de carrera, lo llevé a ver a Ed para que se entrenara en el arte de la administración hotelera y llegara a ser un magnate en el futuro.

Esta es una historia hermosa, pero con un aspecto triste y desagradable. Ed medía aproximadamente un metro setenta y pesaba casi doscientos kilogramos. Tenía que ir a todas partes en automóvil, porque no cabía en un asiento de avión. Yo temía yo por la vida de Ed, porque su corazón no podría sobrevivir mucho tiempo más.

Un día me llené de coraje y le recomendé a Ed que fuera a Florida para ver a mi amigo, el Dr. Don Colbert, a quien considero uno de los mejores nutricionistas de los Estados Unidos. Ed, como muchas personas con serios problemas de sobrepeso, había probado todas las dietas del planeta Tierra. ¡Ninguna funcionaba!

Además de esta frustración, el problema era que Ed conocía la industria de los alimentos, porque era maestro chef, por lo que sabía de comida tanto como yo de Juan 3:16.

Le aseguré a Ed que el Dr. Colbert podría ayudarlo. Fue a Florida y lo que sucedió fue un milagro. El Dr. Colbert identificó todas las áreas físicas y espirituales de la vida de Ed que necesitaban sanidad.

Siguiendo el plan del Dr. Colbert, Ed perdió cien kilogramos en un año. Cuando lo veo en público, debo mirar dos veces. Es Ed McClure. Su autoestima ha subido hasta el cielo.

Ed está tan motivado que ahora prepara un libro de cocina con platos sabrosos que harán que uno baje de peso de manera rápida, segura y placentera. Pronto verá usted programas de televisión presentando a Ed McClure y su libro *Eat Yourself Thin* [Coma hasta adelgazar]. Dejará la industria hotelera para compartir sus conocimientos con la legión de personas con exceso de peso, mostrándoles cómo recuperar su autoestima mediante la pérdida de kilogramos, eligiendo comidas de manera informada e inteligente.

Ed tenía un problema que estaba matando su autoestima y destruyendo su vida. Enfrentó el problema y ahora se ha convertido en un evangelista de la salud, en beneficio de muchas personas que tienen problemas de obesidad y sobrepeso.

¿Está usted asesinando su autoestima? No le gusta su empleo, pero no reconoce que jamás le darán un ascenso hasta que sus calificaciones excedan los requerimientos para el puesto que tiene usted ahora. ¡Entusiásmese con su empleo! Hay una palabra que describe a quienes no están entusiasmados con sus empleos: la palabra es *desempleados*.

Todo trabajo, cualquiera que sea, tendrá tensión, estrés, sudor, esfuerzo y aburrimiento. El trabajo es la terapia del alma. Dios mismo trabajó durante seis días en la creación del cielo y la tierra.

En los Diez Mandamientos, Él dijo que siguiéramos Su ejemplo: «Trabajarás seis días». Ese mandamiento significa que algunos deben disminuir el paso y otros deben acelerarlo. Si usted no está dispuesto a trabajar, abandona la naturaleza de Dios mismo.

¿Está usted traicionándose a sí mismo al no enfrentar las áreas que podrían requerir cambios? ¿Se queja porque le faltan calificaciones, pero no estudia para mejorarlas? Tiene una gran cantidad de excusas. Una de ellas es: «Ya estoy demasiado viejo para estudiar». Eso es una tontería, lisa y llanamente. Nunca es tarde para ser lo que uno puede llegar a ser. Todas las universidades en las que estudié tenían alumnos mayores, de unos setenta años, que buscaban reestructurar sus vidas para poder transitar sus últimos años con el mismo vigor con que lo hicieron al comienzo.

Su matrimonio está tan muerto como Julio César, pero se niega a buscar un consejero o a iniciar alguna acción positiva que le pueda ayudar a mejorarlo. Esto es traicionarse a sí mismo.

Quizá fue abusado sexualmente en su infancia, pero no hace nada por sanar sus heridas emocionales. Se ofrece excusas seudointelectuales como mantra, diciendo: «Estoy deprimido», «abusaron de mí cuando niño», «nadie me ama». ¡Basta ya! Usted está adorando al problema, no buscando una solución. Eso es traición a sí mismo.

Si le ha entregado el control de su vida a un tornado de actividad y vive viéndola desde afuera, en lugar de verla desde dentro, está actuando, como lo hace un actor sobre el escenario. La palabra bíblica para «actuación» es *hipocresía*. (Y ya sabemos qué pensaba Jesús acerca de los hipócritas.) Su intensa agenda de actividades es el retrato de un hipócrita.

RETRATO DEL HIPÓCRITA

Un hipócrita nunca intenta ser lo que finge ser. Por desgracia, quienes carecen de autoestima llevan máscaras que fingen ser lo que ellos piensan que los demás aceptarán.

Está la máscara religiosa. La máscara napoleónica. La máscara intelectual. La máscara diplomática. Todas estas máscaras son para esconder el verdadero ser. Hace años, en la televisión, el Llanero Solitario llevaba una máscara, y cada uno de los capítulos terminaba con la misma pregunta: «¿Quién era ese enmascarado?»

Examinemos las máscaras para ver al hombre o a la mujer que hay detrás de ellas.

La persona que lleva la máscara religiosa. Es quien finge ser más espiritual de lo que es. Canta *«Cuando todos vayamos al cielo»* y es tan malvada como una serpiente de dos cabezas. Finge orar, pero no lo hace. Finge dar, pero su contribución anual a la iglesia no alcanzaría siquiera para comprar una caja de lápices. Finge amar a otras personas, pero las asesina con su lengua ponzoñosa. Es un fariseo del siglo veintiuno. Jesucristo dijo: «Porque os digo que si vuestra justicia no fuere mayor que la de los escribas y fariseos, no entraréis en el reino de los cielos» (Mateo 5:20).

He sido ministro durante cuarenta y cinco años, y puedo decirle que las personas que se comportan como espirituales no lo son. Jesús se veía como un hombre común. Su discurso era común, Su aspecto era tan común que Judas tuvo que besarle en el huerto de Getsemaní para que los soldados romanos supieran a quién arrestar.

Jesús no llevaba un Rolex con incrustaciones de diamantes, ni llegó al huerto de Getsemaní en una limosina, tomando agua embotellada de una marca especial, con Pedro anunciando: «¡Y aquiíííííííííííííí está Jesús!»

No llevaba una cruz con diamantes alrededor del cuello. Era el Hijo de Dios, tan común que sólo sus discípulos podían identificarlo. Jesús no llevaba máscaras religiosas. Tampoco debemos hacerlo nosotros.

La persona que lleva la máscara napoleónica. Algunos de ustedes quizá estén casados con Napoleón. Es un caso emocionalmente perdido, un inseguro que se lleva el mundo por delante con sus palabras. Jamás puede darse el lujo de equivocarse. Controla y domina a los demás con su ira. Tiene un aire de superioridad. Piensa: «Creí que me había equivocado, pero era un error». Es la esencia viviente de la canción: «Es difícil ser humilde cuando se es perfecto en todo».

Quienes llevan la máscara napoleónica, ¡oigan! Tienen una lengua tóxica y veloz porque tienen terror de que alguien mire detrás de su máscara y vean al asustado, inseguro, que se mojaría los pantalones si apareciera Goliat. ¡Basta ya! Está asesinando las esperanzas y sueños de las personas que ama fingiendo ser quien no es.

La máscara intelectual. Los intelectuales no pierden el tiempo diciéndole a todo el mundo lo cultos que son. ¡Por favor! Uno puede obtener un título universitario sin ser culto. No todas las personas con títulos son inteligentes. Esto incluye a muchas de las personas con doctorados que conoce usted. Algunas de las personas más estúpidas que he conocido se esconden detrás de las paredes ornamentadas de la universidad.

El apóstol Pablo escribió en Colosenses 2:8: «Mirad que nadie os engañe por medio de filosofías y huecas sutilezas, según las tradiciones de los hombres, conforme a los rudimentos del mundo, y no según Cristo».

La gente que lleva máscaras intelectuales son como aquellas que viven en algún lugar remoto y apartado, llegan a la ciudad para hacer compras, y adquieren un rompecabezas. Finalmente, después de estar armándolo durante unas dos semanas, logran terminarlo.

Entonces, uno de ellos ve a su amigo Jed y le grita:

—¡Oye, Jed, mira lo que he hecho!

—¡Qué gran cosa! ¿Cuánto tardaste en armarlo? —responde Jed.

—Sólo dos semanas.

—Jamás armé un rompecabezas. ¿Dos semanas? ¿Se considera rápido eso?

—Sí, claro, Jed. Mira lo que dice en la caja: "De dos a cuatro años".

Nuestra nación está saturada de idolatría intelectual, y toda idolatría es pecado. En 1 Samuel 15:23 dice: «Porque como pecado de adivinación es la rebelión, y como ídolos e idolatría la obstinación».

Este versículo deja bien en claro que la rebelión y la tozudez producen hechicería e idolatría. ¿Quién es el obstinado? La persona que no cambiará de idea, aun en presencia de la verdad. No cambiará de idea cuando oye o lee la Palabra de Dios porque su opinión y sus pensamientos son sus ídolos. Esto es la idolatría intelectual, la cual nos hace señores de nuestras vidas y reduce a Dios a un ser inferior. La idolatría intelectual produce estragos en la Iglesia de Cristo.

Por último, tenemos la máscara diplomática. Un diplomático dice las cosas de modo tal que nadie sabe exactamente qué ha dicho. Un diplomático expresa emociones que no siente en realidad. A menudo la gente dice: «Te amo» porque son demasiado cobardes para decir: «Tenemos un problema y debemos resolverlo ahora». En lugar de esto, el diplomático reparte felicitaciones, disfrazando la crítica. Dice cosas como: «Te ves muy bien», y luego da vuelta a la cara y dice: «¡Es un tonto!»

Uno puede llamarlo tacto, compostura, causar una buena impresión, o lo que sea. Pero para Dios es una mentira.

¿Qué dice la gente sin autoestima detrás de estas máscaras? Esta es la conversación que no se oye y que puede estar sucediendo en su mente ahora mismo.

«Pastor Hagee, llevo una máscara. Llevo varias máscaras. Ninguna de ellas es mi verdadero yo. Tengo miedo de mostrarle mi verdadero yo, porque temo que a usted no le guste.

Soy un farsante, pero no se engañe. Doy la impresión de seguridad, de que brilla el sol dentro y fuera, de que tengo confianza en mí mismo y estoy en control de todo. No me crea. Pastor, por favor, ayúdeme a salir de mi escondite. Debajo de esta máscara, mi verdadero yo está muy confundido. Tengo miedo. Estoy solo. Soy inseguro. No tengo certezas. Hay pecados no confesados en mi vida. ¡He perdido el control de mi vida!

»Siento pánico al pensar que mis debilidades podrían ser descubiertas por los demás. Es por eso que aparento ser religioso, inteligente y diplomático. Por favor, ayúdeme a salir de esta prisión. Ayúdeme a ser una persona real que conoce el gozo de la risa y la paz de Dios».

Toda iglesia en los Estados Unidos tiene hombres y mujeres enmascarados sentados en sus bancos. Toda escuela, todo empleo, está lleno de gente enmascarada. Todas las familias tienen personas que se esconden detrás de una máscara.

Las máscaras esconden a los adúlteros, los golpeadores, los ladrones y mentirosos que viven mintiendo y engañando. Son criminales que aún no han sido capturados, que cantan himnos en la iglesia. Adictos a la pornografía que esconden sus deseos carnales detrás de la máscara de la espiritualidad.

Desafío a cada uno de mis lectores a que salga de detrás de la máscara que lleva para vivir en el sol del amor de Dios, para amar a su prójimo como a sí mismo y para comenzar a verse como Dios le ve.

Por desgracia hay dos miedos dominantes que a menudo siguen destruyendo nuestro amor por el prójimo y por nosotros mismos.

DOS MIEDOS DOMINANTES

El rechazo

El primer miedo es el temor al rechazo, el miedo a pasar por tonto o a fracasar ante los demás. Este temor al rechazo puede tener orígenes en críticas que recibimos de nuestros padres o maestros... y por cierto, también de nuestros compañeros. Cuando uno de pequeño estaba jugando en el patio de la escuela y le llamaban «gordo», o «dientudo», o «cabezón», o «flaco escopeta», o «cuatro ojos»... esas palabras quedaron en nuestra mente y pueden afectarnos emocionalmente.

El espíritu del rechazo también puede aplastar a nuestros hijos. Aún antes de que nazca, el niño se ve afectado por los estados emocionales de la madre durante el embarazo. Decir: «No deseo a este hijo» es una maldición verbal que afectará el desarrollo emocional del niño.

Puede darle demasiadas *cosas* a un niño, pero jamás podrá darle demasiado amor. Críe a sus hijos con amor, para que cuando crezcan, sepan dar amor. De otro modo, el matrimonio de ellos y también sus hijos se verán envenenados por el rechazo que sufre hoy. A menos que aprendamos a amarnos a nosotros mismos, pasaremos todas nuestros fallos emocionales a nuestros hijos, y ellos a su vez los pasarán a los hijos que tengan. Habrá maldiciones generacionales en la familia que no podrán eliminarse, a menos que esto sea hecho por la mano de Dios.

La Biblia dice: «Jehová, tardo para la ira y grande en misericordia, que perdona la iniquidad y la rebelión, aunque de ningún modo tendrá por inocente al culpable; que visita la maldad de los padres sobre los hijos hasta los terceros y hasta los cuartos» (Números 14:18).

Aliento a todos los padres a hacer todo lo posible por dar seguridad emocional a sus hijos cada día. Apaguen la televisión y hablen con ellos. Abrácenlos en toda oportunidad. Mis cinco hijos son todos adultos ya, la mayoría se ha casado, y aún los beso cada vez que los veo. Jamás serán demasiado grandes para eso.

En una ocasión mi hijo Christopher, que en ese momento tenía doce años, salió de la casa temprano por la mañana para tomar el ómnibus que le llevaría a la escuela. No nos habíamos despedido. Más tarde, cuando salí a trabajar, aún estaba parado en la esquina con sus amigos, esperando el autobús escolar.

Detuve el automóvil y bajé. Christopher supo instantáneamente lo que iba a hacer. No quería pasar vergüenza delante de sus amigos, por lo que salió corriendo, gritando: «¡No, no, no!»

Una mujer me vio persiguiéndolo y pensó enseguida que yo era algún tipo de depravado sexual que corría detrás de los niños.

Grité: «¡Detente ahora mismo!»

Christopher obedeció.

Lo besé.

La mujer quedó atónita. Los amigos reían a más no poder. Fue duro para él. Lo besé entonces y lo seguiré haciendo. Besaré a Christopher y a todos mis hijos y nietos, todos los días y hasta el último día de mi vida. El amor puede vencer cualquier rechazo.

Cambio

Nuestro segundo miedo es el miedo al cambio. Odiamos el cambio, y sin embargo, todo cambia. Nuestros cuerpos físicos cambian. Si no lo cree, mire una fotografía de hace algunos años. Se verá muy diferente.

A los veinte años todo se ve genial. Uno se ve bien. A los cuarenta años, perdemos cabello, dientes y aumentamos de peso. El hombre calvo al frente es un pensador. El hombre calvo en la coronilla es buen amante. El hombre calvo por completo solo piensa que es buen amante.

A los cincuenta años, ¡comenzamos a ponernos «parches» por todas partes!

Y a los sesenta, todos los nombres en nuestra agenda corresponden a especialistas en medicina.

A los setenta, quedamos sin aliento aun jugando a las damas. Nos sentamos en la mecedora, pero ya no puede mecerse. Todo duele, y lo que no duele es lo que ya no funciona.

A veces, los cambios no son placenteros. Sin embargo, no podemos evitar los cambios. Porque todo cambia.

Este año fuimos bendecidos por el nacimiento de dos nuevos nietos. ¡Aleluya! ¡Es un cambio y una bendición! Luego de amenazar con destruir los televisores de mis hijos casados, al fin llegaron los nietos.

Hay algunas preguntas que mis hijas preguntaban cuando estaban pasando por este cambio: «Con dos meses de embarazo ya, no siento que el bebé se mueva. ¿Cuándo comenzará a moverse?». Respondí: «Con suerte, cuando termine la universidad».

Otra pregunta fue: «Mi instructor de trabajo de parto dice que no sentiré dolor sino presión. ¿Es verdad?» Respondí: «Sí, del mismo modo en que un tornado podría llamarse "corriente de aire"».

Y por último, preguntaron: «¿Cuál es el mejor momento para la anestesia epidural?» Respondí: «Apenas te enteras de que estás embarazada».

Mi yerno también tenía preguntas: «¿Hay algún motivo para que deba estar en la sala de partos?» Respondí: «No. A menos que "manutención" tenga algún significado para ti».

¡Todo cambia, todo el tiempo! La gente cambia de empleo. Cambia de esposo y esposa, de amigos y de iglesia, sin siquiera pensar que pueden ser ellos mismos quienes necesitan cambiar.

Dios constantemente intenta lograr cambios. Cada veinticuatro horas hay un nuevo día. Cada treinta días hay una nueva luna. Cuando vienes a Cristo, somos nuevas criaturas en Jesucristo. Cuando morimos vamos a la Nueva Jerusalén, con un nuevo cuerpo que tiene un nuevo nombre y que vivirá en una nueva mansión.

El cambio es inevitable. Y los cambios pueden ser beneficiosos para usted.

Si le diera un lápiz y un papel y le dijera: «Anote todo lo que hay en su vida que usted querría cambiar», ¿qué escribiría?

La Biblia dice: «Y Jehová me respondió, y dijo: Escribe la visión, y declárala en tablas, para que corra el que leyere en ella» (Habacuc 2:2). Esta es una directiva clara del cielo para saber lo que queremos llegar a ser y para poder hacer lo necesario para lograrlo. Es una afirmación de visión. Aparte un momento ahora para anotar todo lo que le gustaría cambiar.

Dios es un Dios de nuevos comienzos. No tema al cambio. Viva, ame, ría y sea feliz. Su destino divino está en manos de Dios, y sus mañanas son mucho mejores de lo que pueda usted soñar.

Desafío a cada uno de mis lectores a salir de detrás de la máscara que llevan, a vivir en el sol del amor de Dios, a amar a sus prójimos como a sí mismos y a comenzar a verse como Dios les ve. La próxima vez que alguien le pregunte: «¿Quién es usted?», podrá responder en voz alta y en su mente: «Soy una criatura de Dios. Eso me hace especial».

CAPÍTULO CINCO

SECRETO CUATRO: DOMINE A SU ENEMIGO MÁS SUTIL Y SUPREMO

Usted mismo

Hace cuarenta y cinco años que soy ministro, y he visto el naufragio emocional y espiritual de vidas destruidas simplemente a causa de una carencia de autodominio. Ministros que podían sacudir al mundo con el genio de sus pensamientos no podían, en última instancia, controlarse a sí mismos. Presidentes con la capacidad de dirigir el destino del mundo, cayeron en desgracia a causa de su falta de autodominio. No puede haber dominio en ningún aspecto de la vida hasta tanto el individuo madure en el arte de dominarse a sí mismo.

Todo día feriado en nuestro país es una escena de destrucción y muerte en las autopistas y rutas. ¿Por qué? Porque algún conductor iracundo pisa el acelerador, sin control de sí mismo, y choca a otro automóvil lleno de personas. O porque el miedo hace que un conductor pise el freno súbitamente. O porque un conductor atrevido y sin cuidado apuesta su vida y la de otros al intentar pasar un semáforo en rojo. Todos estos errores pueden atribuirse a la falta de autodominio.

He casado a cientos de parejas, y estoy seguro de que ninguna de estas personas se acercó al altar en su boda pensando en el divorcio. Sin embargo, la mayoría de los matrimonios en la sociedad y en la iglesia terminan en divorcio. ¿Por qué? Porque la disciplina que habría restringido las palabras hirientes, la actitud egoísta o el acto cruel estaba ausente. Un matrimonio exitoso y un hogar seguro requieren de individuos que enfrentan la responsabilidad de dominarse a sí mismos.

En este capítulo sobre el autodominio he elegido siete áreas críticas que estas décadas de ministerio y consejería me han mostrado como esenciales para el dominio de uno mismo y para lograr una vida exitosa.

1
DOMINE LAS PREOCUPACIONES

Muchos de los que están leyendo este libro se han graduado como Doctores en Preocupación. Pero la preocupación no puede cambiar el pasado, y puede estar seguro de que arruinará el presente. La preocupación le llevará a un solo lugar antes de tiempo: al cementerio.

La preocupación persigue a toda clase de personas... ricas y pobres, inteligentes y analfabetas. Los jóvenes se preocupan, los viejos, la gente endeudada, la gente con demasiado dinero (¡a pesar de que sus preocupaciones sean muy diferentes a las nuestras!).

Los solteros se preocupan por su vida romántica o por la falta de ésta. Hace poco vi el siguiente aviso en el *Atlanta Journal*, y parece que atrajo muchas llamadas:

SOLTERA NEGRA busca compañía masculina, sin importar su raza. Soy bien parecida y me ENCANTA jugar. Me gusta caminar por el bosque, andar en camioneta, cazar, ir de campamento, ir a pescar, disfrutar de una noche de invierno junto al fuego. Me gustan también las cenas a la luz de las velas. Respondo con alegría si me tratan como lo deseo. Estaré en la puerta de casa cuando llegue mi marido del trabajo, vestida solo con lo que la naturaleza me dio. Béseme, y seré suya. Llame al (404) 875-6420 y pregunte por Daisy.

Más de quince mil hombres llamaron y descubrieron que hablaban con la Sociedad Protectora de Animales, preguntando por una perra negra de raza Labrador, de ocho semanas de edad.

Nos preocupamos por lo que tenemos y por lo que no tenemos. Por lo que dijimos y por lo que no pudimos decir. Por lo que hicimos y por lo que no hicimos. Por nuestra calvicie, nuestros juanetes y las protuberancias de nuestro cuerpo. Algunos se preocupan porque no están casados, y otros porque lo están.

La preocupación significa que hay algo en lo que no podemos salirnos con la nuestra. En realidad, la preocupación es nuestro enojo personal con Dios por algo que sucede en nuestra vida —o tememos que pueda suceder— que Él está permitiendo y no podemos controlar.

La preocupación es nuestro enojo personal con Dios.

¿Ha observado alguna vez que la preocupación siempre sobreviene en el peor momento, en el momento de crisis? Justamente cuando necesitamos tener la mente clara y la creatividad necesaria para tomar una decisión importante, la preocupación llega como un nubarrón que oculta la luz del sol.

Hay tres razones principales por las que debemos evitar la preocupación.

Razones por las que debemos evitar la preocupación

¿Por qué debemos estar en guardia contra la preocupación? *Debemos estar alertas porque la preocupación es pecado*. La preocupación es la fe en el temor, no la fe en Jesucristo.

La preocupación es la fe en el temor.

¡El temor es el rechazo a la fe! La Biblia nos dice: «Pues Dios no nos ha dado un espíritu de temor» (2 Timoteo 1:7, DHH). El temor es la prueba de que Satanás controla nuestra mente. El temor demuestra que no confiamos en que Dios nos ayudará a resolver el problema en que nos encontramos.

A veces pensamos que es un elogio que nos digan que somos «persona de una gran fe». Sin embargo, esto no es un elogio, porque servimos a un Dios que jamás ha fallado. No se necesidad una gran fe para creer en alguien que jamás nos falla.

Sin embargo, sí hace falta gran fe para creer en alguien que a menudo nos falla. Dios jamás le ha fallado, y nunca lo hará, por eso no debe preocuparse.

Debemos evitar la preocupación porque mata.

Los mejores médicos de Estados Unidos nos dicen que la preocupación es la madre del cáncer, de las enfermedades del corazón, de la alta presión sanguínea y de las úlceras. No es lo que come. Es lo que le carcome a usted.

La preocupación nos llena la cara de arrugas y aprensión. Paraliza nuestra mente y la vuelve improductiva.

La preocupación le roba el sueño a nuestro cuerpo por la noche, y nos envía a trabajar en estado de nerviosismo, con poco rendimiento.

La preocupación ha enviado a millones de cristianos creyentes al cementerio antes de tiempo. Los cristianos, que dicen seguir al Príncipe de Paz, viven en un infierno emocional. La preocupación no tiene espacio en la vida de un creyente.

Debemos evitar la preocupación porque es totalmente inútil. Jesús dijo: «¿Y quién de vosotros podrá, por mucho que se afane, añadir a su estatura un codo?» (Mateo 6:27). La preocupación nunca nos ha aliviado una carga. Nunca ha resuelto un problema ni ha secado una sola lágrima. La preocupación jamás nos ha brindado una respuesta.

¿Ha estado alguna vez en su cama, en una fría noche de invierno, tiritando a pesar de tener una abrigada frazada a solo dos metros de distancia? No quería levantarse a buscarla, porque era más fácil quedarse allí y preocuparse durante toda la noche. La solución está en hacer algo al respecto. (¡Dígale a su esposa que se levanta y le traiga la frazada si es demasiado holgazán como para hacerlo usted mismo!) No se preocupe por cosas que puede cambiar.

No se preocupe por el mañana: está en manos de Dios. El pasado es historia, y el futuro es un misterio. Solo esta el hoy. Es por eso que se llama *presente*.

Antídotos para la preocupación

¿Cómo nos libramos de la preocupación? No será al lograr una situación ideal, como solemos pensar, porque no hay tal cosa. No hay matrimonio ideal ni familia ideal. Ni iglesia ideal o negocio ideal. No hay universidad ideal ni profesor ideal.

Dondequiera que vayamos, habrá gente, y la gente siempre tiene defectos, fracasos, temores y frustraciones. No hay momento ideal en su vida más que el hoy. El joven dice: «Cuando sea mayor, entonces ya no me preocuparé». Está equivocado. Para el momento en que encuentre pasto más verde, ya estará demasiado viejo como para trepar la cerca que lo encierra.

La vejez también tiene sus propias preocupaciones. (Créame, lo sé, porque ya no soy joven.) Los mayores entran en la edad metálica: tienen oro en los dientes, plata en el cabello, y plomo en los pantalones.

Las mujeres dicen: «¡El matrimonio me hará sentir feliz!». ¡Equivocado! Uno lleva la felicidad al matrimonio, no encuentra la felicidad dentro del matrimonio.

Uno lleva la felicidad al matrimonio, no encuentra la felicidad dentro del matrimonio.

¿Cómo librarnos de la preocupación? Hay varios versículos en Filipenses 4 que son antídotos para la preocupación. El apóstol Pablo lo dijo de este modo: «Por lo demás, hermanos, todo lo que es verdadero, todo lo honesto, todo lo justo, todo lo puro, todo lo amable, todo lo que es de buen nombre; si hay virtud alguna, si algo digno de alabanza, en esto pensad» (Filipenses 4:8). Controle sus pensamientos, dice Pablo, y controlará su mundo.

Dos versículos antes, en este capítulo de Filipenses, Pablo aconseja: «Por nada estéis afanosos, sino sean conocidas vuestras peticiones delante de Dios en toda oración y ruego, con acción de gracias. Y la paz de Dios, que sobrepasa todo entendimiento, guardará vuestros corazones y vuestros pensamientos en Cristo Jesús» (Filipenses 4:6-7).

Observe la frase *paz de Dios*. Hay una diferencia entre paz *de* Dios y paz *con* Dios.

Uno no puede estar en guerra con Dios y tener paz con Dios. Isaías dijo: «Pero los impíos son como el mar en tempestad» (Isaías 57:20). La paz es el regalo de Dios, y él solo se la da a quienes se han reconciliado con él por medio de Jesucristo.

En este capítulo de Filipenses el apóstol Pablo ofrece una de las mejores frases jamás escritas acerca de la preocupación: «Por nada estéis afanosos» (Filipenses 4:6).

Este es uno de mis versículos favoritos. Encuentro que es una almohada de consuelo en la que puedo descansar mi cabeza cuando estoy terriblemente cansado. Es un cayado fuerte y sólido en el que puedo apoyarme cuando mis pies resbalan. Es la fortaleza en el momento de la batalla.

Permítame mostrarle un ejemplo.

Una noche, mientras estaba en mi cama en la universidad, cuando estudiaba, desperté en la oscuridad y vi a un hombre muy alto parado en mi habitación. Podía oír el sonido de mi corazón golpeando en mi pecho.

Miré a mi compañero, que roncaba tan fuerte como una aspiradora Hoover. ¿Por qué no despertaba? Entre los dos podríamos vencer al hombre que me estaba mirando. Se movía levemente, como si se meciera.

¿Por qué no hablaba?

¿Por qué permanecía allí, meciéndose, sin atacar?

¿Quién era?

¿Qué querría? Sabía que no era dinero lo que buscaba, porque de haber sido así, yo mismo le habría ayudado a registrar todo en mi dormitorio hasta encontrarlo. Pero allí estaba, meciéndose, sin avanzar.

¡Entonces llegó la respuesta!

No estaba indefenso. Tenía un cuchillo de caza en la mesa de noche. Lentamente, intenté alcanzarlo sin que el hombre me viera.

Cuando tuve el cuchillo afilado en mi mano, lo desenvainé a escondidas, cubierto por las frazadas de mi cama. El hombre seguía meciéndose.

Tomé la hoja del cuchillo. Tenía buena puntería.

Con la mano izquierda retiré las frazadas, salté de la cama y ya de pie, arrojé el cuchillo como misil hacia el hombre que se mecía. Oí cómo el cuchillo daba en el blanco. Sabía que no fallaría. Al encender la lámpara de mi mesa de noche descubrí que había matado al nuevo sobretodo negro de mi compañero de habitación, el que había colgado detrás de la puerta.

El aire que entraba por el conducto de ventilación había hecho que el sobretodo se meciera. En la oscuridad todo había parecido muy real.

Mi compañero seguía roncando.

Avergonzado, me acerqué a la puerta, tomé el cuchillo, lo guardé y apagué la luz. El sobretodo tenía un tajo. Mi compañero seguía roncando, y seguramente ni siquiera un terremoto lo habría despertado.

Mientras yacía en mi cama, esperando que mi corazón se apaciguara, pensé cómo le explicaría a mi compañero el hecho de que su sobretodo había sido cortado de manera tan tonta.

Durante varios minutos, había observado un sobretodo meciéndose en su perchero, y todo ese tiempo cada fibra de mi ser había creído que mi vida corría peligro. Miré a mi compañero y pensé. *Bendito el hombre que está demasiado ocupado como para preocuparse durante el día, y demasiado cansado como para preocuparse durante la noche.* La preocupación es el interés que se paga por los problemas que jamás suceden.

¡Qué consuelo y seguridad traen estas palabras! «Por nada estéis afanosos». Son tan tiernas como la caricia de una madre. Son más fuertes que las eternas colinas.

Sea cual fuere su problema actual, reconozca que Dios está en Su trono y qué todo terminará bien. No se sienta ansioso por su salud, porque Jesucristo sigue siendo el gran médico. No se preocupe por sus finanzas, porque su Padre celestial es Jehová, el Señor que provee todas nuestras necesidades. Moisés lo dijo bien: «Acuérdate de Jehová tu Dios, porque él te da el poder para hacer las riquezas» (Deuteronomio 8:18). No se preocupe por el futuro de sus hijos. El rey David dijo: «No he visto justo desamparado, ni su descendencia que mendigue pan» (Salmos 37:25). El mismo Dios que cuidó de usted cuidará de sus hijos.

No se preocupe por su sentimiento de inseguridad, «porque mayor es el que está en vosotros, que el que está en el mundo» (1 Juan 4:4). Cuando usted aceptó a Cristo se unió a una nación de reyes y sacerdotes de Dios, y la sangre real del cielo fluye en sus venas. Cuando sale de su casa, hay ángeles que le acompañan. Cuando se da vuelta en su cama, los demonios tiemblan de miedo.

No se preocupe por su matrimonio. Si usted y su cónyuge obedecen la Palabra de Dios, su matrimonio podrá superar el fuego del infierno, nada le tocará. Pero los matrimonios que se rebelan contra la Palabra de Dios que los guía no pueden mantenerse unidos ni con el dinero, ni con el sexo, ni con diez mil consejeros. He descubierto que la gente que tiene una Biblia hecha pedazos, tiene una vida con la que sucede todo lo contrario: la relación es inversamente proporcional.

He descubierto que la gente que tiene una Biblia hecha pedazos, tiene una vida con la que sucede todo lo contrario.

¿POR QUÉ PREOCUPARSE?

¿Por qué preocuparse? «Cuando pases por las aguas, yo estaré contigo; y si por los ríos, no te anegarán. Cuando pases por el fuego, no te quemarás, ni la llama arderá en ti» (Isaías 43:2)

¿Por qué preocuparse? Dios, creador del cielo y de la tierra, es nuestro Padre. Es todopoderoso, omnisciente y autosuficiente. Le ha invitado a usted: «Clama a mí, y yo te responderé, y te enseñaré cosas grandes y ocultas que tú no conoces» (Jeremías 33:3).

¿Por qué preocuparse? «Pues a sus ángeles mandará acerca de ti, que te guarden en todos tus caminos» (Salmo 91:11).

¿Por qué preocuparse? Usted está cubierto con Su preciosa sangre.

¿Por qué preocuparse? Está usted ungido con el poder del Espíritu Santo. Tiene el favor de Dios. Tiene el poder legal de utilizar Su nombre: «En aquel día no me preguntaréis nada. De cierto, de cierto os digo, que todo cuanto pidiereis al Padre en mi nombre, os lo dará» (Juan 16:23).

Usted, y solamente usted, es responsable de los pensamientos y actitudes emocionales que gobiernan su vida. Eso es autocontrol. Eso es autodominio.

Remóntese sobre las alas de la fe hacia la presencia del Dios viviente. Alce sus manos y alabe al Señor en fe. La preocupación se desvanecerá y la fe irrumpirá en su vida. Su mente y su corazón estarán regidos por la paz del Dios viviente. Recuerde las palabras del apóstol Pablo: «Por nada estéis afanosos».

Necesitamos dominar la preocupación. Y necesitamos dominar al miedo que a menudo nos causa preocupación.

2
DOMINE EL TEMOR

Hay cinco palabras en hebreo que traducen con la palabra «temor». En realidad, en la Biblia la palabra *temor* se menciona unas seiscientas veces. Esto no es algo sin importancia.

Jesucristo ordenó: «No teman». Desde el Génesis hasta el Apocalipsis, desde Abraham hasta Juan en la isla de Patmos, oímos ese mandamiento una y otra vez: «No teman».

Esta orden la recibió Abraham cuando se le dijo que tomara a Isaac y lo llevara al Monte Moriah. Se le dio al pueblo de Israel cuando estaban frente al Mar Rojo. También se le ordenó a Moisés, a David, a Daniel, a Jerusalén y a los discípulos. La madre de Jesucristo la recibió cuando Gabriel le anunció que estaba esperando al niño Jesús. Pedro, cuando se hundía en la tormenta del mar. El apóstol Pablo, mientras su barca estaba por naufragar en una tormenta de catorce días.

> ## *Al miedo, o lo vencemos,*
> ## *o nos vence.*

Para poder dominar nuestra tendencia al temor, necesitamos comprender la diferencia entre la emoción de temor y el espíritu de temor. Dios nos da la emoción de temor a todos para ayudarnos a responder a situaciones de peligro. El espíritu del temor proviene de Satanás; él nos da el espíritu del temor para dañarnos.

La emoción de temor

Los animales sienten la emoción de temor. Asuste a un conejo, ¿y qué sucede? ¡Jamás habrá visto a alguien dar tal salto de fe! Y el ciervo que no puede saltar cuando su siesta se ve interrumpida por un disparo y salir corriendo al galope, no podrá sobrevivir a la temporada de caza.

El hecho es que el temor sano nos mantiene vivos. Hace años, cuando conducía unos servicios de reavivamiento en Spearman, Texas, el pastor me dijo que no saliera del automóvil cuando llegáramos frente a la parroquia donde nos alojábamos. Le pregunté por qué y respondió: «Hay muchas serpientes de cascabel en Spearman, y necesitará llevar consigo esta linterna para caminar hasta la casa». Encendí la linterna, y vi a dos serpientes de cascabel a dos metros de la puerta. El temor sano me obligó a adaptarme a su presencia.

Tengo cinco preciosos hijos a quienes llamo «Los fabulosos cinco»: Tish, Christopher, Tina, Matthew y Sandy, mi bebé. Cuando eran pequeños, les enseñé a temer a ciertas cosas: «No jueguen con fósforos y gasolina», les decía. «No jueguen con armas». «No toquen una lata que tenga un dibujo de una calavera y huesos cruzados». No siempre es malo el temor.

Algunos seudointelectuales dicen: «Si no nos atraes por amor, podrás alejarnos con el temor». No creo que sea cierto.

Permítame hacerle una pregunta: ¿Por qué paga usted sus impuestos? ¿Es porque le gusta darle dinero al gobierno? No. Es porque teme la posibilidad de vivir el resto de su vida en prisión si no lo hace.

¿Por qué paga un seguro contra incendios? ¿Porque ama a su agente de seguros? No lo creo. Lo hace porque el fuego puede destruir los ahorros e inversiones de toda su vida.

¿Por qué cierra con llave la puerta de su casa por las noches? Por un temor natural a los asesinos, violadores y ladrones. El cerrar la puerta con llave le da tiempo para tomar su Magnum .357 y abrir fuego.

Dios también plantó la emoción de temor en nuestra naturaleza moral, para que nos sintamos incómodos con nuestro pecado. David escribe: «Mi carne se ha estremecido por temor de ti, y de tus juicios tengo miedo» (Salmo 119:120). El salmista también nos advierte: «Ahora, pues, oh reyes, sed prudentes; admitid amonestación, jueces de la tierra. Servid a Jehová con temor, y alegraos con temblor». (Salmo 2:10-11). Y Salomón escribió: «El principio de la sabiduría es el temor de Jehová» (Proverbios 1:7).

¿Por qué debiéramos temer a Dios? Porque nos atrapará el infierno si no lo hacemos. Dios no es un abuelito blando que está sentado en un trono en el cielo. Dios es Todopoderoso, Juez de toda la tierra, y algún día estaremos arrodillados ante Él. No es cuestión de si nos inclinaremos ante Él alguna vez, sino de cuándo sucederá esto.

Dios no está en el cielo, diciendo:
«¡Hagamos un trato!» Está diciendo:
«¡Este es el trato!»

La emoción de temor nos fue dada por Dios y contribuye a nuestro bienestar. No sucede lo mismo con el espíritu del temor.

El espíritu de temor

El espíritu de temor es producto del príncipe de las tinieblas. Las enfermedades han matado a miles, pero el espíritu de temor ha matado a decenas de miles. Nuestras más grandes crisis provendrán del *temor* al problema, no de la *presencia* del problema.

Los psiquiatras describen al espíritu de temor como fobias, y han identificado setenta y cinco fobias diferentes que producen temor irracional, anormal y paralizante. Este espíritu de temor quebrará su espíritu, destruirá sus defensas y le desarmará el día de la batalla. El espíritu de temor traerá el terror en su lecho de muerte.

Si importar cuál sea la fe que usted profese, si vive con el espíritu de temor, es un ateo practicante. Pablo les dijo a los primeros cristianos: «Porque no nos ha dado Dios espíritu de cobardía, sino de poder, de amor y de dominio propio». (2 Timoteo 1:7).

Si vive con el espíritu de temor, es un ateo practicante.

¿Dónde nació el espíritu de temor? En el huerto del Edén. En el principio, Adán caminaba con Dios en el huerto del Edén. Hablaba con Dios al igual que un niño lo hace con su padre terrenal. Pero después de haber pecado, Adán oyó la voz de Dios llamándolo: «Adán ¿dónde estás?» Y se escondió. Nunca había temido a Dios hasta que hubo pecado y comido el fruto prohibido.

El espíritu de temor continúa estando en la humanidad porque el pecado sigue gobernando las vidas de las personas. El pecado crea temor, y el pecado alimenta al temor. Como un virus, el temor invade el alma, buscando alguna suciedad de qué alimentarse. El pecado le otorga al temor la licencia para que se haga cargo de la vida de las personas.

El espíritu de temor puede tener cuatro consecuencias dañinas.

Primero, ¡el temor puede atacar su mente!

Leí la historia de un tonto que a escondidas subió a un vagón que cargaba bananas para viajar gratis a la siguiente ciudad. Se acostó sobre un montón de paja y se durmió. Pero despertó al sentir que algo caminaba por su rostro y sus manos. Se sacudió para alejarlo, pero la cosa seguía allí. Al final, el hombre se levantó, más enojado que asustado.

Encendió un fósforo y vio una enorme tarántula. El fósforo se apagó, y la oscuridad le envolvió. Buscó la puerta, pero la encontró cerrada con candado. Golpeó hasta que sus puños sangraron. No hubo respuesta.

Cuando abrieron la puerta del vagón a la mañana siguiente, el hombre había enloquecido. No a causa del dolor físico. No porque una tarántula lo hubiera mordido. Enloqueció a causa del espíritu de temor.

Los hombres más fuertes de la Biblia tuvieron miedo. David, el campeón que mató a Goliat, fue quien en la batalla «se cansó» (2 Samuel 21:15). Elías se sentó bajo el enebro y tembló de miedo, escondiéndose de Jezabel. Tenía tanto miedo que clamó a Dios: «Basta ya, oh Jehová, quítame la vida» (1 Reyes 19:4). Pedro sintió terror de una joven de dieciocho años la noche en que crucificaron a Jesús. Él juró: «Mujer, no lo conozco» (Lucas 22:57).

Segundo, ¡el temor puede ser contagioso! En un pueblo del oeste, un hombre comenzó a correr por la calle gritando: «¡La represa se ha derrumbado!» Los clientes de la peluquería le oyeron e instantáneamente se unieron a él en pánico, corriendo y gritando: «¡La represa se ha derrumbado!»

Las mujeres que estaban en el supermercado oyeron los gritos y se unieron al grupo. Los policías y los bomberos también lo hicieron. Las calles estaban llenas de gente corriendo y gritando: «¡La represa se ha derrumbado!»

Un anciano corrió todo lo que pudo, y luego se sentó al costado de la calle. Pensó: *Toda la vida he vivido aquí. ¿De qué represa hablan?* En verdad, no existía tal represa. No había peligro. Solo había miedo contagiado.

Después de unos minutos, todos los habitantes del pueblo volvieron a su lugar, avergonzados y exhaustos a causa de su respuesta a un miedo colectivo.

El miedo se esparce sobre las alas de la duda y destruye como si fuera una plaga. Que un solo miembro de la iglesia diga: «Ya no suceden milagros», y el espíritu de la duda apagará la fe en un instante.

Pero las Escrituras nos dicen: «Sin fe es imposible agradar a Dios» (Hebreos 11:6). La fe es la victoria que ha vencido al mundo, desde los tiempos bíblicos hasta el presente. La fe llevó a Abraham a buscar una ciudad construida por Dios. La fe llevó a Moisés a la corte del Faraón, para gritar: «Deja libre a mi pueblo». La fe llevó a David a enfrentarse a Goliat, al tiempo que cuarenta mil cautelosos cobardes lo observaban. La fe y el miedo no pueden coexistir en la misma mente. Cuando el miedo golpee a su puerta, envíe a la fe a responder al llamado. No habrá nadie allí.

Tercero, el miedo puede convertirse en una profecía que se cumple por sí misma. Job dijo: «Porque el temor que me espantaba me ha venido, y me ha acontecido lo que yo temía» (Job 3:25). El hombre que teme continuamente por su salud, que vive tomándose el pulso y mirándose la lengua en el espejo, morirá años antes de lo que Dios tenía planeado.

Oí una terrible historia acerca de un hombre llamado Nick. Era fuerte y saludable. Se llevaba Bien con sus compañeros de trabajo y era confiable como empleado. Pero a lo largo de sus años trabajando en los talleres del ferrocarril, había temido siempre quedar encerrado en un vagón frigorífico. Un día de verano se les avisó a todos que podían salir ena hora antes. Justamente antes de que todos se fueran, Nick quedó accidentalmente encerrado en un vagón frigorifico que estaba en el taller por reparaciones.

¡Sintió pánico!

Gritó y golpeó las paredes hasta aue sus puños sangraron y quedó afónico. Nick estaba convencido de que la temperatura allí dentro era por debajo de los cero grados. Pensó: *Si no salgo, moriré congelado*. Tiritando, le escribió un mensaje a su esposa: «Hace tanto frío que ya no siento el cuerpo. Si tan solo pudiera dormir... estas pueden ser mis últimas palabras».

A la mañana siguiente, la cuadrilla de reparaciones abrió las puertas del vagón y encontró el cuerpo de Nick. La autopsia reveló qud tenía todos los signos de muerte por congelamiento. Pero la unidad de refrigeración era justamente lo que no funcionaba en ese vagón. Dentro, riempre había a, menos veinte grados centígrados de temperatura. El miedo de Nick se convirtió en una profecía que se cumplió por sí misma.

Cuando, el espíritu de temor puede robarnos nuestro legado espiritual. Moisés envió doce espías a la Tierra Prometida. Diez de ellos volvieron y dijeron: «Vimos allí gigantes, hijos de Anac, raza de los gigantes, y éramos nosotros, a nuestro parecer, como langostas; y así les parecíamos a ellos» (Números 13:33). Josué y Caleb dijeron: «La tierra por donde pasamos para reconocerla, es tierra en gran manera buena. Si Jehová se agradare de nosotros, él nos llevará a esta tierra, y nos la entregará; tierra que fluye leche y miel» (Números 14:7-8).

Por desgracia, los israelitas se dejaron llevar por lo que decía la mayoría. Dios permitió que todo hombre y toda mujer de Israel que tuviera más de veinte años muriera en el desierto. El miedo destruyó se legado espiritual. ¿Está usted permitiendo que suceda lo mismo?

El miedo proviene de la descreencia. Juan, el que escribió las revelaciones, anotó: «Pero los cobardes e incrédulos... tendrán su parte en el lago que arde con fuego y azufre» (Apocalipsis 1:8). No creer implica que Dios es mentiroso. Si Dios no es verdad, si no podemos creer en Él, entonces no sirve para ser Dios. No creer es traicionar a Dios. Millones de cristianos que se sientan en la iglesia cada domingo a cantar «La Fe es la Victoria» se cuentan en el cielo entre los «cobardes e incrédulos».

Pensemos en los seis miedos mortales Que debemos conquistar para vivir una vida exitosa y combatámoslos con la verdad bíblica.

LOS SEIS MIEDOS MORTALES

Miedo a lo desconocido

El miedo a lo desconocido lleva a los inseguros a leer horóscopos, a jugar con tableros ouija y a consultar a los que leen la palma de la mano en un antento por descubrir el futuro. Pero la Palabra de Dios nos revela el futuro en el libro del Apocalipsis.

La profecía bíblica nos dice cuándo terminará el mundo, cómo, dónde y por qué causa. (Si tiene usted alguna duda, lea mi libro *From Daniel to Doomsday* [De Daniel al día del juicio final][1]).

Deje los horóscopos y los tableros ouija. Desconecte su línea psíquica. En lugar de ello, comience a leer la Palabra de Dios y lo desconocido aparecerá con absoluta claridad.

Miedo a la muerte

En los Estados Unidos hay muchas voces que nos dicen cómo vivir, cómo vernos jóvenes, cómo estar delgados, cómo pensar de forma positiva, cómo hacer dinero y cómo tener más amigos. Estos objetivos son todos razonables, pero también limitados en su alcance, porque solo tienen que ver con la vida en la tierra.

Desde el momento en que nacemos, nuestra vida entra en el proceso de acabar. Hay una verdad innegable e inmutable: todos morimos. La Biblia dice: «Está establecido para los hombres que mueran una sola vez» (Hebreos 9:27).

Sólo está preparado para morir quien está verdaderamente preparado para vivir.

La muerte no toma vacaciones. No respeta a las personas: llega a los ricos y poderosos al igual que a los pobres. Se lleva tanto al intelectual con su doctorado como al ignorante y analfabeto. Sus dedos huesudos se llevan a los jóvenes y hermosos a la tumba, al igual que a los decrépitos y viejos. La vida no es permanente: es transitoria.

Santiago describió nuestra fragilidad: «¿Qué es vuestra vida? Ciertamente es neblina que se aparece por un poco de tiempo, y luego se desvanece» (Santiago 4:14). Y el rey David dijo: «Ciertamente es completa vanidad todo hombre que vive» (Salmo 39:5). El salmista escribió también que nuestra vida es «como la hierba que crece en la mañana. En la mañana florece y crece; a la tarde es cortada, y se seca» (Salmo 90: 5-6). Salomón estableció claramente los parámetros de la vida: «Todo tiene su tiempo, y todo lo que se quiere debajo del cielo tiene su hora. Tiempo de nacer, y tiempo de morir» (Eclesiastés 3:1-2).

¿Qué es la muerte? Pregunte esto a tres médicos y obtendrá cuatro opiniones. La Biblia nos dice lo que es la muerte con toda precisión. La muerte física es la separación del espíritu y el alma del cuerpo: «El cuerpo sin espíritu está muerto» (Santiago 2:26).

Pero hay una muerte horrible y trágica: la muerte espiritual. ¡Esta muerte es la separación de Dios por toda la eternidad, con un hogar eterno en el infierno!

Los hindúes y budistas creen que la muerte es la reencarnación. Los terroristas islámicos creen que morir mientras matan a infieles (a cristianos y judíos) envía a la persona al paraíso, en el que setenta vírgenes le esperan para darle placer sexual. El ateo cree que la muerte es morir como un perro, lo que implica aniquilación total.

Cuando me llaman para ir al hospital a ver a un querido miembro de la iglesia que está muriendo, suelo oír lo siguiente de parte de sus familiares y amigos: «No quiero siquiera pensar en ello». «Soy aún demasiado joven para morir». «Soy demasiado importante para morir». «No moriré». La gente hace estas afirmaciones irracionales en un débil esfuerzo por escapar a la realidad de sus propias muertes.

Jesús debió enfrentar este tipo de negación de parte de Sus discípulos. Les dijo varias veces que sería traicionado y crucificado, pero ellos no querían escuchar. Pedro hasta le contradijo: «Señor, ten compasión de ti; en ninguna manera esto te acontezca» (Mateo 16:21-22). Jesús le dijo a Pedro la verdad, pero él no quería oírla. ¿Quiere oírla usted?

¿Niega el lugar que la muerte tiene en su vida? Si es así, piense en las palabras del rey David: «Aunque ande en valle de sombra de muerte, no temeré mal alguno, porque tú estarás conmigo; tu vara y tu cayado me infundirán aliento» (Salmo 23:4). David llamó «sombra» a la muerte. La sombra de un león no puede lastimarme. La sombra de una serpiente no puede morder. La sombra de una espada no puede cortar. La sombra no daña. Jesucristo ha conquistado a la muerte, al infierno y a la tumba. La muerte es ahora «el valle de sombras». La muerte no tiene poder sobre nosotros, y no puede lastimarnos.

Jesucristo fue crucificado y puesto en la tumba prestada de José de Arimatea. El Señor exploró el mundo de la muerte. Se levantó al tercer día y anunció con gozo: «Porque yo vivo, vosotros también viviréis» (Juan 14:19).

Jesús se le apareció a Juan en la isla de Patmos y le dijo: «No temas; yo soy el primero y el último; y el que vivo, y estuve muerto; mas he aquí que vivo por los siglos de los siglos, amén. Tengo las llaves de la muerte y del Hades» (Apocalipsis 1:17-18).

¿Está usted preparado para morir?

¿Está usted preparado para morir? Repito, solo quienes están preparados para morir están preparados para vivir. Si fuera a morir en los próximos sesenta segundos, ¿dónde estaría entonces? ¿En el cielo, con dios Padre, o en el lugar llamado infierno, con el príncipe de las tinieblas y su legión de demonios? Porque esas son las únicas dos opciones.

Si tiene la menor duda acerca de dónde estará cuando muera, quiero que ore así:

Señor Jesús, te pido que perdones todos mis pecados. Lávame con tu preciosa sangre de toda iniquidad. Ven a mi corazón y vive hoy como Señor y Salvador. Desde hoy te seguiré. Seré tu siervo, leeré y obedeceré tu Palabra. Y ahora, a causa de la sangre que Cristo derramó en la cruz, soy salvo. Soy hijo de Dios. Mi pasado me es perdonado. Los ángeles escriben mi nombre en el libro de la vida del Cordero. El cielo es mi hogar por la eternidad.

¡Felicitaciones! Acaba de recibir usted la vida eterna. Le aliento a decírselo a su familia y a sus amigos lo antes posible. Ya no teme a la muerte. Piense en la historia de Steve Sawyer, un adolescente hemofílico que recibió una transfusión de sangre contaminada.

Poco después de la transfusión, a Steve le diagnosticaron SIDA y cirrosis. En la universidad, Steve aceptó a Cristo como Salvador en una cruzada. Pasó sus últimos años viajando por los Estados Unidos, hablándole a más de cien mil estudiantes de todo el mundo, y ayudando a más de diez mil de ellos a llegar a la fe en Jesús. «Sé que me ha sido dado el cielo», dijo Steve una vez, «así que, ¿qué voy a hacer al respecto?»

Poco más de un año antes de morir Steve dijo: «He pasado todo este tiempo en la tierra intentando hacer lo que Cristo quiere que haga y buscando ser tan parecido a Él como me ha sido posible, fracasando tristemente más de lo que me gusta admitir, pero intentándolo siempre. Así seré capaz de llegar allí, ver a Jesús frente a frente, y decir: "Quizá me haya equivocado, pero no importa debido a lo que hiciste por mí. Aquí estoy; ahora finalmente puedo ver por qué he estado haciendo todo esto"».

El 13 de marzo de 1999 Steve dejó esta tierra para estar con el Señor. Su madre dice que justo antes de morir, Steve se sentó en la cama y dijo: «¡Guau!»[2]

Eso es lo que significa ser cristiano.

Miedo a los demás

Muchos nos dejamos llevar por el miedo a la opinión de los demás. Nos controla la crítica de las personas a las que conocemos. Vivimos atormentados a causa de la calumnia y las falsas acusaciones. Pero la Biblia dice: «El Señor es mi ayudador; no temeré lo que me pueda hacer el hombre» (Hebreos 13:6).

Si usted es una mujer que trabaja, no tema a su agresivo jefe. Lo dejará desarmado con la confianza divina que viene de Dios. Salomón escribió: «El miedo a los hombres es una trampa, pero el que confía en el Señor estará protegido» (Proverbios 29:25, DHH).

No tema a ninguna persona o grupo de personas por ninguna razón. El rey David dijo: «Aunque un ejército acampe contra mí, no temerá mi corazón; aunque contra mí se levante guerra, yo estaré confiado» (Salmo 27:3). Deje de vivir con los dedos cruzados. En lugar de eso, camine con la confianza divina de una vida sin temores.

Miedo al fracaso

El fracaso más grande consiste en no intentar. Sin embargo, el hombre que se levanta una vez más no fracasa. En un capítulo anterior, mencioné que muchos de los hombres más exitosos fueron como Thomas Edison, que siguió intentando a pesar de sus fracasos. Todos necesitamos recordar a estas personas cuando tememos al fracaso.

Según la Biblia, Dios no ha planeado que fracasemos. Jeremías 29:11 expresa: «Porque yo sé los pensamientos que tengo acerca de vosotros, dice Jehová, pensamientos de paz, y no de mal, para daros el fin que esperáis». Si Dios no tiene planeado que fracasemos, entonces ¿por qué teme usted al fracaso?

Miedo a la traición

Todo divorcio nace de la traición

Todo caso de abuso infantil es un acto de traición.

Todo chisme es un acto de traición.

Judas traicionó a Jesús. Absalón traicionó a David. Demas traicionó a Pablo (2 Timoteo 4:10). Tarde o temprano, alguien a quien amamos nos traicionará. Nuestra reacción podrá ser amargarnos o mejorar.

¿Cómo reaccionó Jesús ante Judas? No sucumbió a la autocompasión. No se retiró, ni se apartó. Cuando Judas se le acercó en el huerto de Getsemaní, Jesús le dijo: «Amigo, ¿a qué vienes?» (Mateo 26:50). El amor de Dios se expone al costo de la afrenta. Su amor no teme a la vergüenza ni a la traición.

Tememos a lo desconocido, a la muerte, a los demás, al fracaso, a la traición y a la carencia.

Miedo a la carencia

¿Alguna vez ha observado que cuando el pronóstico meteorológico de la TV anuncia que se acerca un huracán lo primero que hace la gente es correr al supermercado y comprar de todo hasta dejar los estantes vacíos? ¿Por qué? ¡Por temor a la carencia! Sin embargo, Pablo escribió en Romanos 8:32: «El que no escatimó ni a su propio Hijo, sino que lo entregó por todos nosotros, ¿cómo no nos dará también con él todas las cosas?»

Wall Street puede desplomarse. El tesoro de los Estados Unidos podrá colapsar. ¡Pero el Reino de Dios jamás irá a la quiebra! Deje de vivir con el temor de que el Dios que lo controla todo le dejará morir sin nada.

Si vencemos a estos seis miedos mortales, dominaremos en realidad al espíritu de temor.

3
DOMINE LA IRA

¿Alguna vez ha estado verdaderamente enojado? ¿Con el rostro encendido de furia, con los ojos que se salen de las órbitas? Bien... ¡es usted normal!

La ira es una emoción poderosa, plantada en nosotros para poder utilizarla con propósitos constructivos o destructivos.

¿Qué es lo que le enoja? Aquí hay algunas respuestas que recibí durante una encuesta realizada en la iglesia *Cornerstone*:

Estoy enojado porque mi cónyuge ha pedido el divorcio sin causa.

Estoy enojada porque mi padre abusó de mí cuando era pequeña.

Estoy enojado porque ascendieron a otra persona y se olvidaron de mi esfuerzo y trayectoria en mi trabajo.

Estoy enojado a causa de una inexplicable tragedia en mi vida, la muerte de un niño, una enfermedad terminal, o la ruina financiera.

Estoy enojado porque mi vida está fuera de control.

A menudo decimos la frase «loco de ira». Y es una descripción adecuada. Como regla general, el enojo nos hace perder los estribos, nos volvemos locos.

La pregunta que quiero hacerle es la siguiente: ¿Estamos pecando cuando estamos realmente enojados? ¿Es pecado todo enojo? ¿Es útil el enojo?

Pablo escribió en Efesios 4:26: «Airaos, pero no pequéis». Y Jesús dijo: «Quien se enoje con su hermano sin causa, está en peligro de ser enjuiciado» (Mateo 5:22, traducción literal de KJV). Observe la frase *sin causa*. El enojo puede ser útil si la causa es justa y de Dios. Así que la pregunta es: ¿Cuál es la motivación de su enojo? Cuando Jesús echó a los comerciantes del templo, se mostró como el retrato vivo de la ira de Dios.

¡La verdad, es que no todo enojo es pecado!

Jesús entró en el templo —la casa de Dios, la casa de oración— en un momento en que el lugar se había convertido en mercado, en el cual se les robaba a las personas en nombre de Dios. La Palabra de Dios dice que quienes venían a celebrar la fiesta debían presentar sus corderos de sacrificio antes los sacerdotes para que los examinaran. Eso está bien, excepto que los sacerdotes encontraban fallas que no existían. Ponían al animal defectuoso —según ellos— en un corral, y luego le vendían a la persona otro animal a un precio extravagante. Más tarde, ese mismo día, el sacerdote le vendía el animal «defectuoso» a alguien más.

Los judíos justos y rectos estaban tan avergonzados como Jesús por lo que sucedía en el templo. El atrio era un sucio, maloliente y ruidoso mercado. Imagine el ensordecedor ruido de los vendedores ofreciendo sus mercaderías por sobre el balido de las ovejas, el cacareo de las aves y el tintineo de las monedas. Y no olvide el mugido de los bueyes y las voces de los ladrones religiosos. A esta escena de locura llegó Jesús de Nazaret, el Hijo de Dios, el Príncipe de Paz. No venía a adorar, sino a pelear en contra de los falsos valores que habían sido traídos a Su templo.

Sus ojos estaban encendidos con furia cuando invadió la casa de Dios. Tomó el látigo de cuerdas trenzadas. Barrió con las bolsas de dinero que había sobre la mesa más cercana, desparramando las monedas por el piso. Volteó una mesa, y otra, y otra, hasta que todas quedaron tumbadas.

El Vengador de Dios irrumpió en el templo con furia, haciendo salir a los bueyes, las palomas, las ovejas y las cabras. Dispersó a los aterrorizados fariseos con su grito de guerra: «Escrito está: Mi casa, casa de oración será llamada; mas vosotros la habéis hecho cueva de ladrones» (Mateo 21:13).

¿Cuál es el mensaje de esta escena? ¿Había cambiado Jesús? ¿Perdió los estribos? ¿Estaba pecando? No. Esta escena tiene dos mensajes para nosotros:

Primero, el enojo es la voz más clara del amor cuando la causa es justa. Los falsos valores eran evidentes en la casa de Dios, y un Jesús amante y compasivo mostró Su enojo. Este es un mensaje para los cristianos del siglo veintiuno. Hay un momento en que debemos dejar de lado nuestro bendito aplomo y permitir que la ira justa nos motive a realizar una acción divina.

Por desgracia, los Estados Unidos están saturados de falsos valores. Nos estamos convirtiendo en una nación de paganos. La moralidad es objeto de burla, y nuestro país se corrompe a causa de las enfermedades sexuales. Nos hemos convertido en una sociedad de asaltos, drogas, asesinatos, delincuencia, divorcio y muerte por aborto. La tragedia de nuestros días es que la situación es desesperada, pero nuestra iglesia no lo está. Vemos cómo el príncipe de las tinieblas devora a nuestros hijos, destruye nuestros matrimonios y causa desastres en nuestras finanzas y en nuestra salud, pero no protestamos.

La tragedia de nuestros días es que la situación es desesperada, pero nuestra iglesia no lo está.

En lugar de esto nuestra respuesta debiera ser una ira justa, como se expresa en las palabras del rey David: «Levántese Dios, sean esparcidos sus enemigos, y huyan de su presencia los que le aborrecen» (Salmo 68:1). No estamos aquí para ser alfombra del adversario. Somos los embajadores de Jesucristo en esta tierra, como lo fue Florence Nightingale hace muchos años.

Los hospitales eran horribles, hasta que Florence Nightingale se enojó. No era un ángel de misericordia tímido y gentil. Era una mujer temperamental y obstinada. Ella acosó y molestó a los funcionarios del gobierno para que ofrecieran un trato decente a los heridos y moribundos hasta el punto de que la burocracia tembló con la sola mención de su nombre. Con el llamado de Dios en su alma inconquistable, cambió la condición de los hospitales, convirtiéndolos en lugares de esperanza. Hay cosas por las que vale la pena enojarse. ¿Cómo podemos amar a otros y quedarnos impávidos viendo cómo los hieren y matan las personas malas? Si le dijera que alguien matará a su hijo o hija ¿se enojaría usted? Eso espero. Pero estamos permitiendo que los reyes de la droga maten a nuestros hijos todos los días, y nos encogemos de hombros como si no pudiéramos hacer nada. Los Estados Unidos están enterrados bajo una avalancha de pornografía, patrocinada por el crimen organizado, que produce degenerados sexuales que violan a nuestros hijos. La pornografía no tiene lugar en nuestros hogares ni en nuestros corazones. ¡Quítela de allí!

Las mujeres que son miembros de la organización *Mothers Against Drunk Drivers* [Madres contra los conductores ebrios] sienten una justa ira contra los automovilistas que conducen ebrios por nuestras calles. Dios las bendiga a todas.

El segundo mensaje de esta escena en el templo es que el enojo no es una emoción pecaminosa. Del mismo modo en que no hay pianos malos, sino solo pianistas malos, no hay emociones malas, sino personas malas. Todas las emociones nos fueron dadas por Dios. Todo bebé nace con la emoción del enojo. Olvide darle de comer al bebé y verá cómo se enoja. Sin embargo, cuando ese bebé llegue a los cuarenta y cinco años de edad, habrá tenido que aprender a controlar su enojo cuando no le sirvan la comida enseguida.

Hay dos tipos de enojo que pueden ser destructivos: la ira sin control y la ira mal dirigida.

Ira sin control

La ira sin control es pecado. Hace poco estaba jugando al golf y vi a un hombre, supuestamente inteligente, pegando con su palo contra el tronco de un árbol porque había errado el tiro. ¿Era malo el palo? Obviamente no. ¿Podía redirigir el tiro esta explosión de ira? Por supuesto que no.

He visto a hombres adultos patear sus automóviles con ira descontrolada porque el motor no arrancaba. Golpean las puertas del automóvil e insultan a la máquina con palabras irrepetibles. Olvidan que el automóvil no tiene gasolina, o que han olvidado cambiar las bujías en más de sesenta mil kilómetros, o que la batería perteneció antes al arca de Noé.

Beethoven supuestamente causó su propia sordera durante un arranque de ira descontrolada. Los médicos nos dicen que la ira descontrolada libera tóxicos en nuestro organismo que causan enfermedades cardíacas o cáncer. Las personas iracundas sufren más ataques cerebrovasculares que quienes viven con la paz de Dios en sus corazones. La ira produce úlceras. Cuando uno se permite vivir en un estado permanente de ira sin control, comete un pecado. Porque en realidad se está suicidando.

Lea su Biblia y observe el desfile de hombres que se destruyeron a sí mismos a causa de su ira sin control La incapacidad de Moisés para controlar su ira apareció por primera vez cuando asesinó el egipcio que golpeaba al esclavo hebreo. Luego, su ira reapareció cuando Moisés bajó del Monte Sinaí y vio a su congregación adorando al becerro de oro. En ira descontrolada, arrojó los Diez Mandamientos de Dios y los hizo pedazos. En cada una de estas instancias, la ira de Moisés era tan justa como la de Jesús en el templo. Sin embargo, Moisés respondía con ira sin control.

Este tipo de ira sin control aparece por tercera vez en Números 20, cuando Dios le dice a Moisés que «le hable a la roca» para que fluyera el agua que tanto necesitaba el pueblo de Israel. Moisés estaba tan enojado con su congregación rebelde que golpeó la roca con ira. Su frustración por la conducta de los demás afectó su relación con Dios.

¿Es esto lo que le sucede también a usted?

Si es así, recuerde la respuesta de Dios ante el último acto de ira sin control de Moisés. Dios le prohibió a Moisés la entrada a la Tierra Prometida con los hijos de Israel. Tres veces en Deuteronomio Moisés le pide a Dios que cambie de idea, pero Dios le dice que Su criterio prevalecerá. La ira sin control de Moisés mató su sueño. ¡La ira le impidió llegar a su destino divino!

La ira es un mensaje de peligro.

¿Se han destrozado sus sueños a causa de la ira descontrolada? ¿Ha crucificado su matrimonio con palabras hirientes, dichas en un momento de ira? ¿Su relación con sus hijos se ha roto a causa del uso de palabras de enojo sin control? ¿Su relación con otros creyentes se ha destruido a causa de su ira incontrolable?

La ira sin control llevó a Caín a asesinar a su hermano Abel a sangre fría. La ira sin control separó al hijo mayor de su amado padre. Cuando su hermano, el hijo pródigo, volvió después de haber desperdiciado su vida y el dinero de su padre en tierras lejanas, el padre amoroso mató el becerro más gordo para celebrar. Esto hizo que el hermano mayor se enojara tanto que no se unió a la fiesta. Sentía que se le trataba injustamente, ya que él sí había permanecido fiel al padre y jamás había recibido tal celebración. Su ira le separó de su padre y de su hermano. ¿Qué hay de usted? ¿Acaso la ira lo separa de sus seres queridos?

Ira mal dirigida

Es probable que suframos más de ira mal dirigida que de ira sin control En una ocasión me hallaba de vacaciones en México y fui a ver una corrida de toros. Observé a los picadores atormentar al toro con sus lanzas hasta que el animal, en ira mal dirigida, cargaba contra la capa roja sostenida por el matador. El toro ignoró la verdadera fuente de su problema: el matador de pantaloncillos verdes que gritaba: «Toro, toro, toro». Me sentí tan frustrado que le grité al toro: «Más a la derecha. Esa es la causa de tu problema».

Casi causé una disputa. Apenas grité estas palabras, el toro volteó a la derecha y arrojó al matador unos tres metros por el aire, y cientos de mexicanos enojados clavaron su mirada en mí. El toro había atacado por fin a su verdadero problema.

Aquel que logre enojarle, logrará vencerle.

¿Por qué está usted tan loco de ira usted? ¿Está atacando al problema o a los síntomas del mismo? ¿Está cargando ciegamente a la capa roja o resolviendo el problema?

Un día Abraham Lincoln estaba en el muelle de Nueva Orleans y vio a una mujer negra siendo vendida como esclava, separada de su esposo y su hijo. Lincoln apretó los puños hasta que las palmas le sangraron, y pensó: *Eso está mal. Si llego a tener la oportunidad, terminaré con la esclavitud.*

En su interior explotó la ira. Pero no una ira sin control, ni mal dirigida, sino la calmada determinación que llevó a Lincoln a sobreponerse a una derrota política tras otra, hasta llegar a ser presidente de los Estados Unidos. A diferencia de Moisés, Lincoln sí alcanzó su sueño: firmo la Proclamación de Emancipación, la cual terminó con la esclavitud en los Estados Unidos para siempre.

¿Cuándo está mal enojarse?

¡Cuando nos enojamos sin causa justa!

Está mal cuando nos volvemos amargos o resentidos y hablamos cosas feas acerca de los demás. Proverbios 15:18 dice: «El hombre iracundo promueve contiendas». En Proverbios 21:19 Salomón escribió: Mejor es morar en tierra desierta que con la mujer rencillosa e iracunda».

¿Cómo dominamos nuestra ira descontrolada y mal dirigida?

Ira controlada

Permítame sugerirle cuatro maneras de controlar la ira:

1. Llénese del Espíritu.

No siempre podemos controlar nuestras emociones con nuestro propio poder, pero cuando el Espíritu Santo nos controla, nuestras emociones se alinean con Él. El apóstol Pablo escribió en Gálatas 5:22: «Mas el fruto del Espíritu es amor, gozo, paz, paciencia, benignidad, bondad, fe, mansedumbre, templanza», todo lo opuesto a la ira y a perder el control.

Los frutos del Espíritu solo son posibles cuando uno anda en el Espíritu. Este es un proceso diario de morir a nosotros mismos y beber del agua viva de la Palabra de Dios. ¿Está usted lleno del Espíritu o de sí mismo? ¿Le controla un espíritu malo o le guía el Espíritu Santo?

2. Aprenda a pasar por alto una transgresión.

Proverbios 19:11 dice: «La cordura del hombre detiene su furor, y su honra es pasar por alto la ofensa».

El matrimonio feliz requiere de un marido sordo y una esposa ciega.

Cristo es nuestro ejemplo de cómo responder a la injusticia. Después de limpiar el templo, como Vengador de Dios, fue atacado personalmente por el gobierno romano, cuando le arrestaron y acusaron falsamente, cuando los soldados romanos le dieron bofetadas, le escupieron, se burlaron de Él y le coronaron con espinas. ¿Cuál fue su respuesta? «Mas Jesús ni aun con eso respondió» (Marcos 15:5). La multitud gritaba pidiendo la sangre de Jesús, y Él permaneció allí ante Pilato, en absoluto silencio, a pesar de que tenía todo el poder sobre el cielo y la tierra.

Eso es enojo controlado. Proverbios 16:32 dice: «Mejor es el que tarda en airarse que el fuerte; y el que se enseñorea de su espíritu, que el que toma una ciudad».

¿Alguien hirió sus sentimientos hace diez años y usted aún no ha podido superarlo? Pase por alto la transgresión de la otra persona, y su vida se contentará.

3. No se haga amigo de las personas iracundas.
Proverbios 22:24-25, dice: «No te entremetas con el iracundo, ni te acompañes con el hombre de enojos, no sea que aprendas sus maneras, y tomes lazo para tu alma».

Señorita, si el joven con quien está saliendo se deja llevar por la ira sin control, déjelo hoy mismo. Joven, si la señorita con quien está saliendo es iracunda, sin control, el amor a primera vista se cura echando una segunda mirada. ¡Siga buscando!

Padre, si tiene usted un hijo que se enoja a menudo sin control, Salomón le ofrece este consejo: «La necedad está ligada en el corazón del muchacho; mas la vara de la corrección la alejará de él» (Proverbios 22:15). Cuando era niño y tenía berrinches, mi padre siempre me ayudaba a evitarlos con una buena palmada. Aprendí a controlar mi ira.

4. Aprenda a reír.
La Biblia dice: «No os entristezcáis, porque el gozo de Jehová es vuestra fuerza» (Nehemías 8:10). La risa puede ser el antídoto para la ira sin control o mal dirigida; y hasta puede ser un bálsamo sanador de la enfermedad.

Hace varios años, justamente antes de subir a la tarima para dar un discurso de apertura de clases en *Oral Roberts University*, se me acercó una mujer de Virginia, hermosa, de mediana edad, y me brindó este testimonio.

Su padre, un próspero granjero de Virginia, estaba muriendo de cáncer. Los tumores en su estómago se observaban a simple vista. La mujer le dio a su padre una de mis cintas grabadas, titulada «*Being Happy in an Unhappy World*» [Sea feliz en un mundo infeliz], y el hombre comenzó a escuchar y a reír. Cuanto más escuchaba, tanto más reía. Sus amigos venían a visitarlo para despedirse de él, pero él seguía escuchando la grabación y riendo.

En lugar de morir, el hombre comenzó a comer. Cuando fue a ver al doctor para su control habitual, el médico dijo: «Su cáncer ha entrado en completa remisión».

El hombre había reído hasta recuperar en parte su salud. La ciencia médica nos dice que la risa libera una enzima sanadora en nuestro organismo. ¿Ha olvidado cómo reír?

Necesita elegir entre la ira que le mata y el gozo del Señor, que le sanará emocional y físicamente. La ira destruye su cuerpo, su alma, su espíritu, su matrimonio, su salud, sus hijos y su paz. Escoja entre la risa y la ira. ¡Elija la risa!

Debemos dominar nuestra tendencia a la preocupación, nuestros temores infundados, y nuestra ira descontrolada y mal dirigida.

4

DOMINE LA DEPRESIÓN

Muchas veces, cuando busco un tema para una serie de sermones, hago una encuesta entre los miembros de mi congregación y les pido que enumeres los problemas más grandes que hay en sus vidas espirituales. En la encuesta, la depresión figura como el problema emocional número uno, en una congregación de dieciocho mil personas.

¿Quién se deprime? Todos, de tanto en tanto. Permítame definir la depresión como «un estado mental negativo que causa un cambio en su humor o en su conducta... y en casos severos, un cambio en su organismo».

La depresión es lo opuesto a ser feliz. La depresión lo cubre todo, desde la tristeza por algo menor, hasta la depresión severa, lo que su psiquiatra llamaría psicosis. (En este capítulo no hablo de depresión clínica.) Vea a los héroes de la fe que estaban deprimidos.

Job estaba deprimido y maldecía el día de su nacimiento diciendo: «Perezca el día en que yo nací, y la noche en que se dijo: Varón es concebido» (Job 3:3). No hace falta ser Sigmund Freud para ver la depresión en la afirmación de Job.

Elías gritó a los cielos: «Basta ya, oh Jehová, quítame la vida ... sólo yo he quedado [viviendo para ti]» (1 Reyes 19:4,10). Las oraciones de autocompasión llevan a la depresión.

En los Salmos, el rey David a menudo expresó su depresión con afirmaciones como: «¿Por qué te abates, oh alma mía, y te turbas dentro de mí?» (Salmos 42:5). David se deprimía por decisiones que habían salido mal. Por ejemplo, cuando estaba ocupado con los asuntos del reino y dirigiendo a su ejército, tenía poco tiempo para su hijo Absalón. La decisión cotidiana de pasar el tiempo como lo hacía, durante la infancia de su hijo, se volvió en su contra cuando Absalón traicionó a David y llevó su reino a la guerra civil.

Los discípulos se deprimieron. Tenían a Jesucristo como pastor, a Dios en la tierra, pero aun así tenían problemas emocionales y espirituales muy reales. (Para todo pastor, es reconfortante saber esto.) Jesús les dijo: «No se turbe vuestro corazón» (Juan 14:1).

Charles Haddon Spurgeon sufría de depresión luego de una tragedia ocurrida en su iglesia. El príncipe de los predicadores fue martirizado por un loco que saltó en medio de la iglesia y gritó: «¡Fuego!». Hubo una estampida, y varios miembros de la iglesia murieron aplastados. El corazón de Charles Spurgeon estaba destrozado, y cayó en profunda depresión. Lo llevaron a la casa del decano principal, donde la oración constante sanó su alma.[3]

Abraham Lincoln sufría de depresión severa. Winston Churchill padecía de una depresión terrible y decía: «Me persigue, como un perro negro».

Repito: Todos nos deprimimos en algún momento. Aquí enumero las cinco principales causas que pueden entristecernos.

Cinco causas principales de la depresión

La primera causa es una desilusión extrema. ¿Ha observado que nadie se deprime cuando todo va bien? ¿Quién necesita a Dios teniendo dinero en el banco, ninguna deuda y gozando de buena salud? Luego llega una ruptura en el matrimonio, o la quiebra. O quizá una crisis con sus hijos, o una tragedia que golpea como un rayo que cae de un cielo azul y claro. La depresión viene a la carga, como león hambriento. De repente, usted necesita a Dios desesperadamente.

La segunda causa de depresión es la falta de autoestima, de la que hablamos en el capítulo cuatro. A menudo les aconsejo a los miembros de mi iglesia que cada día, al despertar, confiesen: «¡Soy especial! ¡Soy amado! ¡Soy único y un hijo de Dios! Nací como un original, por lo que me niego a ser una copia barata. Fui creado un poco por debajo de los ángeles, con la sangre real del cielo fluyendo en mis venas. Voy camino al cielo y nada sobre esta tierra puede derrotarme».

La tercera causa de depresión es la comparación injusta. Si nos comparamos a nosotros mismo con otros que siempre logran más, estaremos haciendo algo que va en contra de Dios, de las Escrituras, y de la santidad y la justicia. ¡Permítame sorprenderlo! Siempre habrá alguien mejor que usted en su profesión. Habrá un médico mejor, un abogado mejor, un vendedor mejor, un maestro mejor o una madre mejor. Señorita, siempre habrá alguien más bella que usted. Señor, siempre habrá alguien más apuesto y más inteligente que usted. Somos lo que nuestro código genético indica, y eso se define en el momento de nuestra concepción.

La cuarta causa de depresión está en los objetivos imposibles de cumplir. Uno puede ser lo que quiera y se proponga, pero no puede ser todo a la vez. El apóstol Pablo dijo: «Una cosa hago» (Filipenses 3:13). Encuentre qué es lo que mejor sabe hacer, y hágalo con todo su corazón, su alma, su mente y su cuerpo. Deje de tratar de ser el hombre o la mujer orquesta, porque no puede ser experto en todo. Haga una cosa mejor de lo que la hacen los demás, y su éxito y prosperidad estarán garantizados.

Tiger Woods es el mejor jugador de golf de todo el mundo. John Grisham es uno de los mejores escritores. Pavarotti, uno de los mejores tenores. Ninguno intenta ser jugador de fútbol profesional. Hacen lo que saben hacer mejor. Encuentre qué es lo que usted sabe hacer mejor, ¡y pegue siempre en el mismo clavo!

La quinta causa de depresión es un desorden funcional biológico, un desequilibrio químico que la ciencia médica puede regular. Aliento a toda persona deprimida a ver a un buen médico. En una ocasión, una integrante de la iglesia vino a mi oficina y dijo: «Tengo un demonio».

Hablamos durante casi una hora, y después de oír su historia, le dije: «No tiene ningún demonio. Usted está deprimida». Le dije que llamara a su médico y se sometiera a los análisis que le indicara. Fue de mala gana.

Dos semanas más tarde volvió a mi oficina, contenta como un pajarito y pensando que yo era un genio. Fue a ver a un médico que había equilibrado sus hormonas, y su vida era ahora hermosa. Si usted está deprimido durante un largo período de tiempo, debe consultar a un consejero cristiano o a un psiquiatra.

El no cuidar nuestro cuerpo físico implica estar poseído por el espíritu de la estupidez. Algunas personas arruinan su salud intentando hacer una fortuna, y luego gastan la fortuna buscando recuperar la salud. Su cuerpo es templo de Dios. Cuídelo. Es el único que tiene.

Le sugiero seis pasos para ayudar a derrotar a la depresión que pudiera estar afectándole en este momento.

SEIS PASOS PARA DERROTAR A LA DEPRESIÓN

1. Ataque su problema con el poder del Evangelio.

Muchos problemas tienen su origen en el pecado. Creo en la consejería, pero no en la consejería eterna. Creo en la búsqueda de soluciones, pero no en la perpetua compasión y comprensión. Hay mucha gente que necesita que se le expliquen sus pecados, no que se les perdonen. Necesitan hacer lo correcto, no buscar solamente la reconciliación.

Se me encoge el corazón al oír las palabras «no puedo».

«No puedo» amar a mi esposo o esposa.

«No puedo» disciplinar a mis hijos.

«No puedo» dejar de drogarme.

«No puedo» dejar a mi amante.

Eso es mentira. Absolutamente mentira. Cambie la palabra «puedo» por «quiero» y tendrá la verdad frente a sus ojos.

En Filipenses 4:13, Pablo escribió: «Todo lo puedo en Cristo que me fortalece». Un cristiano que vive deprimido continuamente, se deprime porque elige deprimirse, a menos que sufra de un desequilibrio químico. Este cristiano rechaza los principios de Dios al negarse a la vida llena del Espíritu, que se evidencia en amor, gozo y paz.

Deje de parlotear acerca de que está lleno del Espíritu si se pasa el día en casa sintiendo lástima de sí mismo. Deje de hablar de su relación con Cristo cuando guarda resentimiento hacia otro hermano. Usted es un monigote que repite los versículos como un loro, pero necesita descubrir lo que significa la verdadera conversión.

2. Dedique tiempo a meditar la Palabra de Dios.

¿Quién controla su mente... el Espíritu Santo o Hollywood? Su mente es como una fantástica computadora: «Entra basura... sale basura».

Cuando mira cuarenta horas de sexo y violencia en la TV, allí está entrando basura. Toda esa basura vuelve a salir. Y el Espíritu Santo no puede vivir en un basurero.

Romanos 12:2 nos advierte: «No os conforméis a este siglo, sino transformaos por medio de la renovación de vuestro entendimiento, para que comprobéis cuál sea la buena voluntad de Dios, agradable y perfecta».

David escribió en el Salmo 1:2: «En la ley de Jehová está su delicia, y en su ley medita de día y de noche». Si quiere la felicidad de Dios, necesita tener la santidad de Dios.

La Palabra de Dios es una inyección de penicilina contra la depresión. Cuando esté deprimido, recuerde estos pasajes:

¿Por qué te abates, oh alma mía,
Y por qué te turbas dentro de mí?
Espera en Dios; porque aún he de alabarle,
Salvación mía y Dios mío (Salmo 43:5).

La paz os dejo, mi paz os doy; yo no os la doy como el mundo la da. No se turbe vuestro corazón, ni tenga miedo (Juan 14:27).

Estas cosas os he hablado para que en mí tengáis paz. En el mundo tendréis aflicción; pero confiad, yo he vencido al mundo (Juan 16:33).

3. Líbrese de los rencores cada día.

La Biblia nos dice: «Si están enojados, no pequen alimentando su rencor. No permitan que el sol se ponga estando aún enojados; venzan al enojo» (Efesios 4:26, Paráfrasis).

Es de esperar que usted identifique toda ira descontrolada o mal dirigida y esté dispuesto a hacer algo al respecto. Por cierto, el perdón es parte de este proceso, y ya hablaremos del perdón en otra sección de este capítulo.

La armonía en la familia es esencial para su salud espiritual y mental. Por desgracia, los conflictos familiares irresueltos pueden durar para siempre. El Medio Oriente está al borde de la Tercera Guerra

Mundial a causa de una enemistad familiar que comenzó hace seis mil años entre Isaac e Ismael. El mensaje es muy claro: acérquese a su familia. No permita que el rencor los aparte.

4. ¡Decídase a ser entusiasta!

Deje de hacer de sus problemas una carrera profesional. Y no evite actividades que le parezcan difíciles. No crecerá. Vaya adonde las expectativas y las exigencias sean altas. Entusiásmese con su vida.

La humildad es una virtud; la timidez es una enfermedad.

Hace años leí la historia de un jugador de fútbol de la universidad que tenía gran capacidad, pero poca motivación. Como defensor tenía la velocidad, fuerza y agilidad que hacía que los oponentes quedaran esparcidos en el campo de juego detrás de él, frustrados. Su entrenador intentó hacer que utilizara su capacidad, pero nada funcionaba.

Un día llegó un telegrama para el entrenador mientras estaba en el campo de práctica. El padre de este defensor sin motivación había fallecido. El entrenador le informó al jugador con todo afecto lo que había sucedido, y el muchacho salió inmediatamente, para poder asistir al funeral de su padre.

El jugador volvió justo a tiempo para el juego contra sus más grandes adversarios:

—¿Puedo jugar hoy, entrenador? —preguntó.

—Hijo, tienes más capacidad atlética que nadie en este equipo, pero has estado tan poco motivado este año, que estaría mal quitarle el lugar a alguien que hizo su mejor esfuerzo.

El juego comenzó, y sus rivales avanzaban todo lo que querían. En el medio tiempo, el puntaje era 27-0.

—Entrenador, ¿me deja jugar ahora, por favor? —preguntó el joven otra vez.

—¡Anda! No podrás empeorar esto —respondió el entrenador con desilusión.

El jugador que nunca había estado motivado corrió en el campo de juego como si sus zapatillas tuvieran adentro brasas ardientes. Llevaba la pelota como un toro enfurecido, tirando abajo a los oponentes sin problema alguno. Jugada tras jugada, uno tras otro iban cayendo, hasta que su equipo ganó 28 a 27 en los últimos segundos del partido.

Los seguidores, entusiasmados, entraron al campo y hasta arrancaron el poste del arco. Al final, el equipo pudo salir hacia los vestidores. El entrenador, atónito, se acercó al jugador que nunca había estado motivado, y que había aplastado a sus principales adversarios casi por su propia cuenta.

—Hijo, sabía que tenías el potencial de un gran jugador —le dijo—. ¿Puedes decirme por qué jugaste hoy con tanto entusiasmo?

El jugador hizo una pausa mientras sus ojos se llenaban de lágrimas.

—Entrenador, usted sabe que mi padre murió esta semana. Lo que no sabe es que mi padre nació ciego. Jamás me vio jugar. Hoy me vio jugar por primera vez. Y quería darle todo lo mejor de mí.

Todos tenemos el potencial para ser entusiastas. La palabra entusiasmo proviene del griego *en* (en), y *theos* (Dios). En Dios. Algunas personas interpretan esta palabra como «estar inspirado por Dios, estar poseído por Dios». Yo creo que Dios pone entusiasmo en cada ser humano. Es imposible creer en la Biblia y ser pesimista.

Si pierde su entusiasmo, le da la espalda a su legado divino. El entusiasmo atrae a las personas y al éxito; la depresión los aleja a ambos.

Ahora le presento un desafío: vaya mañana a trabajar con un entusiasmo nunca antes visto en usted. Si es madre, sea entusiasta con sus hijos. Envíelos a la escuela con la confianza suficiente como para sentir que vencería a un gigante.

Si es padre, sea entusiasta con su familia. Hágales saber, de palabra y hecho, que son la prioridad absoluta en su vida. Sea un líder afectuoso, un buen proveedor del hogar y protector de aquellos que ama.

Si usted está en Cristo, es seguro que será entusiasta.

Quizá usted diga: «Pero mi vida es dura. No me siento bien. No me han tratado bien».

¡Escúcheme! La vida es una mezcla de risas y lágrimas, una combinación de sol y lluvia. Afirme lo siguiente: «No permitiré que esta pena me impida vivir en deleite hoy día. Hoy, con la ayuda de Dios, tomo el control de mi vida. Señor, dame paz, dame amor, dame gozo y dame entusiasmo por este día».

5. Pase tiempo cada semana con cristianos comprometidos.

Proverbios 13:20 dice: «El que anda con sabios, sabio será; mas el que se junta con necios será quebrantado». La verdad es que uno se vuelve como sus amigos y su familia; lo quiera o no.

Hace muchos años vivía en Nueva York un hombre llamado Max Jukes. No creía en Cristo ni en la enseñanza cristiana. Tuvo trece hijos.

Se negó a llevar a sus hijos a la iglesia, aun cuando se lo pidieran. Tiene 1,026 descendientes. De ellos, 300 fueron a prisión por un período promedio de 13 años; 190 fueron prostitutas; 509 fueron alcohólicos y drogadictos. Su familia, hasta hoy, le ha costado al estado más de 420.000 dólares. La influencia agnóstica de su ancestro se filtró hasta sus descendientes, que no contribuyeron en nada a la sociedad.

Jonathan Edwards vivió en el mismo estado, al mismo tiempo que Jukes. También tuvo 13 hijos. Amaba al Señor y se ocupó de que sus hijos fueran a la iglesia todos los domingos. Este predicador también sirvió al Señor en su mejor capacidad. Edwards tuvo 929 descendientes, de los cuales 430 fueron ministros; 86 fueron profesores universitarios; 13 fueron presidentes universitarios; 75 escribieron libros; 7 fueron elegidos para el Congreso de los Estados Unidos; 63 fueron gobernadores. Uno de sus descendientes fue vicepresidente de su país. Los descendientes de Jonathan Edwards no le costaron un centavo al estado. Este gran predicados no solo influyó en su época por Cristo; sus creencias y valores cristianos se filtraron hasta sus muchos descendientes, que contribuyeron inconmensurablemente a la prosperidad de esta tierra.[4]

Las creencias y los valores son contagiosos. Pase tiempo cada semana con cristianos comprometidos.

6. Haga algo bueno por una persona especial cada semana.

A veces la depresión puede estar causada por concentrarnos demasiado en nosotros mismos y en nuestros problemas. En lugar de esto, debemos pasar tiempo pensando en los demás. La Biblia dice: «Dad, y se os dará» (Lucas 6:38). Un acto de amor —su tiempo, flores, una tarjeta o galletas hechas en casa— enriquecerá la vida de otra persona y le hará feliz a usted.

Durante varios años de nuestra vida conyugal, Diana y yo hemos practicado lo que llamamos «UMD» (Un Modo por Día). Cada día, buscamos un modo especial de decir: «Te amo». Es sorprendente lo que un sencillo acto de amor puede hacer para convertir el día en especial y único.

Recuerde que somos tan felices como elegimos ser.

5

DOMINE EL RESENTIMIENTO

El resentimiento es la prisión emocional que se construye ladrillo a ladrillo, herida a herida, lágrima a lágrima. La mente envenenada por

el resentimiento vive constantemente en un mundo oscuro goberna-
do por la sospecha y la desconfianza. Esas almas atormentadas que
viven en el sumidero del resentimiento son víctimas eternas del interminable melodrama del dolor, la pena y la tristeza.

El resentimiento es la incapacidad de adaptarse emocionalmente
a un disgusto inesperado, al comentario desagradable o al acto de
traición. Es imposible vivir la vida sin que alguien nos ofenda por algo
en algún momento. La Biblia lo dice claramente: «Imposible es que
no vengan tropiezos» (Lucas 17:1).

Vemos personas resentidas en todas partes: en los hospitales, en
los hogares para ancianos, en las cárceles, en las tiendas, en las ofici-
nas y en los hogares. Las personas resentidas se sientan junto a usted
en la iglesia. Cantan junto a usted en el coro. Trabajan junto a usted
en la oficina. Duermen junto a usted. Comen junto a usted. Muchos
no pueden funcionar en sus empleos o en sus matrimonios a causa de
las heridas —reales o imaginarias— que han ocurrido en sus vidas. El
potencial para el ministerio se ve destruido por una disposición de
resentimiento que corrompe todo lo que tocan.

El resentimiento siempre es más pronunciado cuando la ofensa
sucede dentro de la familia. La Guerra Civil Norteamericana, donde
peleaban hermano contra hermano, padres contra hijos, trajo a nuestra
nación un resentimiento y división que aún perduran hoy.

Las personas demuestran tres signos universales cuando el espíritu del resentimiento las atrapa.

Tres signos universales del resentimiento

El primer signo, el más evidente, es la hostilidad. Esta persona habla
de forma venenosa criticando a otros, sus actos de hostilidad y agre-
sión jamás cesan. Si la hostilidad está dirigida hacia el interior de la
persona, puede producir pensamientos suicidas. Los individuos hostiles vacilan entre la depresión y la ira.

El segundo signo evidente es la ansiedad. Uno está ansioso por
todo. Se preocupa por problemas que jamás tuvo ni tendrá. Se preocupa cuando todo va bien, preguntándose cuándo sobrevendrá el
desastre. Encuentra cada día un motivo para sentir enojo o resentimiento. Se llama a sí mismo cristiano y profesa seguir al Príncipe de
Paz, pero vive en perpetuo tormento.

El tercer signo del resentimiento es el complejo de culpabilidad. Usted
podría preguntar «¿Cuál es la diferencia entre el complejo de culpabilidad y la verdadera culpa que lleva al arrepentimiento?» El complejo de

culpabilidad es impulsado por el espíritu de condena, que proviene de Satanás. Uno vive bajo una nube oscura de opresión. Ora, pero nunca siente gozo o paz. Rara vez siente esperanzas, y casi siempre se siente pesimista. Siente un estado constante de derrota y opresión. Sin embargo, cuando el Espíritu Santo nos muestra nuestro pecado, uno siente verdadera culpa y busca el arrepentimiento. Cuando nos arrepentimos, el sentimiento de culpa desaparece, y uno se siente maravillosamente, libre y lleno de esperanzas para el futuro. La liberación divina es sobrenatural.

Jamás podrá librarse del espíritu de condena leyendo libros de autoayuda. Pero puede librarse instantáneamente por medio del poder del nombre de Jesús y de la sangre en Su cruz. El apóstol Pablo escribió: «Ninguna condenación hay para los que están en Cristo Jesús» (Romanos 8:1).

He encontrado que hay cuatro cosas que ayudan a liberarnos del resentimiento.

Cuatro formas de liberarnos del resentimiento

Primero, admita que siente resentimiento. No podrá cambiar lo que no desea enfrentar. No ponga excusas para su conducta irracional. Mírese al espejo y diga en voz alta: «Habrán cambios». Actúe hoy. No hay tal cosa como la indecisión. O decide... o decide no decidir; pero en cualquier caso estará decidiendo.

Segundo, vaya a ver a la persona que le ha ofendido y reconcíliese. La cura para el resentimiento es la reconciliación. Si ha permitido que el resentimiento le aparte de un miembro de su familia, de un hermano o hermana del Cuerpo de Cristo, de un querido amigo en su trabajo, vaya a ver a persona que le ha ofendido y reconcíliese. Si no perdona a otros por la ofensa cometida en contra de usted, Dios no podrá perdonar sus ofensas en contra de Él (Mateo 6:12).

Tercero, ¡deje de sentir lástima por sí mismo! Basta ya de culpar a su madre o a su padre por lo que es hoy. Las elecciones tienen consecuencias, y usted es hoy lo que decidió ser ayer. Si es feliz o infeliz, lo será en la medida en que haya elegido serlo. Deje de jugar al juego de las culpas que mencioné antes en el capítulo dos. Deje de lloriquear: «Nadie me comprende», o «Nadie me quiere de verdad».

Cuarto, reconozca la inmutable soberanía de Dios. Oiga esto claramente: nada le sucederá sin el permiso de Dios. Usted puede no entender lo que le sucede, pero esté seguro de que a Dios no lo han tomado por sorpresa.

A menudo las personas se vuelven resentidas cuando la tragedia golpea sus vidas, y culpan a Dios diciendo: «Es la voluntad de Dios». Su incapacidad para comprender la voluntad de Dios y la acción del libre albedrío del hombre le trae confusión y engaño, haciendo que su resentimiento se vea justificado.

No creerá realmente que un Dios compasivo tiene la voluntad deliberada de enfermar gravemente a su hijita, ¿verdad?

No creerá en realidad que un Dios compasivo le enviaría un ataque al corazón a su marido, «queriendo» que muera a los treinta y seis años, dejándola a usted sola con tres niños por criar, ¿verdad?

No creerá que un Dios compasivo haría que cayera un avión, «queriendo» que mueran doscientas personas en la tragedia, ¿verdad?

En su corazón, usted sabe que Dios es amor, pero la confusión viene al descifrar lo que es la voluntad de Dios. La gente dice: «¿No es voluntad de Dios todo lo que sucede?» ¡No! ¡En absoluto! Dios es omnisciente, y nada sucede fuera de Su conocimiento. Dios es omnipotente, y nada sucede fuera de Su permiso. Pero todo lo que sucede no es la voluntad intencional de Dios, porque también entra en juego el libre albedrío del hombre. Como seres con libre albedrío, somos libres de elegir, y estas elecciones nos acarrean consecuencias.

Usted tiene la oportunidad de estar resentido muchas veces. Si permite que el resentimiento infecte su alma, destruirá su corazón, su alma, su mente y su cuerpo. Si reconoce el resentimiento en sus pensamientos y en sus palabras, confiéselo y déjelo de lado.

Los cristianos somos llamados a dominar nuestra tendencia a la preocupación, nuestros miedos infundados, nuestra ira mal dirigida, nuestra tendencia a la depresión y nuestro resentimiento.

6
DOMINE LA FALTA DE PERDÓN

Jamás podrá dominarse a sí mismo hasta que aprenda a perdonar de verdad a los demás. El perdón significa perdón total del dolor y la penitencia del pasado. Es la cancelación de la deuda. Es un nuevo comienzo, otra oportunidad, empezar de nuevo. El perdón no es sentimentalismo tonto. Es un gran paso hacia el autodominio.

¿Tiene usted el coraje de perdonar? Puedo darle tres razones por las que el perdón no es una opción más.

Tres razones para el perdón

Primero, el perdón es esencial para su sanidad. Jesús era conocido como el Gran Médico. Él vio la relación entre el perdón del pecado y la sanidad: A menudo decía: «Tus pecados te son perdonados...» (Mateo 9:2; Marcos 2:5).

Una noche sonó el teléfono en mi casa. Era tarde, y oí que alguien lloraba del otro lado de la línea antes de reconocer la voz de un querido amigo y miembro de la congregación. Me dijo que su esposa le había pedido el divorcio después de quince años de matrimonio. No hubo peleas ni disputas. No hubo avisos. Ni siquiera una pista, y luego, como un relámpago caído del cielo, ella anunció: «Quiero el divorcio».

Su esposa acababa de informarle que había estado saliendo con un hombre de su oficina durante meses. Ya no podía fingir que amaba a su marido. Decía de este otro hombre: «Lo amo, y él me ama. Por supuesto, me llevaré a los niños. Nos casaremos lo antes posible y nos mudaremos a otro estado».

Por la confesión de esta mujer, mi amigo había sido un esposo fiel. Había provisto bien para su familia. Ahora, tres hermosos niños, la luz de su vida, serían esparcidos como la paja en el viento.

La esposa pidió el divorcio alegando «diferencias irreconciliables», lo cual se usa en muchos casos como la terminología legal para el adulterio. La corte le dio los niños y una buena asignación por alimentos.

Luego el padre volvió a su casa llena de recuerdos. Los lugares donde habían estado colgados los retratos de sus hijos eran visibles. Los armarios donde antes colgaban sus ropas estaban vacíos. Había una muñeca bajo la cama, una pistola de juguete en el patio y una pelota olvidada en el garaje... todo como un testimonio atormentador de la ausencia de sus tres hijos. La casa estaba llena de silencio.

Las emociones del padre iban de la profunda depresión a la ira. Un día su mundo había estado seguro, feliz y lleno de belleza. Al día siguiente, estaba lleno de rechazo, amargura, recuerdos y soledad.

Me dijo: «Pastor Hagee, todo aquello por lo que he trabajado, con lo que he soñado durante quince años, se destruyó en un día. ¡Mi vida está arruinada! No merezco esto, pastor. Si pudiera arrancar del calendario el día de mi divorcio, estaría en el cielo».

La pesadilla emocional de mi amigo afectó su actuación en el trabajo. Sus amigos se apartaron de él porque solo hablaba con remordimiento y dolor. Después de varias semanas vino a mi oficina y ambos supimos que quería hablar. Lloró y me contó los horribles detalles de su tragedia una vez más.

Finalmente, abrió la puerta a la sanidad y la libertad con una pregunta:

—Pastor, ¿qué puedo hacer para dar fin a esta pena?

—Por tu bien emocional, mental y espiritual, debes hacer algo que jamás pensaste hacer —le dije.

—¿Qué es? —dijo mirándome y haciendo una mueca.

—Debes perdonar a tu esposa hoy, totalmente, completamente —le contesté mirándole a los ojos.

Obviamente, le enojó la idea.

—No siento que tenga que perdonarla a ella ni a esa basura con la que se fue. (En verdad, «basura» es un eufemismo que reemplaza la palabra que utilizó mi amigo.)

Durante una hora el hombre lloró y lloró, acercándose al momento del perdón. Luego se sintió libre. Estaba listo para comenzar de nuevo. Había llegado a un punto de autodominio en el que estaba listo para vivir su vida. ¿Por qué? Porque tuvo el coraje de perdonar.

Segundo, el perdón puede salvar su alma eterna. Si no perdona a otros, Dios no puede perdonarle a usted. Y si permanece sin perdón, no puede entrar por las puertas del cielo. ¿El rencor que siente hacia otro le está enviando a una eternidad sin Dios?

El obispo Hazen Werner cuenta la historia de un padre cuyo hijo se encontraba entre los primeros que fueron enviados a la Segunda Guerra Mundial.

En el momento en que su hijo subía al tren, al término de su última licencia en casa, el padre tenía deseos de decirle muchas cosas, pero no lo hizo. El tren salió de la estación, su hijo se había ido, y el padre sabía que quizá no volvería a verlo. Ese día el hombre pensó: *Si matan a mi hijo, espero que mueran todos los japoneses.*

Cuando el hijo murió en combate, el hombre se sintió perseguido por su pensamiento: *Si matan a mi hijo, espero que mueran todos los japoneses.* Se arrodilló y pidió perdón a Dios por esto.

Un año más tarde, tomó el dinero que el gobierno le había dado por la muerte de su hijo y lo dio en ofrenda para los misioneros que hacían la obra en Japón

El padre sabía que lo que Japón necesitaba —en realidad lo que todos necesitamos — era perdón, no más castigo.

El perdón no es una emoción. Es, primero, un acto de voluntad. Luego sobrevendrá la paz de Dios, necesaria para sobrevivir a toda tormenta. Si no nos perdonamos unos a otros, viviremos en el infierno todos los días el resto de nuestra vida.

El perdón no es opcional.

En tercer lugar, el perdón no es opcional. Jesús dijo: «Porque si perdonáis a los hombres sus ofensas, os perdonará también a vosotros vuestro Padre celestial; mas si no perdonáis a los hombres sus ofensas, tampoco vuestro Padre os perdonará vuestras ofensas» (Mateo 6:14-15). En Lucas 6:37 se nos dice: «Perdonad, y seréis perdonados».

El apóstol Pablo escribió: «Antes sed benignos unos con otros, misericordiosos, perdonándoos unos a otros, como Dios también os perdonó a vosotros en Cristo» (Efesios 4:32). Si Dios es perfecto, y nos perdonó, ¿por qué no podemos nosotros, con todos nuestros defectos e imperfecciones, perdonar a otros? No diga: «No puedo». La verdad, es que no quiere hacerlo.

Hay sesenta y dos referencias al perdón en el Nuevo Testamento, y veintidós de ellas tienen que ver con perdonar a otros. Sin eso, no hay perdón para nosotros mismos, ni lo habrá. Si no perdona a otros, Dios no puede perdonarle a usted.

¿Cuándo fue la última vez que alguien le hirió de verdad? Transite por los corredores de su memoria. Alguien, en algún lugar de su pasado, le rechazó de modo tal que usted aún lo recuerda. ¿Tiene la fantasía de pegarle a alguna persona de su pasado? ¿Mentalmente planifica cómo hacerles pasar vergüenza públicamente? Jamás será libre, hasta que aprenda a perdonarlos.

¿Abusaron de usted cuando era niño? ¿Lloraba en la noche y nadie venía a consolarle? ¿Sus lágrimas mojaban la almohada y nadie se enteraba? Quizá hayan abusado de usted sexualmente. Existe una ira interna, conocida solo por Dios y por quienes han sido abusados sexualmente. Pero hay libertad en el perdón.

¿Sufrió a causa del divorcio de sus padres? ¿Le pusieron en un orfanato, como alguien que no es querido y es rechazado? ¿Se sentía solo el día de las visitas, esperando que alguien viniera a verle, y desilusionado al ver que nadie llegaba? ¿Se siente amargado y resentido? Hay libertad en el perdón.

La lista es interminable, pero el punto es este: el único modo en que llegará a tener libertad emocional y autodeterminación es por medio del perdón. ¿Por qué? Porque hasta que no haya perdonado a la persona que le hirió la libertad no será posible. ¡Piense en esto! La persona a quien usted detesta por encima de todo se ha convertido en su amo. Esta persona no sufre. Usted sí está sufriendo. Por su bien, perdone y sea libre.

Perdonar a alguien sin exigir un cambio en su conducta equivale a hacer de la gracia de Dios un cómplice de la maldad.

Sin embargo, perdonar a alguien sin exigir un cambio en su conducta equivale a hacer de la gracia de Dios un cómplice de la maldad. El perdón que Cristo enseña en la Biblia exige un cambio.

El perdón espera un cambio

Los fariseos atraparon a una mujer cometiendo adulterio, lo que me hace preguntarme dónde estaban ellos en el momento en que la atraparon. Quizá estaban parados en fila, esperando el momento para acusarla. Cuando llevaron a la mujer ante Jesús, Él la perdonó, diciendo: «Vete, y no peques más» (Juan 8:11). Esperaba un cambio en su conducta.

¿Cómo se traduce esto al siglo veintiuno? Cuando un marido le pregunta a su esposa: «¿Me perdonas por haberte sido infiel?», la respuesta de ella es: «Sí, te perdonaré si cambias. Pero si esto se convierte en un patrón de conducta, me iré y jamás volveré».

Cuando un hijo homosexual le confiesa su pecado a su padre, y pide perdón, la respuesta bíblica es: «Sí, estás perdonado, pero debes cambiar. No aceptaremos la homosexualidad como estilo de vida alternativo».

Repito: Perdonar sin exigir un cambio equivale a dar permiso para pecar. Ese tipo de perdón no figura en las Escrituras. Jesús no lo enseñó. Pablo no lo enseñó. Hoy lo enseñamos porque disimula el mal olor de nuestras vidas sin Dios y sin disciplina.

Quizá usted diga: «Bien, me ha convencido de que debo perdonar. ¡Pero es más fácil decirlo que hacerlo!»

¿Cómo perdonar a alguien?

Primero, perdone inmediatamente. La Biblia dice: «Por tanto, si traes tu ofrenda al altar, y allí te acuerdas de que tu hermano tiene algo contra ti, deja allí tu ofrenda delante del altar, y anda, reconcíliate primero con tu hermano, y entonces ven y presenta tu ofrenda» (Mateo 5:23-24).

El mensaje es muy claro: Perdone inmediatamente. El día de Pentecostés, Pedro le indicó a su audiencia que debía perdonar para que fueran borrados sus pecados (Hechos 3:19). No lo marque al margen con la leyenda: «Oraré por esto». Deje las máscaras de lado. Dios no escuchará su oración mientras tenga en su corazón rencor por un hermano.

La gente religiosa siempre está buscando ganar el perdón de Dios. Saben que sus vidas están saturadas por el pecado, por lo que hacen cosas ridículas intentando ganar el perdón. Van a la iglesia. Dan dinero a los pobres. Se castigan físicamente.

Estaba en Méjico visitando una catedral católica y vi a un hombre que avanzaba de rodillas hacia el altar. ¿Por qué? Porque intentaba conseguir perdón. Era sincero, pero estaba equivocado. Cristo le perdonó en la cruz. Somos perdonados porque Dios nos ama. No somos perdonados porque hagamos cosas buenas. Somos perdonados porque la sangre de Jesucristo ha lavado toda mancha de nuestra alma. Pablo escribió: «[En Jesús] tenemos redención por su sangre, el perdón de pecados según las riquezas de su gracia» (Efesios 1:7).

Dios está ansioso por perdonarnos. Él olvida nuestro pasado, jamás será recordado. No necesitamos rogarle a Dios por Su perdón. Él quiere perdonarnos. Está ansioso por darnos una nueva oportunidad, un nuevo comienzo. Extienda la gracia de Dios a quienes le han herido a usted.

Segundo, reconcíliese. Tome la iniciativa, acérquese a su madre, su padre, esposa o esposo y aclare las cosas. Recuerde, nada queda resuelto hasta que queda en claro.

Tercero, perdónese a sí mismo. A menudo el acto de perdón más difícil es el de perdonarnos a nosotros mismos. Podemos perdonar los errores tontos de otros, pero no los propios. Si Dios le ha perdonado, entonces perdónese a sí mismo también.

«¿Cuántas veces debo perdonar?», le preguntó Pedro a Jesús. En ese tiempo, se decía que quien perdonara tres veces era recto. Después de las tres veces, podía uno apedrear al ofensor hasta que muriera. Pedro buscaba el momento en que se podía dejar de perdonar para comenzar a apedrear.

Jesús extendió los límites del perdón. Dijo: «Setenta veces siete» (Mateo 18:22). Técnicamente son cuatrocientas noventa veces, pero en realidad el mensaje es: «Perdona hasta que llegue a ser un hábito».

¿Está usted dispuesto a perdonar? Jamás podrá tener autodominio hasta que esté dispuesto a perdonar a otros.

Los cristianos somos llamados a dominar nuestra tendencia a la preocupación, nuestros temores infundados, nuestra ira sin control o mal dirigida, nuestra tendencia a la depresión, nuestro resentimiento y nuestra falta de perdón. Hay una cosa más que debemos descubrir cómo dominar.

7
DOMINE LA FALTA DE ARREPENTIMIENTO

La última palabra de Jesús a Su iglesia no fue la Gran Comisión. Por supuesto que la Gran Comisión debe ser nuestro enfoque hasta el fin de los tiempos, pero la última palabra del Señor a la iglesia fue «arrepiéntete». «Arrepiéntete... pues si no» (vea Apocalipsis 2:5-16).

Esa fue la orden de Jesús a cinco de las siete iglesias de Asia, y de seguro, la proporción sigue siendo la misma. Cinco de cada siete iglesias y cinco de cada siete cristianos necesitan, ante todo, arrepentirse.

Hay una verdad bíblica que la mayoría de los cristianos simplemente no comprende. Es la siguiente: Dios no castiga a la gente por sus pecados; les castiga porque se niegan a *arrepentirse* de sus pecados.

Permítame utilizar a Adán y Eva como ilustración. Satanás sedujo a Eva para que tentara a Adán y así comiera el fruto prohibido. Adán y Eva se escondieron, usando hojas de higuera para cubrirse. En el fresco atardecer, Dios vino en busca de ellos. «¿Dónde estás?», preguntó Dios. Cuando Dios pregunta, no es que esté buscando una respuesta. Él sabía dónde estaban. Sabía que habían pecado, y ahora les iba a dar una oportunidad para que se arrepintieran.

Dios le preguntó a Eva sobre su parte en el tema del fruto prohibido. Eva culpó a la serpiente. Dios le preguntó a Adán sobre su parte, y Adán —al igual que la mayoría de los maridos— culpó a su esposa. Ninguno de los dos se arrepintió, sino que trataron de justificar su acción culpando al otro.

Lo único que tenían que hacer para permanecer en el huerto del Edén era arrepentirse. Pero no, eligieron racionalizar su pecado en lugar de admitirlo. El sustituto de Satanás para el arrepentimiento es la racionalización que hace el hombre del mal.

El sustituto de Satanás para el arrepentimiento es la racionalización que hace el hombre del mal.

Volvamos en el tiempo a la década de 1950, cuando la psiquiatría y diversas formas de terapia comenzaron a ganar credibilidad en los Estados Unidos. Si se aceptaba la psiquiatría freudiana, al hacer algo malo, ya uno no necesitaba considerarse responsable. ¿Quién tenía la culpa? Los padres. «Es su culpa; me incapacitaron emocionalmente, me hirieron, eran demasiado exigentes, o compulsivos, o permisivos. Hicieron de mí lo que soy. Si hago algo malo no es culpa mía. ¡Es culpa de mis padres!»

La década de 1960 —cuando nuestra nación atravesaba por los asesinatos de John F. Kennedy, Robert Kennedy y Martin Luther King, y por los disturbios que se sucedían en muchas ciudades— hizo surgir un nuevo modo de pensar: Si uno hacía algo malo, había algo nuevo a quien culpar. «No es su culpa; es culpa de la sociedad». Por lo tanto, se podían quemar ciudades, a causa del racismo de la sociedad; se podía quemar la bandera o tomar la universidad, a causa del complejo industrial militar de la nación. En síntesis, todo se explicaba y excusaba con: «No me culpen a mí. Es culpa de la sociedad».

Luego llegó la década de 1970, la «década del Yo». Esta década llegó con un concepto aún mejor y más sofisticado: «Nadie tiene la culpa». La década de 1970 nos dio un seguro contra la culpa y un divorcio sin culpa. Llegó la revolución sexual y el quiebre de la familia tradicional. Si uno actuaba de manera inmoral, no necesitaba hacerse responsable de sus acciones. Solo tenía que repetir las frases hechas que se convirtieron en el grito de guerra de esa década: «Tengo mi propia vida que vivir». «No trates de atraparme con la culpa». «Yo estoy bien, tú estás bien». «Puedo hacer lo que quiera, nadie puede culparme. Nadie tiene culpa de nada».

En la década de 1980 volvieron los valores tradicionales a nuestra cultura con la revolución Reagan y la «mayoría moral». El concepto de la responsabilidad individual y la rendición de cuentas personal, tan básicos en nuestro legado judeocristiano, volvió a su lugar como norma aceptada en la sociedad norteamericana. Pero la era Reagan ya ha pasado. Nuestro querido ex-presidente sufre de Alzheimer, y nuestra nación sufre de Alzheimer colectivo acerca de lo que está bien y lo que está mal.

Hoy tenemos un nuevo concepto en cuanto a la responsabilidad y la culpa, una perspectiva más radical y más peligrosa que todas las anteriores. Ahora parece que hay que pensar: si algo va mal, no es culpa de los padres, no es culpa de la sociedad, ni es culpa de nadie. Si uno le hace un mal a otra persona, la culpa es de esa persona. ¡La víctima es responsable!

Uno de los ataques más brutales que recuerdo es el que sucedió en 1989 en *Central Park*, cuando una joven fue terriblemente golpeaba y violada una noche mientras corría haciendo ejercicio. Ahora ha publicado un libro y apareció en diversos programas de televisión. No me extraña el hecho de que muchas personas llamaron para preguntarle qué estaba haciendo sola, tan tarde en la noche, corriendo en *Central Park*. ¿Qué implica esta pregunta? Que estaba buscando problemas. Esa es la actitud que tienen algunas personas cuando hay una violación. Es culpa de la víctima.

¿Han entrado ladrones en su casa? Bueno, debiera haber puesto una alarma. ¿Alguien le ha robado el automóvil? Bueno, no debiera haber estacionado de ese lado de la calle. ¿Le han robado su cartera? No debiera haber llevado cartera. Violación, robos, asesinatos... todo el tiempo suceden. Olvídese de los criminales; siempre es culpa de la víctima.

Y repito: «El sustituto de Satanás para el arrepentimiento es la racionalización del mal». Y sin embargo, los cimientos de nuestra fe judeocristiana son que somos responsables de lo que hacemos. Justificar o racionalizar lo malo que hacemos es un engaño del demonio. Destruirá su alma y le llevará a un infierno eterno.

La palabra *arrepentirse* no es un invento del cielo para que usted se sienta mal por lo que ha hecho o por lo que es. La palabra tiene un significado muy importante.

La palabra «arrepentimiento» proviene de la palabra hebrea «*shub*», que se traduce «volver a Dios». Dicho con otras palabras, arrepentirse es volver a la posición más elevada. ¿Y cuál es la posición más elevada para el ser humano? El estatus que tenía en el huerto del Edén, donde Dios y el ser humano caminaban y conversaban juntos, como amigos. Eso fue antes de que el pecado destruyera la relación y Dios y el ser humano se separaran. El arrepentimiento no tiene como propósito hacer que nos sintamos mal. Dios nos ofrece el arrepentimiento para que podamos volver al huerto del Edén, a caminar y hablar con Él como amigo personal.

El arrepentimiento no es para avergonzarnos o hacer que nos sintamos inferiores. Tiene por propósito llevarnos ante la presencia de Dios. No hay otro camino. ¡Es el pasaporte para renovar nuestra relación con Dios!

En resumen, el hombre o la mujer que desee subir la escalera que lleva a las estrellas, deberá dominar la preocupación, el temor, la ira descontrolada, la depresión, el resentimiento, el perdón y el arrepentimiento. Por medio de la pasión y la convicción, y mediante una determinación inclaudicable, conquistará a su enemigo más supremo y sutil... ¡usted mismo!

CAPÍTULO SEIS

SECRETO CINCO: COMUNICACIÓN DE PRIMER NIVEL

La conversación del alma

Dedico especial y afectuosamente este capítulo a quienes están casados, a quienes desean casarse, y a quienes lamentan haberse casado. Estas son las tres fases del matrimonio: lujuria, óxido y polvo. ¡Sabrá en qué etapa está usted sin consultar al psicólogo!

Sé que el matrimonio se lleva a cabo en el cielo, pero también sucede lo mismo con el trueno y el relámpago. Si el amor es un sueño, el matrimonio es el reloj despertador. Amigo, esa discusión que ha mantenido anoche con su esposa... bueno... ¡no ha terminado aún!

La comunicación en el matrimonio es un arte. Y a veces este arte puede volverse tan retorcido que perdemos su verdadero significado.

Esposos, ¿cuántos de ustedes le han dicho a su esposa algo muy claramente y ellas entendieron mal... totalmente al revés?

Esposas, ¿cuántas de ustedes le han dicho a su esposo algo muy claramente y ellos entendieron mal... totalmente al revés?

Padres, ¿cuántos de ustedes les han dicho a sus hijos algo muy claramente y ellos entendieron mal... totalmente al revés?

Los problemas y las diferencias en una familia no entrañan peligro. Son normales. Pero el no ser capaz de comunicar estas diferencias sí es peligroso. El hombre o la mujer que no puede o no quiere comunicarse permanece en soledad. Puede estar en una casa con su cónyuge y cinco hijos, y estar solo. También puede estar en una habitación llena de gente, y estar solo. O en una iglesia junto a miles de personas, y estar solo. Si no puede comunicarse con quienes le rodean, es un prisionero en una isla creada por usted mismo.

¿QUÉ ES LA COMUNICACIÓN?

La comunicación es un intercambio de sentimientos o información. Se necesitan dos personas para comunicarse: el que envía y el que recibe. El ingrediente más importante en un matrimonio a largo plazo es la capacidad de ambos para comunicarse. La comunicación es para el amor lo que la sangre es para el cuerpo. Cuando deja de fluir la comunicación, el matrimonio está muerto.

La comunicación es para el amor lo que la sangre es para el cuerpo.

La comunicación no es gritar más fuerte que el otro. Ni más fuerte que su cónyuge o sus hijos.

Por desgracia, los esposos, esposas, padres y madres confundidos por el temor y la duda son dogmáticos. Jamás se equivocan, porque son demasiado débiles e inseguros emocionalmente como para permitir que alguien esté en desacuerdo con ellos. Si exige que su cónyuge esté de acuerdo con usted en todo, le está negando la vida emocional e intelectual. Su cónyuge tendrá una crisis, o le pedirá el divorcio en un intento por salvar su salud mental... pero créame, no seguirán casados.

En verdad, nuestros más profundos sentimientos deben ser expresados o de lo contrario explotamos. Lo comparo con un niño que mantiene hundida una pelota en el agua. La empuja, y lucha por mantenerla allí, pero apenas afloja la presión, la pelota salta del agua, elevándose en el aire. Del mismo modo, las emociones sometidas o reprimidas sólo pueden mantenerse en ese estado durante un cierto período de tiempo. Apenas se da la oportunidad, uno explota.

Toda persona que tenga una relación familiar o de matrimonio debe recordar que los otros no son una estatua de piedra que se mantiene inmóvil para siempre en una posición determinada.

Los seres humanos estamos en permanente proceso de cambio. Por lo tanto, si me conoció ayer, por favor, no crea que hoy seré la misma persona. Puedo haber cambiado durante la noche.

¿Alguna vez ha oído decir a quienes se divorcian: «Nos fuimos alejando cada vez más»? ¿Cómo puede suceder esto? La respuesta es: dejaron de comunicarse. Observe, no digo que han dejado de hablarse, sino que han dejado de comunicarse.

Quiero presentarle aquí siete secretos de la comunicación. Estos principios me han ayudado a lo largo de mis años como ministro y en mi vida de familia. Se basan en verdades bíblicas y en décadas de experiencia.

1
CONOZCA LOS CINCO NIVELES DE LA COMUNICACIÓN

Los psicólogos han determinado que la comunicación entre los seres humanos se expresa en cinco niveles. La comunicación comienza por el nivel número cinco, el menos efectivo, y avanza hacia el nivel uno, que es la sinfonía del alma entre dos seres humanos que se aman.

Su objetivo será el nivel número uno. Pero lamentablemente, el nivel número cinco es aquel en que viven la mayoría de los matrimonios en esta era de la alta tecnología, la cual nos ha reunido alrededor del aparato de televisión con un control remoto en la mano.

Veamos cada uno de estos niveles de comunicación para entender las áreas en que somos débiles.

Nivel número cinco: conversación de frases hechas
En este nivel hablamos fingiendo. Nuestras máscaras emocionales siguen cubriéndonos. Lo que verdaderamente pensamos o sentimos no se revela jamás en este nivel de poca profundidad.

La conversación de frases hechas es más o menos así: «¿Cómo estás, amor?» Y la respuesta es: «Bien».

En realidad quizá tenga cuarenta grados centígrados de fiebre y esté al borde de la convulsión. Pero mecánicamente responde.

«Bien». ¿Por qué? Porque sólo está hablando; no está comunicando lo que siente en lo profundo de su corazón.

La comunicación de frases hechas suena así: «¿Cómo está tu familia?» La respuesta es: «Bien».

Sin embargo, hace cinco días que no habla con su esposa. Dos de sus hijos se encuentran en la cárcel, y están a punto de reposeer su casa. Ha visto más alegría en un estanque de langostas que en su hogar, pero aún así responde: «Bien». Es una conversación mecánica, sin significado, de frases hechas.

También he oído lo siguiente: «¿Cómo has estado?» Si responde uno a esta pregunta con detalles de nuestra deprimente vida, la otra persona probablemente pensará: *Oye, no quiero oír la historia de tu vida. Sólo estaba entablando la conversación.*

Por desgracia, la mayoría de los norteamericanos utilizamos el nivel de comunicación número cinco.

Nivel número cuatro: información acerca de otros

En el nivel cuatro se informa acerca de las actividades de otros. La Biblia lo llama *chismear* o *ir con cuentos.* Algunas personas buscan lo sucio en lo que se refiere a otros como si fuera oro. Esparcen más suciedad a través del teléfono de la que puede encontrarse en una aspiradora. Cuanto más interesante sea el chisme, tanto más probable será que no se trate de la verdad.

La comunicación es un ejercicio de la mente, pero el chisme es meramente un ejercicio de la lengua que deja un cáncer en el alma. Conozco a muchos cristianos que no cuentan chismes: comparten información. Por ejemplo, a veces alguien en el grupo de estudios bíblicos menciona una situación por la que en verdad es necesario orar, pero que no debe ser revelada a otros. Eso es chisme.

La comunicación es un ejercicio de la mente, pero el chisme es meramente un ejercicio de la lengua que deja un cáncer en el alma.

En un pueblo, los más chismosos informaron que el pastor de la localidad había ido a un lugar donde su esposa se encontraba reunida en contra de su voluntad. Dijeron que el pastor la había sacado de allí arrastrándola, y la había obligado a volver a su casa.

Al enterarse de este chisme, el ministro puso un aviso en el periódico:

En primer lugar, jamás quise influir en los deseos de mi esposa
en cuanto a asistir a una reunión o dejar de hacerlo.
En segundo lugar, mi esposa no fue a la reunión en cuestión.
En tercer lugar, yo no fui a la reunión.
En cuarto lugar, ni mi esposa ni yo queríamos ir a esa reunión.
Por último, no tengo ni tuve jamás ninguna esposa.

Y así sucede con quienes cuentan chismes de otros. Si usted se presta a escuchar los chismes, está participando en la conspiración para asesinar el carácter de otra persona. Es tan culpable como los chismosos.

Hay cuatro reglas para medir el mérito de toda conversación:

1. ¿Es verdad?
2. ¿Es necesaria?
3. ¿Qué me motiva a decir esto? Recuerde que la Biblia dice: «Hacedlo todo para la gloria de Dios» (1 Corintios 10:31).
4. ¿Será de beneficio para todos los involucrados?

Si no puede contestar *sí* a estas cuatro preguntas, mejor no lo diga.

En la comunicación del nivel cuatro no hay afirmación personal ni reveladora. La conversación de nivel cuatro es hueca, sin significado. Por desgracia, es el tipo de comunicación que mantienen muchos matrimonios.

¿Por qué? Porque usted teme decirle al otro lo que es y cómo se siente. No habla acerca de sus sueños y deseos. Tiene miedo de revelar sus necesidades e intereses, o sus frustraciones sexuales. No quiere hablar del manejo del dinero y de revertir el círculo de deudas en que se encuentra. Vive en una prisión de silencio que destruirá su matrimonio, como el cáncer que destruye el cuerpo.

Le aliento hoy a decir lo indecible y a pensar lo impensable, y a expresarlo todo por completo. Así salvará su matrimonio y su salud mental.

Le aliento hoy a decir lo indecible y a pensar lo
impensable, y a expresarlo todo por completo.
Así salvará su matrimonio y su salud mental.

Nivel número tres: intercambio de ideas

En este nivel compartiremos algunas de las cosas que sentimos. Diré algo acerca de mis ideas y mis decisiones. Le daré un vistazo de mi verdadero ser. Sin embargo, mientras lo comunico, observaré cada uno de sus movimientos.

Si alza usted las cejas, o entrecierra los ojos, si bosteza o mira el reloj, si sigue leyendo el periódico o viendo la televisión, no seguiré comunicándome en este nivel.

Si sigo hablando sobre el mismo tema, retrocederé al nivel cuatro o cinco, en los que mi discurso es superficial. Nuestra relación se ha debilitado porque usted no me responde. Nuestro amor decrece. Nuestro silencio es el certificado de defunción de nuestro matrimonio.

Algunos matrimonios están tan muertos como Julio César. Otros apenas pueden respirar con lo último de su aliento, porque no hay comunicación honesta y sincera de los sentimientos verdaderos con la persona que hemos elegido para compartir la vida.

Nivel número dos: revelación de sentimientos y emociones verdaderos

El nivel dos es conversación al nivel de las entrañas. Este soy yo de verdad. Esto es lo que siento en lo profundo del alma. Esto es lo que amo, lo que temo y lo que anhelo.

La comunicación en el matrimonio debe ser prioritariamente a este nivel para que nuestro matrimonio sobreviva. La comunicación de nivel dos no teme a la explosión, o al desacuerdo y el resentimiento a causa de una pequeña diferencia de opinión. Si exige que su compañero de vida esté siempre de acuerdo con lo que usted dice, jamás llegará al nivel dos. Usted es un Hitler emocional, y las personas que viven con usted se negarán a vivir en su prisión privada.

Nivel número uno: comunicación al máximo nivel

El nivel de comunicación número uno es la sinfonía del alma. Son dos seres humanos absolutamente sinceros entre sí, como dos violines en un magistral concierto, sonando en armonía. La Biblia lo dice de este modo: «Si dos de vosotros se pusieren de acuerdo...» (Mateo 18:19). «Acuerdo» es el término griego para indicar «sinfonía».

Aquí no se finge. No hay temor ni observaciones ocultas. La comunicación de primer nivel no contiene rechazo. Hay absoluta transparencia porque no estoy intentando ocultar ningún detalle de mi vida. Estoy dispuesto a pararme totalmente desnudo frente a ti. Esta es la conversación de total compasión por la otra persona, que le permite total y absoluta libertad.

La supervivencia de su matrimonio se ve amenazada cuando usted y su cónyuge solo hablan de cosas triviales. Cuando habla chismes de otras personas, su matrimonio no goza de buena salud. Cuando oculta, finge ser lo que no es, la comunicación real no puede producirse. Pero cuando pone en práctica los niveles uno y dos, funcionará como Dios lo tenía planeado cuando dijo: «Y los dos serán una sola carne» (Marcos 10:8).

2
EVITE CUATRO FRASES FATALES AL CONVERSAR CON SUS HIJOS

El primer secreto de la comunicación está en evitar cuatro frases fatales al conversar con sus hijos.

Como dije antes, llamo a mis hijos «Los fabulosos cinco». Ahora ya ninguno vive en casa, y Diana y yo nos estamos acostumbrando al atronador sonido del silencio (¡Gracias a Dios a veces nuestros nietos rompen este silencio!) Cuando «Los fabulosos cinco» vivían todavía en casa, el tiempo que compartíamos juntos era como tener el cielo en la tierra.

Nuestros momentos favoritos eran cuando compartíamos la cena. En ese momento le preguntaba a cada uno todo sobre su día, y luego preguntaba acerca de lo que sucedería en su vida: «¿Cómo te ha ido en el examen?» «¿Cuándo es tu próximo partido de fútbol?» Luego de que el niño me diera la fecha, le aseguraba: «Allí estaré, en primera fila». Soy bueno para preguntar, así que la conversación seguía y seguía: «¿Te dieron el papel que querías en la obra de teatro de la escuela?» «¿Qué es lo que no te gusta de tu maestra de inglés?»

Después de muchos años de escuchar a mis hijos alrededor de la mesa en la hora de la cena, puedo decir con cierta autoridad que hay cuatro frases que no deberían formar parte de la conversación con nuestros hijos. La primera es esa frase tan frecuente: «Cuando yo tenía tu edad...»

«Cuando yo tenía tu edad...»

Mi hija Sandy dice: «Cuanto más viejo se pone papá, tanto más lejos quedaba la escuela, y tanto más profunda era la nieve en esos días. Y caminaba para ir y para volver, no solo una vez al día». Eso hace reír a todos durante la cena... pero no me causa gracia a mí.

Toda generación cree que la generación siguiente no sabe nada acerca de cómo manejar sus asuntos, y especialmente, de cómo administrar su dinero. Cuando mis hijos extendían la mano pidiendo dinero con esas sonrisas angelicales, pensando que yo era algo así como un cajero automático, les sonreía y decía: «Cuando tenía tu edad llevaba un saco pesado de algodón durante diez horas al día, con cuarenta grados centígrados de calor, para ganar un dólar».

Esto quitaba toda la alegría del momento. El mensaje les llegaba como indicando que había una gran brecha generacional, y que yo no estaba haciendo nada por construir un puente hacia ellos. No estaba escuchando sus pedidos, no me preocupaban sus problemas. ¡Mensaje equivocado! Dejé de utilizar esa frase y adopté la siguiente respuesta cuando pedían dinero para ir al cine o para comprar ropa: «¿Cuánto quieres?»

Eso es mucho mejor que «Cuando tenía tu edad...» Como les iba a dar el dinero de todos modos, ¿por qué no dárselos con alegría, en lugar de hacer que mis hijos sintieran que no me importaban?

El Dr. Bill Ligon, uno de los más grandes pastores en el estado de Georgia, me contó una historia acerca de su hijo adolescente. Esta historia caló profundo en mi alma. El hijo del Dr. Ligon le preguntó si podía comprarle un automóvil. El hijo era un muchacho modelo en muchos aspectos. Sus calificaciones eran las más altas. Su participación en la iglesia era entusiasta.

Este adolescente modelo había encontrado el auto perfecto para él. Pero a causa de que el precio era un poco más de lo que su padre podía pagar, el pastor le dijo que no.

El Dr. Ligon me dijo: «Más tarde, el espíritu Santo me habló y me dijo: "De nada sirve ser un buen muchacho en tu hogar"».

Así que, al día siguiente, el Dr. Ligon fue al banco y pidió un préstamo. Compró el automóvil y lo estacionó frente a la casa. Luego le dio a su hijo las llaves y le dijo: «Sirve de mucho ser un buen muchacho».

Ese es un principio que seguí durante los años en que mis hijos vivieron en casa. Si seguían las reglas que establecíamos, les bendecía sin preguntas, al máximo de mi capacidad. Si rompían las reglas, les castigaba severamente enseguida... y luego les abrazaba hasta estar seguro de que ellos supieran que los amaba infinitamente. Este principio ha producido cinco hijos fabulosos, y le urjo a ponerlo a prueba.

Dicho sea de paso, el hijo del Dr. Ligo es hoy un prominente abogado que trabaja como juez en Georgia.

«No comprendes...»

Cuando los adolescentes conversan seriamente con usted acerca de sus novios, la película que van a ver, el dinero que gastan, los horarios que imponemos y nuestra respuesta es menos que entusiasta, le mirarán como si usted fuera Iván el Terrible, y protestarán: «Es que no comprendes...»

El hecho es que usted sí comprende. Sabe, por experiencia propia, que su hijo está intentando hacer algo que le será perjudicial... y que quizá destruya a este amado joven. Dios, en su infinita sabiduría, le ha dado a usted veinte años de ventaja en cuanto a experiencia sobre este hijo.

Dios, en su infinita sabiduría,
le ha dado a usted veinte años
de ventaja en cuanto a experiencia
sobre este hijo.

Permítame buscar en mi arcón de anécdotas de «Los fabulosos cinco». Esta es una historia dolorosa, pero real. En una ocasión, una de mis hijas estaba saliendo con un joven que no me gustaba. Venía a nuestra iglesia, decía lo correcto siempre, y se presentaba de manera agradable, pero mi detector espiritual enloquecía cada vez que se me acercaba. El vello de mi nuca se erizaba. Sabía que algo andaba mal, muy mal, y lo sabía con la misma certeza con que conocía mi propio nombre.

Diana y yo oramos juntos acerca de esta relación, y ambos sentimos que este romance solo le traería gran pena a nuestra hija. Así que hice lo que todo padre responsable haría: le dije a mi hija que no podía volver a ver a este joven. Ella respondió con el conocido mantra: «Papá, es que tú no comprendes...»

Debí recurrir a mi autocontrol para no saltar de la silla como un cohete gritando: «¡Eres tú la que no entiende!»

Pero no lo hice. Me mordí la lengua y respondí con calma: «Con el tiempo verás que es una decisión sabia. Tus emociones están nublando tu capacidad de decisión».

La respuesta verbal que ofreció mi hija no fue nada agradable.

Pasaron las semanas, y pensé que el asunto estaba terminado ¡Tonto de mí! Un día recibí una carta manuscrita de mi hija diciendo que quería hablar conmigo el viernes cuando volviera a casa desde la universidad para pasar el fin de semana. Cambié un par de citas que tenía programadas para el viernes a última hora y fui a casa a las cinco y media.

Estacioné el automóvil en el garaje, entré a la casa y fui directamente a mi dormitorio, más conocido en el hogar de los Hagee como «el lugar de reunión». Diana y mi hija me estaban esperando. Ambas mantenían un silencio sepulcral. El aire podía cortarse con tijeras.

Me senté en mi silla de cuero blanco —mientras mi hija se sentaba en el piso frente a mí y mi esposa tomaba asiento en la cama— y comencé la conversación como lo hago siempre, yendo directo al grano.

—¿De qué quieres hablar? —pregunté mirando a mi hija directamente a los ojos.

—Quiero decirte por qué pienso que debes aceptar a Harry* como novio mío.

Esperó por mi respuesta, pero no la obtuvo. Luego, durante treinta minutos, nos dio un discurso acerca de las virtudes y cualidades de Harry, de la manera en que ella lo veía.

Escuché todas sus opiniones, todos sus pensamientos. Admito que supo presentar sus argumentos de manera magistral, y estoy seguro de que muchos padres habrían dicho algo así como: «Bien, veremos, le daremos otra oportunidad».

¡Pero yo no lo hice!

—Permíteme decirte por qué seguirá siendo "no" mi respuesta —dije.

Su rostro se desencajó, y comenzaron a rodar lágrimas por sus mejillas. Para mí era una agonía negarle esto, pero en lo profundo de mi alma sabía que tenía toda la razón.

—Papá, seguiré saliendo con él, con o sin tu aprobación —me enfrentó mi hija.

No moví un pelo. Sin levantar la voz, dije:

—Dame las llaves de tu automóvil, tus tarjetas de crédito, tu teléfono celular. El dinero de tu cuenta de banco es mío. La ropa que llevas puesta y la que está en tu armario es mía. Puedes mudarte hoy mismo.

El tiempo se detuvo en ese momento. Podía ver que mi hija sopesaba todas mis palabras y que sabía que no estaba haciendo teatro. Nos miramos a los ojos, esperando que el otro pestañeara. Diana sollozaba. Sabía que la vida de mi hija pendía de un hilo. Si le permitía hacer lo que quería, estaría siendo un padre cobarde..

*Harry no es su nombre verdadero

En pocos minutos, que me parecieron una eternidad, mi hija decidió quedarse en la casa y no desafiar mi autoridad espiritual. Dos días más tarde, descubrió casualmente que Harry había estado saliendo con otras dos chicas, mientras le juraba amor y lealtad eternos. Su relación terminó instantáneamente.

El viernes siguiente, siete días más tarde, mi hija vino a mi dormitorio, se sentó en mis piernas, me dio un beso, y suavemente susurró en mi oído: «¡Gracias, papá, por salvarme la vida!» Su vida, y quizá su destino eterno, habían dado un giro de ciento ochenta grados en tan sólo una semana.

Cuando tenga una crisis con su hijo, pídale a Dios que le ayude a mantenerse calmo, a ser amoroso, y que le otorgue comprensión divina, de modo que pueda reprender a su hijo efectivamente para salvar su vida. Dios es padre, y jamás dejará de darnos claras instrucciones con respecto a la vida de nuestros hijos.

«¿Por qué no puedes ser como...?»

La Biblia es muy clara en cuanto a compararnos unos con otros. Pablo les dijo a los Corintios: «Porque no nos atrevemos a contarnos ni a compararnos con algunos que se alaban a sí mismos; pero ellos, midiéndose a sí mismos por sí mismos, y comparándose consigo mismos, no son juiciosos» (2 Corintios 10:12).

Es un error muy grave que un padre le diga a un hijo: «¿Por qué no puedes ser como...?» Esto le indica a su hijo: «No me gustas, no te apruebo».

Que un maestro diga: «¿Por qué no puedes ser como...?» es una traición absoluta al estudiante. Mi hermano menor Jack y yo íbamos a la misma escuela secundaria de Houston, Texas. Yo terminé cinco años antes que Jack, y había sido elegido como el estudiante más sobresaliente por mis calificaciones y otros logros. Al graduarme, mi fotografía apareció enmarcada en un cuadro que permaneció colgado en el salón de la escuela durante muchos años.

Mi hermano Jack era —y sigue siendo— un alma feliz, despreocupada, que por desgracia tenía el mismo maestro consejero que me habían asignado a mí en la Escuela Media George Washington. La filosofía académica de Jack en ese momento de su vida era: «Se puede pasar igual con una C que con una A+». Se requería una constitución de hierro para oír siempre la misma observación: «¿Por qué no puedes ser como tu hermano John?»

La respuesta de Jack era buena: «Porque John es John, y yo prefiero ser yo mismo».

¡Bravo por Jack!

Pero es una lástima que no todos los niños tengan la fortaleza que tenía Jack. Una comparación desfavorable puede aplastar la vida emocional de un niño, haciendo que psicológicamente se retraigan. Las cicatrices pueden ser permanentes y profundas.

Cuando su hijo le dice: «¿La quieres más a ella, verdad?», evite la pregunta con habilidad. Diga, con toda convicción: «Creo que tú, eres maravilloso. Y me gusta mucho estar contigo».

Nunca diga: «¡Los amo por igual!» Está usted en una trampa de la que no hay salida. Mire a su hijo a los ojos y convénzalo de que no hay nadie sobre la tierra que sea tan especial, tan único como él. El niño espera creerle, y todo lo que diga será absolutamente cierto.

«Esta es la voluntad de Dios...»

Cuando la tragedia o los problemas golpeen a nuestra familia o a nuestros hijos, jamás diga: «Es la voluntad de Dios». La voluntad de Dios es lo suficientemente difícil de comprender para los grandes teólogos, así que está mucho más allá del alcance de su hijo o hija.

Decirle a un hijo en la hora de la tragedia: «Esta es la voluntad de Dios», hace que piense que Dios es cruel, que no tiene piedad. O cuando oran, y sus oraciones no son contestadas, no recurra a la fácil explicación: «Es la voluntad de Dios». Es mucho más fácil decir esto que examinarnos y descubrir dónde estamos fallando en seguir Su voluntad.

Cuando mis hijos Tina y Matthew tenían cuatro y tres años respectivamente, nuestra familia en la iglesia sufrió una gran tragedia. Richard y Helen Medina, y su hijita Meredith de tres años, murieron en un accidente automovilístico tres días antes de la Navidad. El conductor del otro automóvil, causante del accidente, estaba ebrio, y sobrevivió, sufriendo leves heridas.

Richard y Helen eran líderes en nuestra iglesia. Cantaban en el coro, enseñaban en la Escuela Dominical, lideraban un grupo de estudios bíblicos, y jugaban en el equipo de softball de la iglesia. Eran dos de las más amables personas que podrían encontrarse en este planeta.

Al entrar en la iglesia en la Nochebuena y ver los tres ataúdes, uno de ellos tan pequeñito, sentí que mi corazón se quebraba.

¿Qué se dice cuando uno siente que no entiende nada? Esto no era la voluntad de Dios; un borracho mató a tres preciosas personas al hacer mal uso del libre albedrío que Dios le dio. ¡Las elecciones tienen consecuencias!

Siete días después del funeral fui una tarde a buscar a Matt y a Tina a la guardería de la iglesia, y pude observar que Tina estaba muy molesta.

Como Matt era más pequeño, le llevaba en brazos, llevando a Tina de la mano hacia mi camioneta. (En Texas, si usted no maneja una camioneta, estará manejando un juguete. En la actualidad sigo manejando una camioneta roja.)

Apenas comencé a conducir, Tina comenzó a preguntarme una serie de cosas:

—Papá, ¿dónde está Meredith?

—Amor, está en el cielo con Jesús.

—Papá ¿dónde está el cielo?

—El cielo es un lugar maravilloso donde van los cristianos cuando su vida en la tierra termina.

—Papá, quiero jugar con Meredith. Si el cielo es tan hermoso, ¿por qué no puede venir a jugar conmigo un rato?

Observé que lloraba mientras hablaba, y supe que estaba errando el tiro.

—Mi maestra dijo: "Es la voluntad de Dios" —agregó Tina en voz baja.

—Tu maestra está equivocada.

Vi que Matt miraba a Tina con profunda compasión. ¿Qué pensaba su cabecita de tres años? Tenía dos títulos universitarios y no encontraba cómo explicarle el más allá a mi hijita.

En un instante, Matthew, con sus tres añitos, vino al rescate. Abrazó a Tina con fuerzas y dijo: «No te preocupes, Tina, nosotros no somos cristianos. Somos mexicanos, y los mexicanos nunca mueren». (Mi esposa Diana es hispana.)

La respuesta de Matthew le dio consuelo total e instantáneo a Christina, a pesar de que no proveía una respuesta directa a su pregunta sobre el cielo (Él parecía comprender cuál era la pregunta subyacente, la misma que todos nos hacemos en esas circunstancias: si esto le pasó a mi amigo, ¿podrá pasarme a mí?)

Detuve la camioneta a un costado del camino y reí hasta llorar. A veces Dios habla por boca de los niños.

3
ESCUCHE LA COMUNICACIÓN DE DIOS

Cuando Dios habla, ¿le escucha usted? A menudo oigo decir: «Si Dios me hablara, de seguro lo sabría». ¿Lo sabría usted? Dios constantemente intenta hablarnos, pero la pregunta es: ¿estamos escuchando? La Biblia dice: «El que tiene oídos para oír, oiga» (Mateo 11:15).

Dios constantemente intenta hablarnos, pero la pregunta es: ¿estamos escuchando?

Dios le habló con tanta naturalidad al pequeño Samuel una noche, que él pensó que se trataba del sumo sacerdote Elí. Dios debió hablar tres veces antes de que Samuel o Elí supieran que era Dios quien intentaba hablarles. Finalmente, Elí le dijo a Samuel: «Ve y acuéstate; y si te llamare, dirás: Habla, Jehová, porque tu siervo oye» (1 Samuel 3:9).

Observe que Samuel debía decir que estaba escuchando.

El aire alrededor de usted, en este preciso momento, está sobrecargado de mensajes electrónicos que provienen de las estaciones de radio y televisión. Sin embargo, no puede recibirlos porque no tiene una antena electrónica en su cabeza, sintonizada a esa frecuencia.

Del mismo modo, Dios constantemente nos envía su voluntad y sus revelaciones, por medio de las frecuencias del cielo, pero sus hijos no tienen las antenas espirituales para recibir lo que Dios está diciendo. Dios les habló a Adán y a Eva cara a cara. Le habló a Moisés diciéndole que volviera a Egipto para liberar al pueblo de Israel de la esclavitud. Habló por medio de los ángeles a Abraham, diciendo: «Tu esposa de noventa años tendrá un bebé el año próximo en esta época». Cuando Abraham le dijo esto a su esposa, ella rió... creo que por histeria. Recuerde que cuando uno tiene noventa años, tener un bebé no figura en el tope de la lista de cosas por hacer.

Bien, dirá usted, Dios le habló a estos personajes bíblicos, pero no me habla a mí. Permítame corregirle. Dios sí le habla a usted hoy de diversas maneras.

Primero, Dios le habla poderosa y claramente por medio de la Biblia. Nos expresa su voluntad y su sabiduría. Dios habla por medio de los niños a veces, porque la Palabra dice: «De a boca de los niños y de los que maman, fundaste la fortaleza» (Salmo 8:2).

Los Diez Mandamientos son sólo un comienzo en la sabiduría de Dios. El Antiguo Testamento nos da sus instrucciones para su pueblo, los israelitas, y para nosotros. Y el Nuevo Testamento nos revela la verdad de las instrucciones de su Hijo para nuestras vidas.

Dios también se comunica con la humanidad por medio de la naturaleza. Dios creó la naturaleza, y también la controla. La naturaleza es el pizarrón de Dios, tanto para el pasado como para el futuro.

Sodoma y Gomorra, dos magníficas ciudades, fueron totalmente destruidas por la divina artillería del fuego y el azufre. ¿El mensaje de Dios para Sodoma y Gomorra? Que Dios jamás tolerará la sodomía como forma de vida. Las naciones podrán aceptarla y defenderla con leyes, pero Dios jamás lo llamará de otro modo que abominación.

En el libro de Génesis, Dios le encargó a Noé que construyera un arca, y la gente se reía, criticando al hombre de Dios y a su mensaje. Noé predicó durante ciento veinte años, sin lograr que ni uno solo se convirtiera, pero siguió construyendo un arca para salvar a su familia. El mensaje de Dios para la humanidad por medio del diluvio es: «Soy el Juez de toda la tierra. Deberán responder ante mí algún día».

Dios tenía programado el diluvio desde su principio hasta su último segundo. En Génesis 7:11 se nos dice qué ocurrió: «El año seiscientos de la vida de Noé, en el mes segundo, a los diecisiete días del mes, aquel día fueron rotas todas las fuentes del grande abismo, y las cataratas de los cielos fueron abiertas».

Cuando las fuentes del grande abismo se abrieron, los ciudadanos escépticos echaron a correr hacia el arca. La misma que había sido objeto de burla el día anterior. Ahora, era el milagro del presente. Y en tanto ascendían las aguas, arañaban los costados del arca, gritando con terror para que Noé les abriera las puertas. Pero él no podía hacerlo, porque Dios las había cerrado. La oportunidad del ayer se había ido para siempre.

Los fuertes y poderosos corrieron a la colina más alta y vieron cómo la sociedad se hundía en una tumba de agua. Después de cuarenta días y cuarenta noches, toda la tierra estaba cubierta por el silencio de la muerte. Por medio de la naturaleza, Dios había hablado una vez más, diciendo que Él y solamente Él era el juez de toda la tierra. Dios, y nadie más que Él, controla lo que sucede en este planeta.

Dios dividió el Mar Rojo para Moisés. Hizo que el sol se detuviera para Josué (Josué 10:12). Produjo una severa sequía para que Elías pudiera doblegar a los impíos Acab y Jezabel (1 Reyes 17:1)

Cuando Jesús estaba en el Mar de Galilea con sus doce discípulos, los vientos azotaban el Valle del Jordán, poniendo sus vidas en peligro. El Creador del cielo y de la tierra se puso de pie en el bote y gritó: «Calla, enmudece» (Marcos 4:39). Esta frase, en griego, se lee como: «Estar amordazado». Eso nos habla de control absoluto. Lo que sucede en la naturaleza con es accidental; es la voz de Dios que habla.

LA VOZ DE DIOS EN LA NATURALEZA

Oiga el testimonio de la influencia de Dios sobre la naturaleza:

«Jehová marcha en la tempestad y el torbellino, y las nubes son el polvo de sus pies» (Nahum 1:3).

David escribió: «Porque habló, e hizo levantar un viento tempestuoso, que encrespa sus ondas» (Salmo 107:25). Y David continúa diciendo: «Cambia la tempestad en sosiego, y se apaciguan sus ondas» (Salmo 107:29). Eso se llama control.

El profeta Isaías escribió: «He aquí que Jehová monta sobre una ligera nube» (Isaías 19:1). Eso es control.

Algunas personas dirán: «Eso está en la Biblia, pastor. Yo nunca he visto a Dios hacer estas cosas hoy». Bueno, yo sí lo he visto.

Inmediatamente después de la Segunda Guerra Mundial, cuando era casi imposible conseguir acero, mis padres estaban construyendo una iglesia. Los cimientos ya habían sido excavados a mano, y se temía que las negras nubes de tormenta que se estaban formando se convirtieran en lluvia, la cual llenaría los pozos echando a perder el esfuerzo de tantos.

Al colgar la ropa en la soga detrás de mi casa, mi madre vio las negras nubes y oró: «Señor Dios Todopoderoso, tu Palabra dice que vas montado en las alas de la tormenta. Te pido que detengas la lluvia y que no dejes que los cimientos de tu casa se destruyan».

La iglesia estaba a un kilómetro y medio de mi casa. Cuando mi madre terminó de orar, comenzó a llover torrencialmente.

Una hora más tarde, mi padre llegó a casa. Aún seguía lloviendo.

—¿Se han dañado los cimientos de la iglesia? —preguntó mi madre.

—¡En absoluto! —papá aplaudía de tan contento—. He pasado por la tormenta más grande que haya visto jamás. Pero cuando llegué a menos de un kilómetro del terreno de la iglesia, parecía que alguien hubiera trazado una línea en la ruta, indicando que la lluvia no podía avanzar ni un centímetro.

Dios oyó la oración de mi madre y detuvo la lluvia para salvar el programa de construcción durante meses, hasta que apareciera el dinero que la iglesia no tenía. Nuestro Dios controla la naturaleza.

En otra ocasión mi abuelo, que era predicador pentecostal en Oklahoma, fue a los campos de los miembros de su iglesia, que eran granjeros, y oró pidiendo a Dios que detuviera un ejército de insectos que devoraban el grano. Mi abuelo y esos cristianos que creían en la Biblia se pararon al borde de los campos y oraron para que Dios los protegiera, citando a Malaquías 3:11: «Reprenderé también por vosotros al devorador, y no os destruirá el fruto de la tierra, ni vuestra vid en el campo será estéril». Ni uno de los miembros de la iglesia perdió su cosecha, porque Dios controla a la naturaleza y se comunica con nosotros a través de ella.

¿Qué nos dirá Dios por medio de la naturaleza en el futuro?

En los años por venir, Dios nos anunciará el fin de la tierra. «Y daré prodigios arriba en el cielo, y señales abajo en la tierra, sangre y fuego y vapor de humo; el sol se convertirá en tinieblas, y la luna en sangre, antes que venga el día del Señor, grande y manifiesto» (Hechos 2:19-20).

Juan, el que escribió las revelaciones, describe este momento en Apocalipsis 6:12-14: «Miré cuando abrió el sexto sello, y he aquí hubo un gran terremoto; y el sol se puso negro como tela de cilicio, y la luna se volvió toda como sangre; y las estrellas del cielo cayeron sobre la tierra, como la higuera deja caer sus higos cuando es sacudida por un fuerte viento. Y el cielo se desvaneció como un pergamino que se enrolla; y todo monte y toda isla se removió de su lugar».

Esta es una descripción del abrumador poder de Dios en la naturaleza durante los últimos tiempos.

¿Qué más nos dice Dios acerca del futuro? La Biblia dice: «Porque se levantará nación contra nación, y reino contra reino; y habrá pestes, y hambres, y terremotos en diferentes lugares» (Mateo 24:7).

Piense en el creciente número de terremotos a lo largo de la historia:[1]

En el siglo quince hubo 115 terremotos.

En el siglo dieciséis hubo 253 terremotos.

En el siglo diecisiete hubo 378 terremotos.

En el siglo dieciocho hubo 640 terremotos.

En el siglo diecinueve hubo 2,119 terremotos.

En el siglo veinte los terremotos se sucedieron con tal rapidez y regularidad que los temblores son «cosa de todos los días» en California.

Los ingenieros de los Estados Unidos están estudiando la falla que va por debajo del río Mississippi, desde el Golfo de México hasta los Grandes Lagos. Creen que esta falla tan grande podría crear una ruptura que dividiría a Norteamérica en dos, con una línea que iría desde los Grandes Lagos hasta Nueva Orleans.

Este hecho no es una sorpresa para Dios. ¡Juan dice en sus revelaciones que viene «el grande»!, «un terremoto tan grande, cual no lo hubo jamás desde que los hombres han estado sobre la tierra, y la gran ciudad fue dividida en tres partes, y las ciudades de las naciones cayeron» (Apocalipsis 16:18-20).

A lo largo de la historia Dios ha utilizado los terremotos para comunicarse con quienes están sordos.

Dios utilizó un terremoto en la Crucifixión para rasgar el velo del templo de arriba hasta abajo, diciéndole al mundo que Su Hijo había muerto en la cruz. Este mismo terremoto liberó a las personas de sus tumbas, y entraron caminando a Jerusalén y fueron reconocidos por quienes habían asistido a sus funerales.

Dios utilizó un terremoto en la Resurrección, cuando un ángel corrió la piedra que cubría la entrada de la sepultura, no para hacer que Jesús saliera, sino para dejar que nosotros entráramos. ¡La tumba vacía es la única atracción turística sobre la tierra donde las personas hacen larguísimas filas para no ver nada! ¡Está vacía! ¡Él se ha ido!

¡La tumba vacía es la única atracción turística sobre la tierra donde las personas hacen larguísimas filas para no ver nada! ¡Está vacía! ¡Él se ha ido!

Dios utilizó un terremoto para liberar a Pablo y a Silas de la cárcel del Filipos. Cantaron a la media noche, después de haber sido azotados por predicar la Palabra. Salieron caminando de la prisión, con las llaves en una mano y el carcelero convertido tomado de la otra.

Y ahora estamos esperando el terremoto que predijo Juan, el cual literalmente reformará y cambiará la geografía del mundo. Dios está gritando para que todos oigamos: «Soy Jehová Dios de Israel, no hay otro Dios, ni arriba en los cielos ni abajo en la tierra» (vea 1 Reyes 8:23).

4
ESCUCHE LO QUE LE DICE SU CONCIENCIA

Nuestra conciencia es un instrumento dado por Dios que nos permite reconocer la diferencia entre lo que está bien y lo que está mal. La conciencia es la lámpara de Dios que dice: «Esta es la senda, camina por aquí». La conciencia es la brújula del alma.

Cuando nuestra conducta va hacia un lado y nuestra conciencia va hacia el otro, esta última siempre nos preparará una cama de brasas ardientes (aún si tenemos el mejor colchón con postura ortopédica).

¿Qué hizo que Adán y Eva se escondieran de Dios en el huerto del Edén? ¡Sus conciencias!

¿Qué hizo que el rey David gritara: «Apiádate de mí, oh, Dios»? ¡Su conciencia!

¿Qué hizo que la esposa de Pilato escribiera: «No tengas nada que ver con este hombre justo»? ¡Su conciencia!

¿Qué hizo que Judas Iscariote gritara atormentado: «He traicionado a sangre inocente»? ¡Su conciencia!

¿Qué hizo que Pedro llorara después de haber negado a Cristo tres veces? ¡Su conciencia!

¡Sin embargo, una persona con la conciencia tranquila, duerme aun cuando truena afuera! Una conciencia tranquila es como una poderosa fortaleza el día de la batalla.

Pero incluso así, luchamos con esta voz interna de Dios que nos dice: «Detente. Da la vuelta. Arrepiéntete de tu pecado». Algunos intentan drogar a sus conciencias para acallarlas, pero ellas despiertan gritando aún más fuerte. Otros intentan ahogar sus conciencias en un río de whisky, pero como cadáveres hinchados, las conciencias salen a flote, exigiendo ser oídas.

Dé gracias a Dios por su conciencia. Antes del radar, antes del sonar, antes de la brújula, Dios le dio a cada persona este instrumento interior para indicarle el camino.

Ignore a su conciencia y destruirá su alma. Ignore a su conciencia y destruirá su paz. Ignore a su conciencia y la voz de Dios se apartará de usted. Destruirá su matrimonio, su salud, su negocio. Destruirá su familia, a sus hijos y al final, a su alma eterna.

No obstante, su vida puede ser el cielo en la tierra si aprende a mantener una conciencia limpia y pura ante Dios.

Usted se preguntará: *¿Qué tiene que ver mi conciencia con la comunicación?*

Permítame ilustrárselo. El marido llega a casa de su trabajo. Está cansado y muy molesto. Le han bajado su sueldo y lo ha multado la policía en su camino de regreso a casa. Ahora tiene una migraña. Entra en la casa y su esposa dice: «Llamaron de Servicios Internos hoy y dicen que quieren investigar nuestra declaración de impuestos de los últimos siete años. La máquina lavadora se ha descompuesto y tu suegra vendrá a vivir con nosotros a partir de mañana».

El marido gritará: «¡Cállate!» Antes de poder cerrar la boca, su conciencia grita: *Eso no hacía falta; discúlpate inmediatamente ante tu esposa.*

Pero en su interior hay una parte egoísta, movida por una tozuda voluntad, que contesta: *Si te disculpas ante tu esposa, John Wayne, vivirás de rodillas durante los próximos veinte años. Mantén tu posición o vive con un aro prendido de tu nariz por siempre.*

¿Qué hará entonces? Si es usted espiritual y está guiado por el Espíritu, se disculpará inmediatamente. Si es carnal y lo mueve la carne, se enojará, tomará antiácidos y sedantes... todo a causa de su tozudez de mula.

¿Qué hace Dios? Pone su bocado y su rienda en nuestra boca, como lo hace quien doma a un potro salvaje, y nos pone de rodillas. Nuestras oraciones se ven impedidas. Nuestra vida apesta. Oímos una voz del cielo que dice: «¡Si mamá no está contenta, nadie está contento!» Entonces se reúne coraje y se dice con voz débil: «Lo siento, querida».

¿Quién se disculpa en su hogar? El que es espiritual. No el macho cabeza de mula que se arrincona como un mono con lobotomía. El débil protesta, lloriquea y se queja. El fuerte se disculpa, motivado por una conciencia impulsada por el Espíritu de Dios.

¿Cómo afecta la conciencia nuestra comunicación? Permítame ofrecerle una segunda ilustración. Oye un chisme bueno, jugoso, ¡verdaderamente bueno! Su conciencia grita: *No digas nada, absolutamente nada.*

Su mente grita: *¿Por qué no decir la verdad? La verdad no ofende* (Digamos, de paso, que esta afirmación es una mentira total.) Su carne dice: *Sí, es cierto. ¡Cuéntalo, cuéntalo, cuéntalo!*

¿Qué hará usted? Si es espiritual, cerrará la boca. Si es inmaduro, un infante espiritual, dirá: «Digo esto para ponerlo en oración. Pero oí que el ministro está enamorado de la organista». (Claro está que la organista es la esposa del ministro, pero no importa, el chisme es bueno.)

Una mujer me dijo una vez: «Yo puedo guardar un secreto, son las personas con quienes hablo las que no saben guardarlo».

«Pues deje de hablarles, entonces», quería decirle yo en ese momento.

¿De qué modo afecta nuestra conciencia la comunicación? Veamos una ilustración final. Usted está en la cama después de un día duro. Son las once de la noche y está exhausto. Su conciencia dice: *¡Es hora de orar! ¡Quiero oír a Dios!* Su mente dice: *Debes leer el* Wall Street Journal. *¡Puedes orar mañana!* Y su carne recalca: *Estás cansado. Ha sido un día duro. Come otro pote de helado, y enciende el televisor.*

¿Qué hará usted?

Si es espiritual se levantará y orará. Si es inmaduro y se deja dominar por sus sensaciones y emociones, comerá más helado hasta engordar como una bola. Encenderá la televisión y verá el programa de noticias de la medianoche.

Cuando llegue a la iglesia el domingo próximo no podrá sentir la presencia de Dios, porque su ser espiritual ha muerto de hambre. Ha bañado su mente con basura, y se pregunta por qué el Espíritu Santo le evita como si usted fuera una peste.

Para dominar nuestras vidas, nuestro ser espiritual debe dominar a la carne y la mente. Y necesitamos recordar: ¡Nada de lo que sucede tiene significado hasta que nosotros le damos significado! No es lo que oye; es el modo en que aplica lo que oye.

Permítame presentarle otro caso. Oye que su jefe ha hablado mal de usted, cuestionando su capacidad. Usted estaba feliz como un pajarito hasta hace cinco minutos, pero ahora permite que esta mala noticia le quite la paz. Baja la cabeza y camina con los hombros caídos. Se le ve triste, preocupado.

Su carne dice: *¡He sido herido, ofendido!*

Su mente dice: *Esta es una afrenta personal. Debo enojarme y renunciar ahora mismo.*

Su conciencia, como un trueno espiritual que baja del cielo, dice: *«Bienaventurados sois cuando por mi causa os vituperen y os persigan, y digan toda clase de mal contra vosotros, mintiendo»* (Mateo 5:11).

Su ser espiritual también recuerda las palabras del rey David: *«Muchas son las aflicciones del justo, pero de todas ellas le librará Jehová»* (Salmo 34:19).

Y por último, su ser espiritual recordará las palabras del apóstol Pablo: «*Regocijaos en el Señor siempre. Otra vez digo: ¡Regocijaos!* ... *Porque esta leve tribulación momentánea produce en nosotros un cada vez más excelente y eterno peso de gloria*» (Filipenses 4:4; 2 Corintios 4:17).

¿Qué actitud elegirá usted? ¿Elegirá protestar y quejarse o ser guerrero? ¿Será vencedor o víctima? Las pruebas se rendirán ante el triunfo si escucha usted a su conciencia.

5

CUÍDESE DE LOS ASESINOS DE LA COMUNICACIÓN

Hay cinco asesinos de la comunicación que destruirán todo intento que hagamos por comunicarnos con nuestros seres queridos.

El primer asesino de la comunicación es el miedo al rechazo, del que hablé anteriormente en el capítulo cuatro. Tenemos miedo del rechazo o el ridículo. Nuestro cónyuge nos mira y dice: «Ya no te ves tan bien como antes», y yo pregunto: ¿Y quién se ve tan bien como antes? Quien piense que no ha cambiado, que tome su traje de novia o su frac e intente ponérselos.

El primer mandamiento de la comunicación es el siguiente: Si expongo mi desnudez ante ti como persona, no me hagas sentir vergüenza. Oh, puedo seguir hablándote, seguro, pero jamás, nunca más, te diré cómo me siento. Temo decirte quien soy, porque si te lo digo, quizá no te guste lo que oigas, y es todo lo que tengo para darte.

El segundo asesino de la comunicación es la falta de sinceridad. Nuestra sociedad valora mucho la autenticidad. Pero la verdad es que la mayoría de nosotros mentimos. Todos llevamos máscaras que cubren nuestros rostros reales y actuamos como los actores sobre el escenario. Agreguemos dos nuevas máscaras a las que mencioné en el capítulo cuatro.

La máscara de John Wayne, el invencible, fuerte y grande. El tipo John Wayne dice: «No necesito conversación sentimental. Te dije que te amaba en 1952 cuando nos casamos. Con eso basta».

¿El resultado? Su esposa sabe que él lleva una máscara de John Wayne, pero ella también deja de decirle que lo ama. Luego él se queja como un bebé, diciendo: «Ya no me amas como antes». Lo que obtiene es lo que pidió. Conozco a un hombre que no besó a su esposa durante diez años, y luego mató a quien sí lo hizo.

La máscara del Mesías. Conozca a los pequeños ayudantes de Dios, los salvadores del universo, los gerentes generales del planeta

Tierra y de todos los planetas cercanos. Se extienden por todas partes, haciendo tanto que ya no tienen nada para ofrecer en su matrimonio. Tienen tantos pensamientos celestiales que ya no sirven para nada en la tierra. ¡Sea real! Deje que Dios sea sobrenatural. Pero usted sea natural. Quédese en casa y cuide a su familia.

¡Sea real! Deje que Dios sea sobrenatural. Pero usted sea natural.

¿Qué máscara lleva usted? Quítesela y preséntese ante su esposa, su marido o sus hijos.

Las personas actúan de modo que reciban la aprobación de los demás. Y esto es un suicidio emocional. ¿Por qué? Porque cuando esta persona cambia, tendremos que encontrar otro rol para agradarle. En este proceso, pierde contacto con alguien muy importante: usted mismos. Despertará un día diciendo: ¿Quién soy?

Quiero decirles esto a todos los solteros que están de novios: la gente lleva máscaras cuando está de novio. Muestran su mejor costado. Todo el mundo puede ser encantador durante tres horas un sábado por la noche. La persona real está en casa, encerrada, esperando que usted diga: «Sí, acepto». Sean honestos y sinceros entre ustedes. Sean verdaderos. Quítense las máscaras y regálense la oportunidad de una relación plena.

El tercer asesino de la comunicación es la respuesta explosiva. Esposo, si le grita a su esposa, eso no es comunicarse. Y las respuestas explosivas no son exclusivas de los hombres. Un hombre le digo a su amigo: «Mi esposa y yo tuvimos un cruce de palabras anoche, pero jamás pude emitir las mías». La intimidación por medio del berrinche no es comunicación.

No hay desnudez comparable a la psicológica. Cuando su esposa o su esposo le señala sus defectos, enseguida usted buscará algo con qué cubrirse. Si es colérico o de temperamento sanguíneo, explotará. En verdad dirá: «Estás acercándote demasiado a mi verdadero yo. Aléjate o explotaré».

El cuarto asesino de la comunicación son las lágrimas. Las mujeres suelen utilizar esta arma (a pesar de que también ha habido hombres que la usan con efectividad). En la primera discusión después de casados, la esposa «abre sus fuentes», y esto le enseña al joven esposo: «No pases esa línea o te anegaré». Esta esposa dice con sus lágrimas:

¡No me hables sobre mis errores o defectos, porque lloraré!» ¿El resultado? Toda comunicación significativa cesa, y comienza la manipulación. Y la manipulación es el arma del control caprichoso.

El quinto asesino de la comunicación es el silencio. Algunos lo llaman encierro. Otros «el tratamiento silencioso». Muchos cristianos dominan esta técnica porque sabemos que no es espiritual explotar con ira, por lo tanto elegimos encerrarnos durante dos semanas. El encierro es ira sin control. Es la primera causa de la alta presión sanguínea, de las úlceras y otras enfermedades. También es causa de divorcio. Hemos desarrollado sistemas de comunicación que permiten que uno pueda hablar con alguien que está en la luna desde la tierra. Sin embargo, muchas veces los esposos y padres no pueden hablar con sus esposas o hijos, que están sentados del otro lado de la mesa.

Cuando usted y yo, como esposo y esposa, podemos con toda sinceridad decirnos quiénes somos, qué pensamos, qué sentimos... cuando usted y yo podemos sinceramente decirnos lo que nos gusta, lo que honramos, lo que respetamos, odiamos, tememos, deseamos, esperamos, creemos y tenemos la firme intención de hacer... entonces, y solo entonces, podemos ser personas con una comunicación válida.

Evite estos cinco asesinos de la comunicación y estará más cerca de los niveles de comunicación número dos y número uno.

6
ABRA SU IMAGINACIÓN

Hace años, como consejero matrimonial, solía utilizar lo que llamaba «el método de comunicación de Ezequiel». Esto es la comunicación por medio de la imaginación.

Ezequiel era predicador en un campo de concentración de judíos exiliados en Babilonia. Estos judíos eran esclavos y refugiados de guerra. Habían perdido sus hogares, su libertad y sus esperanzas. El rey David escribió: «Junto a los ríos de Babilonia, allí nos sentábamos, y aun llorábamos, acordándonos de Sión» (Salmo 127:1).

Ezequiel quería comunicarse con ellos, por lo que Dios le indicó que fuera y «se sentara donde ellos se sentaban». ¿Quién quiere palabras de sabiduría de un profeta pelilargo sin cicatrices en el cuerpo? La mayoría de las personas no escuchará a quien no haya experimentado lo que ellos experimentan.

Así que Ezequiel se hizo cautivo. Se redujo a vivir con ellos. Permitió que la humillación que caía sobre las espaldas de ellos cayera también sobre la suya. Ezequiel escribió: «Y me senté donde ellos estaban sentados» (Ezequiel 3:15).

Esto hizo que cambiara su punto de vista. Sentado donde ellos estaban sentados, supo cómo se sentían. Aliento a los esposos y esposas a comunicarse entre sí utilizando el principio de comunicación de Ezequiel. Abra su imaginación y figúrese la situación de la otra persona.

Abra su imaginación y figúrese la situación de la otra persona.

Los niños pueden entrar en el mundo de los demás utilizando la imaginación. Ponga un caballito de palo entre las piernas de un niño, y cálcele un sombrero en la cabeza. Se sentirá el Llanero Solitario. Y una niña a quien se le da una muñeca se convierte en madre.

En una ocasión, un marido insensible sentía poco aprecio por su esposa, quien cuidaba de tres niños pequeños en una casa de tamaño minúsculo. Sus dificultades para comunicarse existían desde hacía mucho tiempo, por lo que la pareja vino a verme como consejero matrimonial. Escuché la descripción de la mujer acerca de la tensión y las dificultades de su vida, y luego miré a este John Wayne y le dije:

—¿Por qué no se sienta usted donde está sentada ella?

—¿Qué quiere decir con eso? —preguntó mirándome furioso.

—Quiero decir que uno de estos días, un día cualquiera, se quede en casa todo el día, y cuide de sus tres santos terremotos. Quiero que limpie la casa y lave los platos. Que cocine y limpie los pisos. También, por favor, lave y planche la ropa, y cambie los pañales. Quiero que le enseñe al más pequeño a ir al baño. Responda el teléfono rápidamente, y sea cortés. Luego haga las compras. Y para cuando llegue su esposa, a las cinco y media, tenga lista la cena, se vea fresco como una florecita y muestre la pasión de su amor en el brillo de sus ojos.

—¡Está usted loco! ¡Eso es imposible!

—¿Cómo? ¿Acaba usted de solo pensarlo y ya está cansado? No le pedí que lo hiciera durante una semana, ni siquiera durante un mes. Solo dije que lo hiciera durante un día —respondí

La sesión terminó abruptamente, porque este marido se negó a «sentarse donde su esposa estaba sentada».

¡Piense en esto! No podemos conocer cómo es la vida de otra persona hasta tanto no la veamos desde su perspectiva.

Los médicos son maravillosos. Tenemos muchos en mi familia. Pero creo que todo los médicos debieran enfermarse al menos una vez y ser internados en su hospital, bajo otro nombre. Todo médico debería experimentar la alegría de tener a las cinco y media de la mañana a una enfermera robusta y diligente junto a su lado, pinchándole el trasero con una aguja de doce centímetros de largo, preguntándole al mismo tiempo: «¿Se siente mejor?».

Todo policía debería ser multado en su ciudad, sobre todo si la misma tiene la reputación de recurrir a las violaciones de tráfico como fuente de ingresos. En dichas ciudades, los policías se esconden detrás de los arbustos durante todo el día, y utilizan pistolas de radar.

Todo predicador debiera sentarse en un banco de su iglesia, para escuchar algunos de sus más secos, huecos y largos sermones. Créame... esto le llevará a arrodillarse y a estudiar durante horas.

Todo miembro de la iglesia debería tener la posibilidad de sentarse donde se sienta el predicador. Preparar sermones profundos, originales, entretenidos, transformadores y teológicamente sustanciosos todas las semanas. Aconsejar a veinte neuróticos y estudiar treinta horas. Presentarse en programas de la televisión, besar a los bebés, casar a los vivos y enterrar a los muertos. Hablar al teléfono hasta la medianoche con una interminable cantidad de personas que le preguntan estúpidamente: «¿Tiene usted un minuto?» y luego hablan y hablan sobre nada. Asista a tres banquetes, una cruzada aquí o allí, reciba dos o tres amenazas de muerte por mes, y tendrá el mejor empleo del mundo.

Una oración clásica dice: «Señor, ayúdame a no juzgar a otros hasta que no haya caminado en sus zapatos durante dos semanas». Eso es exactamente lo que hizo Ezequiel al sentarse con los judíos cautivos durante siete días.

¿Alguna vez ha observado a la gente que pasa junto a un mendigo que sostiene una taza pidiendo limosnas? ¡Mire bien! La gente que no le da nada son los banqueros y los que llevan ropa elegante. Los que sí le dan son los pobres, que conocen el dolor de la pobreza. Han estado allí donde está el mendigo, y saben qué se siente.

Una de las cosas más tontas que puede usted decir cuando otra persona pasa por una crisis es: «Sé exactamente cómo te sientes». No puede saberlo, a menos que haya vivido lo que está pasándole a esta persona. Debe sentarse donde se sienta ella.

Por desgracia, a veces las palabras son demasiado débiles como para expresar el dolor del corazón. Duele tanto, tan intensamente, que la única comunicación posible es la compasión. Un abrazo.

Una mano amiga cuando las lágrimas son el lenguaje por supremacía. Compartir un momento de sufrimiento o pena, en silenciosa compasión, es comunicación real.

No hay cable ni cuerda que pueda amarrar tan fuertemente como la compasión del amor. Jesucristo nos amó tanto que vino a la tierra para sentarse donde nos sentamos nosotros y sentir lo que sentimos. La compasión es resultado de nuestra relación con Dios.

No hay cable ni cuerda que pueda amarrar tan fuertemente como la compasión del amor.

7
DIGA LA VERDAD CON AMOR

Pablo les dijo a los efesios: «Siguiendo la verdad en amor, crezcamos en todo en aquel que es la cabeza, esto es, Cristo» (Efesios 4:15). Cuanta más verdad hablemos, tanto más amor debemos dar con nuestro mensaje.

Un exitoso hombre de negocios vino a verme llorando porque su mujer le había dejado después de quince años de matrimonio.

—¿Cuándo fue la última vez que usted le dijo cuánto la amaba? —le pregunté.

—Hace unos diez años —respondió secamente.

Cuando me mostré sorprendido, continuó:

—¿Para qué debía decir: "Te amo"? Le di una casa nueva, un auto nuevo, ropa hermosa, y se fue con un tipo que vive en una pocilga. ¿Qué puede darle él que no le haya dado yo?

—Una sola cosa —respondí—. ¡Amor!

Las casas, los autos, la ropa y las joyas no son regalos sino disculpas por no dar el más grande regalo de todos: nosotros mismos. Hasta tanto no nos entreguemos por completo, todos los demás regalos no tendrán significado alguno.

Dele usted a su compañero de vida o a su familia los regalos del corazón — el regalo del amor, el regalo de la amabilidad, el regalo del gozo y la comprensión, el regalo de la unión en el sentimiento, el regalo de la tolerancia, y luego, cuando todo lo demás falle, el regalo del perdón. Tarde o temprano ambos fallarán en alguna cosa.

La verdad es una espada de dos filos. Sea muy cuidadoso al acercase a su esposa o esposo con la verdad. Para poder decir la verdad con amor, planifique tener un buen momento para la comunicación. En el hogar de los Hagee, solía levantarme a las seis de la mañana y saltar de la cama con demasiada energía. Diana no puede despertar del todo sino hasta las nueve. No hablamos mucho en la mañana. Cuando ella se levanta y cobra energía puede mover montañas... pero eso no sucede temprano.

Señora, cuando su marido llegue a casa molido, como torero corneado por el toro, no le diga que la máquina de lavar está rota, o que ha rayado el guardabarros de su nuevo Mercedes. Espere hasta más tarde... mucho, mucho más tarde.

Luego, otórguele cierto tiempo para reaccionar. Recuerde que usted ha tenido la ventaja de pensar en lo que diría. Sopesó las posibles reacciones y mentalmente ensayó su discurso. Preparó su caso con cuidado, buscando la manera de presentarlo como lo hace un abogado en la corte.

¡Usted también puede tomar por sorpresa a su cónyuge! No se sorprenda si su esposo o esposa piensa en alguna conversación durante uno o dos días y luego aparece con una respuesta totalmente diferente. Puede haber reconocido que ha aceptado un compromiso que le es imposible cumplir.

Si su cónyuge le señala un error en lo que usted le ha dicho, esté dispuesto a decir: «Lo siento». Cuando se equivoque, diga: «Lo siento». Y cuando tenga razón, no hable. No eche sal sobre la herida. Recuerde que llegará el día en que será usted quien cometerá un error y necesitará perdón del otro. El apóstol Pablo escribió: «Por cuanto todos pecaron, y están destituidos de la gloria de Dios» (Romanos 3:23).

Por último, oren juntos, el uno por el otro. Se ha dicho a menudo, pero vale la pena repetirlo: «La familia que ora unida, permanece unida».

Sin embargo, ¿cuántos maridos y esposas dejan de orar el uno por el otro y uno junto al otro cada día? La Biblia nos dice claramente: «Así que, lejos sea de mí que peque yo contra Jehová cesando de rogar por vosotros» (1 Samuel 12:23). ¡No orar *con* su familia y *por* su familia es pecado!

En síntesis, la comunicación con su cónyuge, sus hijos, sus amigos, sus colegas y con Dios nace de la pasión de ser parte de sus vidas. La comunicación no es intentar ser un Vesubio de oratoria, arrojando nuestro intelecto a los cuatro vientos del cielo. La comunicación es entregar parte de nuestro corazón, tanto a una persona como a un millón. Si hacemos menos que eso, estaremos traicionando nuestra relación.

CAPÍTULO SIETE

SECRETO SEIS: EL PODER DE LA ORACIÓN CONTINUA

Precursora de los logros más poderosos y grandiosos

Cuando era niño, mi madre y mi padre reunían a la familia en la sala de estar, y mi madre, que había obtenido un título en teología, les decía a sus hijos que se arrodillaran, anunciando: «¡Hablemos con Dios!» Eso es orar: hablar con Dios nuestro Padre, quien nos ama con amor eterno.

Su deseo para nosotros es que tengamos las mejores cosas en la vida. Nos ha prometido: «Gracia y gloria dará Jehová. No quitará el bien a los que andan en integridad» (Salmo 84:11). Todo lo que Dios es, y todo lo que Dios tiene, está allí, para quien aprende el secreto de la oración.

Lo que mi madre dice acerca de la oración es lo siguiente: «Un poco de oración: un poco de poder. Más oración: más poder. Mucha oración: mucho poder». La pregunta que debemos formular, es esta: ¿cuánto poder quiero de Di os? Su respuesta probablemente sea simple: mucho. Sin embargo, tendremos mucho o poco del poder de Dios ahora mismo, según cuánto estemos dispuestos a orar. Un cristiano que no ora, es un cristiano sin poder.

«Un poco de oración: un poco de poder. Más oración: más poder. Mucha oración: mucho poder».

Jesús no les enseñó a sus discípulos a predicar, pero sí les enseñó cómo orar. No les enseñó cómo recaudar fondos, o cómo reunir más donaciones, pero sí les enseñó los principios de la oración antes de enviarlos a evangelizar al mundo.

He hablado con primeros ministros y presidentes. Para hablar con estas personas, hay que pedir una cita con muchos meses de anticipación, y siempre nos asignan poco tiempo. Tienen mucho poder, pero al mismo tiempo su poder es limitado, porque son hombres controlados por otros hombres. Pero puedo hablar con Dios Todopoderoso cuando quiera, durante todo el tiempo que lo desee, y cuando termino, no se encoge de hombros y dice: «No puedo ayudarte, John». Él dice: «Abriré un camino donde parezca que no lo hay» (vea 1 Corintios 10:13). Dice: «Clama a mí, y yo te responderé, y te enseñaré cosas grandes y ocultas que tú no conoces» (Jeremías 33:3).

Algunas personas pueden no estar convencidas todavía acerca de la necesidad de pasar cierto tiempo en oración cada día. Permítame mostrarle cuatro razones específicas por las que la oración debiera ser parte esencial en su vida.

¿Por qué orar? ¡Porque no hacerlo es pecado!

NO ORAR ES PECADO

Un cristiano que no ora es un cristiano débil. Una iglesia que no ora es una iglesia débil. Una nación que no ora es una nación derrotada. Una familia que no ora es una familia dividida.

Padre, ¿ora usted por su esposa? ¿Por sus hijos? Si no lo hace, 1 Samuel 12:23 dice que ha pecado usted contra el Señor.

Soy el segundo hijo de un predicador. En mi adolescencia, habré oído unos diez mil sermones, dados por algunos de los mejores predicadores de los Estados Unidos. Luego, sentí que no quería convertirme. Una noche, cuando llegaba tarde, al entrar sin zapatos para que mi madre no me oyera, vi que había una luz encendida en el dormitorio.

Al pasar, oí la voz llorosa de mi madre: «Señor Dios en el cielo, salva a mi hijo John. Si deja nuestro hogar sin recibir a Cristo, estará perdido para siempre».

Le aseguro que mi madre tenía razón.

Entré a hurtadillas en mi habitación y me acosté en la cama, que se sentía de brasas ardientes ahora. En los días y semanas siguientes esas palabras: «Señor, salva a mi hijo John», martillaban mi mente y mis oídos día y noche. Tres meses más tarde, entregué mi vida a Cristo, aplastado por el poder de la oración de mi madre.

He predicado el Evangelio de Jesucristo durante más de cuarenta y cinco años. He predicado en estadios de fútbol, ante más de setenta y cinco mil personas. He predicado en hermosas catedrales de Europa, y en chozas de barro del Tercer Mundo. He proclamado el Evangelio a millones en todo el mundo, por radio y televisión.

¿Por qué sucedió todo esto? Porque mi madre le hizo la guerra al diablo, luchando por mi alma en su habitación... y el diablo perdió. Ella oró hasta sacarme del fuego del infierno, enviándome a los brazos de Dios.

¿Quién está perdido en su familia? ¿Está usted orando sin cesar por su salvación? Si no es así, le informo, Dios dice que usted está pecando contra Él si no ora por ellos.

¿Por qué orar? Porque Dios responde a la oración

DIOS RESPONDE A LA ORACIÓN

Hace unos años, nuestra congregación se reunió para hacer ayuno y orar por la salud de Lizzy Gross, la hija de nuestro ministro de música. Lizzy tenía diez años, y su padre John Gross y su madre Lestra la habían llevado a un oculista, ya que observaban que su ojo izquierdo se desviaba hacia un lado. La madre pensó que sería simplemente un problema pasajero, un ojo holgazán quizá.

Luego de que el oculista examinara a Lizzy, le dijo a Lestra que la niña debía ver a un neurólogo, quien indicó una resonancia magnética y otros análisis. Después de revisar su caso con sumo cuidado, los mejores médicos de San Antonio determinaron que Lizzy tenía un tumor canceroso incurable, intratable, en el centro de su cerebro. Los médicos no le daban absolutamente ninguna esperanza de vida.

Nuestra iglesia se sentía invadida por el dolor. Nos arrodillamos e hicimos la guerra por la vida de Lizzy. Miles de personas oraban día y noche para que Dios sanara a esta niñita rubia, hermosa, de ojos azules.

A pesar de nuestras oraciones, la condición de Lizzy empeoraba con el paso del tiempo. Los doctores decían: «El último síntoma será que sus dolores de cabeza serán tan fuertes que ya no podrá ir a la escuela. Cuando vuelva a casa después de clases, ya no podrá volver».

Recuerdo como si fuera ayer el momento en que su padre entró en mi oficina y dijo: «Llamaron de la escuela y dijeron: "Venga a buscar a Lizzy. Tiene dolor de cabeza"».

Abracé a John Gross y oramos juntos una vez más por la pobrecita Lizzy. Sentí que surgía en mí la fe como nunca antes en mi vida. Después de orar, le dije a John: «Ve a casa y dale a Lizzy una aspirina, como si fuera un dolor de cabeza común, y veamos qué hace Dios».

A la mañana siguiente, Lizzy despertó sin dolor de cabeza. Su ojo izquierdo comenzó a volver a centrarse. Su coordinación ocular-manual comenzó a mejorar visiblemente. Sus párpados, que habían estado siempre caídos, volvieron a su estado normal.

Eran signos dramáticos y visibles, pero sus padres aún temían ser demasiado optimistas, pues habían estado sumergidos en los pronósticos negativos de la comunidad médica.

El domingo siguiente John y Lestra trajeron a Lizzy a mi oficina y preguntaron: «¿Puedes ver un cambio en Lizzy?» Inmediatamente observé una mejoría general. Le dije a John que llevara a Lizzy a ver al doctor al día siguiente para que le hicieran otra resonancia magnética. Sabía que Dios había contestado nuestras oraciones.

Al día siguiente se realizó la resonancia magnética. ¡No había rastros de tumor canceroso en su cerebro! Simplemente, había desaparecido. Era algo tan sorprendente que su médico me llamó y preguntó: «¿Qué hizo su iglesia en el tratamiento espiritual de Lizzy Gross?

Soy uno de los mejores oncólogos en este país, y no diagnostiqué mal. Hace unas semanas esta niña entró aquí con un cáncer en el centro de su cerebro, y ahora, una segunda resonancia indica que no hay tumor canceroso alguno. Ya no está».

Respondí: «Oramos y Dios oyó nuestra oración. El Dios al que servimos no falla. Sigue siendo un Dios que obra milagros».

Eso sucedió hace trece años. Desde entonces, he tenido el placer de casar a Lizzy con el amor de su vida, y su futuro es brillante y sin límites, por el poder de Dios que obra milagros en Sus hijos cuando oran y buscan Su rostro.

¿Por qué orar? Porque es un mandamiento de Dios.

ORAR: UN MANDAMIENTO DE DIOS

Jesús dijo en Mateo 6: «*Cuando* oren», y no: «*Si* oran». El apóstol Pablo les dijo a los Tesalonicenses: «Oren sin cesar» (1 Tesalonicenses 5:17). Muchos cristianos conocen el poder de la oración, el patrón de la oración, la prioridad de la oración y el propósito de la oración... y sin embargo, no tienen el propósito de orar.

La tragedia de nuestros días no es la oración no contestada, sino la oración no ofrecida. Tenemos una elección. La oración nos hará dejar de pecar, o el pecado nos hará dejar de orar. O avergonzamos al pecado, o el pecado nos avergüenza a nosotros.

La tragedia de nuestros días no es la oración no contestada, sino la oración no ofrecida.

¿Por qué orar? Porque la oración ungida sube al cielo.

LA ORACIÓN UNGIDA SUBE AL CIELO

Al apóstol Pablo lo apedrearon y lo dieron por muerto. Sin embargo, no le pidió a la iglesia que orara por el reumatismo que le causaron las piedras que rompieron sus huesos. Cuando fue a prisión, Pablo no le dijo a la iglesia: «Oren por mí. Estoy en prisión. Me han azotado con un látigo romano. La sangre corre por mi espalda y forma charcos en el piso. Estaré nuevamente en las noticias como un fanático, y me verán esposado por televisión».

Pablo dijo: «Concede a tus siervos que con todo denuedo hablen tu palabra» (Hechos 4:29). El denuedo, la valentía, fue lo que le había llevado a prisión, pero él pedía más coraje. Si hubo un momento en la historia de los Estados Unidos en que los norteamericanos han necesitado hablar la Palabra de Dios con valentía es ahora mismo.

Un Dios Todopoderoso está sentado en Su trono, en el cielo, con Su mano junto al oído, escuchando las peticiones de Sus hijos. Está escuchando para oír lo que le pedimos, «grandes y poderosas cosas» que muestren con señales y maravillas el poder de Dios. Está escuchando para que derribemos las fortalezas de las adicciones que esclavizan a nuestros hijos, maridos o esposas. Está escuchando para que derribemos las fortalezas del aborto, la pornografía y el divorcio. Está mirándonos para que derribemos a las fuerzas demoníacas de la hechicería, que dividen a la nación. Está mirándonos para que oremos por un reavivamiento nacional que hará volver a esta nación del sumidero moral en el que nos encontramos.

¿Así que, qué le pedimos? Nos arrodillamos y le pedimos a Dios que riegue el césped mientras vamos a la Florida.

Cuando se arrodille usted a orar, recuerde que está hablando con Dios Todopoderoso. Un soplido de Sus narices puede quebrar los cedros del Líbano. Puede sostener los siete mares en la palma de Su mano. Pesa las montañas en una balanza, y también las colinas. Pídale a Dios cosas tan grandes, tan imponentes, que Él se incline hacia un lado en Su trono para comentarle a los ángeles: «¿Han oído lo que este hijo me pide? ¡Háganlo, ángeles! Esta es la clase de fe que me entusiasma. Bajen y lleven la respuesta. Muevan esas montañas de imposibilidades. Curen esa enfermedad incurable. Recuperen ese matrimonio muerto. Liberen a ese hijo adicto de su adicción. Envíen una cosecha financiera que les deje atónitos».

De niño leí la historia de un rey poderoso de ilimitada riqueza, que iba a caballo por su reino con sus caballeros. En su viaje, vio a tres campesinos del lugar que caminaban por un sendero.

—¿Qué quieres? —le preguntó al primero.

—Quiero tu caballo —respondió el campesino.

—Tu pedido te es denegado —dijo el poderoso rey mirando al campesino.

Todos los caballeros rieron. Luego siguieron adelante, hasta llegar donde estaba el segundo campesino.

—¿Qué quieres? —le preguntó el rey al segundo campesino.

—Quiero tu casa —le respondió.

—Tu pedido te es denegado —contestó el rey mirando al campesino.

Una vez más, los caballeros rieron de buena gana.

Siguieron camino hasta que encontraron al tercer campesino, a quien el rey preguntó:

—¿Qué quieres?

—Quiero tu caballo, tu castillo y la mitad de tu reino —dijo el tercer campesino.

—Pues son tuyos —respondió el rey sin titubear.

Los caballeros no podían creer lo que oían. Uno de ellos preguntó:

—¿Por qué, oh rey, le das a este hombre una fortuna tan grande?

—Porque estoy harto de pedidos pequeños cuando tengo tanto poder y tanta riqueza que ofrecer. Los hombres con visión me entusiasman —respondió el rey.

¿Qué necesita usted? Nada es imposible con Dios. Puede pedirle lo que necesita ahora mismo, y Él se lo dará.

¿Necesita sabiduría sobrenatural para tomar una decisión difícil? Pídala y se le dará.

¿Necesita paz que sobrepasa todo entendimiento? ¡Pida! Nada es imposible para el que cree.

¿Necesita lo imposible? Abra su boca con fe, creyendo, porque no está usted hablando con el presidente de los Estados Unidos. No está hablando con un multimillonario con recursos limitados. Está hablando con el Ilimitado Creador del cielo y la tierra. Él tiene el poder de dividir los mares, y no le fallará.

¡Pídale lo imposible! Pídale a Dios que derrote a los gigantes que hay en su vida, porque nuestro Dios es un matador de gigantes. Pídale que divida el Mar Rojo ante usted, para que el Faraón y su ejército queden cubiertos por las aguas. Vea cómo Él convierte a sus enemigos en alimento para peces. Pídale que le envíe fuego desde el cielo, como lo hizo para Elías. Pídale que camine con usted por el horno encendido, como lo hizo el cuarto hombre con los tres jóvenes hebreos. Pídale, porque Él es el Dios que no falla, y está esperando para mostrarle a usted su inconmensurable poder.

Pídale a Dios que derrote a los gigantes
que hay en su vida, porque nuestro
Dios es un matador de gigantes.

Hay siete principios de la oración que me han guiado en la vida, y quiero que los descubra, para que estos mismos principios le sirvan a usted durante el resto de su vida.

1
LA ORACIÓN DEBERÍA SER SU PRIMERA ELECCIÓN, NO LA ÚLTIMA

Estoy atravesando mi cuadragésimo sexto año como ministro, y puedo recordar infinidad de veces en las que entraron almas apesadumbradas a mi oficina, para relatarme las historias más tristes, y terminar diciendo: «Por favor, hagamos algo al respecto». Cuando les digo: «Oremos juntos por esto», invariablemente me miran frustrados y dicen: «Realmente, ¡quiero hacer algo al respecto!»

Quiero decirle esto: Usted no está haciendo nada con respecto a sus problemas si no ora por ellos.

He hablado con Dios, y le he visto sanar matrimonios que parecían imposibles de recuperar. Le he visto romper el yugo de la drogadicción, que atrapaba a los hijos e hijas de sus santos. Le he visto calmar el turbado mar del alma.

He visto maravillado que su poder sobrenatural ha transformado las finanzas de muchos hombres de negocios. Le he visto bendecir con bendiciones que no cesan, porque Él prometió hacer de nosotros la cabeza, no la cola (Deuteronomio 28:13). Ha prometido «ensanchar nuestro territorio», como lo hizo para Jabes en 1 Crónicas 4:10. Ha prometido plantarnos junto a ríos de agua viva, para que no nos sequemos, y todo lo que hagamos prosperará (Salmos 1:3).

2
LA ORACIÓN NOS PREPARA PARA HACER LA VOLUNTAD DE DIOS

Dios nunca nos obliga a hacer su voluntad, pero a menudo nos pone en situaciones de extrema adversidad para que nos arrodillemos, preparándonos para hacer su voluntad.

Cuando Saulo, el fariseo, caminaba por el camino a Damasco, amenazando a la Iglesia del Nuevo Testamento, Dios echó un vistazo a este cruzado altivo, brillante y rudo, y dijo: «¡Ese es mi hombre!»

Dios le quitó a Saulo su arrogancia religiosa, cegándolo con una luz brillante proveniente del cielo. Como un niño indefenso, Pablo fue guiado hasta Damasco, a la casa de Judas, «donde estuvo tres días sin ver, y no comió ni bebió», según nos dicen las Escrituras (Hechos 9:9).

Tres días en absoluta oscuridad, saturados con una oración que escudriña el alma. Luego, Dios le indicó a Ananías: «Levántate, y ve a la calle que se llama Derecha, y busca en casa de Judas a uno llamado Saulo, de Tarso; porque he aquí, *él ora*» (Hechos 9:11, énfasis añadido).

La oración de Saulo no hacía que Dios se preparase para cumplir con la voluntad de este fariseo, que era llevar a los cristianos a prisión. La oración de Saulo, en el santuario de la ceguera y la forzada indefensión, lo preparó para hacer la voluntad de Dios.

¡Cumplir con la voluntad de Dios es el camino para ganar el favor de Dios!

¿Le ha puesto Dios a usted en un lugar oscuro? Busque su rostro con corazón puro, y la luz irrumpirá con el brillo del sol del mediodía. ¡Cumplir con la voluntad de Dios es el camino para ganar el favor de Dios!

3
ORE LAS ESCRITURAS

Mi madre es la guerrera de oración más grande que haya conocido jamás. De niño, oía a mi madre orar las Escrituras, porque son las promesas de Dios, que jamás dejarán de ser válidas.

Cuando mi madre se arrodilla a orar, Dios se asoma desde el cielo y dice: «¡Hola Vada!» ¡Cuando mi madre ora las Escrituras, se mueven las montañas, retroceden las enfermedades, lo desconocido se hace conocido, y toda adversidad compleja se transforma en un desfile de milagros!

Permítame ofrecerle varios ejemplos sobre cómo orar las Escrituras.

¿Cuál es su problema? ¿Su carga? ¿Su crisis? Encuentre en la Biblia los versículos que se refieren a la situación por la que está usted pasando, y ore esos versículos. (Al comienzo, quizá necesite consultar una concordancia. Busque la palabra *preocupación,* por ejemplo, y luego encuentre los pasajes que se refieren a su dificultad. A medida que se familiarice con la Palabra de Dios, orar las Escrituras será algo automático para usted.) Recuerde, lo que cuenta no es el momento de angustia y desesperación de su situación. Lo que cuenta es el destino al que este momento le llevará.

Tomemos por ejemplo a una persona que atraviesa un oscuro valle de pena, dolor y quizá depresión.

Orar las Escrituras sería algo como esto:

Padre Celestial, vengo a ti en el poderoso nombre de tu Hijo y mi Salvador Jesucristo. Conoces mi corazón, y sabes que está lleno de dolor. Por eso y según tu Palabra, he venido ante tu trono para regocijarme.

Padre, este es el día que el Señor ha hecho, me regocijaré y alegraré. Me deleitaré en ti, Señor. Eres mi escudo y mi lanza, mi fortaleza y mi atalaya. Eres la estrella brillante del amanecer. Eres el Príncipe de Paz. Feliz estoy porque Dios es mi refugio.

Padre, tu Palabra declara que te regocijas en mí con gozo, y que el gozo eterno está sobre mí. En medio de mi pena, recibo tu gozo. Recibo tu felicidad. Recibo tu paz, que el mundo no puede dar ni puede quitar. El espíritu del gozo, la felicidad y la risa, son un legado tuyo para mí.

Padre Dios, mi boca te alabará en mi día de dolor, porque eres la fuerza en mi vida. ¿A quién temeré? Aunque un ejército entero estuviere en contra de mí, mi corazón no tendrá miedo; aunque la guerra estuviere en contra de mí, en esto confiaré.

Porque en tiempo de dolor me ocultarás en tu pabellón. Tú me pondrás sobre una roca. Y ahora mi cabeza estará por encima de mis enemigos; por eso, ofreceré sacrificios de gozo al Señor. Por el poder de tu Palabra, Satanás es enemigo derrotado. No me perturban mis circunstancias adversas. Que Dios se levante, para que sus enemigos retrocedan y se retiren. ¡Amén!

Los versículos de las Escrituras utilizados en esta oración son: Salmo 27:1-8; Filipenses 4:4; Isaías 51:11; Salmo 118:24; Salmo 144:15 y Salmo 68:1.

¿Está siendo usted atacado en sus finanzas o su negocio? Ore de la siguiente manera:

Satanás, te hablo a ti y a los espíritus demoníacos que te obedecen. Te doblego en el poderoso nombre de Jesús, y confieso la Palabra: «Mi Dios, pues, suplirá todo lo que os falta conforme a sus riquezas en gloria en Cristo Jesús» (Filipenses 4:19).

¿Está siendo atacada su salud? Ore de la siguiente manera:

Satanás, te hablo a ti en el poderoso nombre de Jesús, y digo que tus principados, poderes y espíritus demoníacos están impedidos de actuar en contra mía en modo alguno. Según la Palabra del Señor, confieso que por Sus heridas estoy sano (1 Pedro 2:24). «No moriré, sino que viviré» (Salmo 118:17). Jesús es mi gran médico.

¿Sufre usted emocionalmente? ¿Está lleno de miedo por algo que le espera en el futuro inmediato? ¿Hay algo en su pasado que le amarga? ¿Hay resentimiento en su corazón por algo que sus padres le han hecho? Satanás está controlando su mente para su destrucción. Ore así:

Satanás, te hablo a ti en el poderoso nombre de Jesucristo, el Conquistador del Calvario, el Señor de gloria que te ha derrotado. Te doblego en todo espíritu de opresión que está atacando mi vida. Ordeno al espíritu del miedo que se vaya. Le ordeno al espíritu de la amargura que se vaya. Le ordeno al espíritu del resentimiento que se vaya.

Y ahora, de acuerdo a tu Palabra, oh Señor, recibo la paz de Dios, que sobrepasa todo entendimiento. Tu Palabra dice: «Tú guardarás en completa paz a aquel cuyo pensamiento en ti persevera; porque en ti ha confiado» (Isaías 26:3).

Oramos las Escrituras para recordarle a Dios sus promesas en la Biblia y también para recordarnos a nosotros mismos esas promesas, que son válidas en este momento de nuestras vidas. Obviamente, no podemos orar las Escrituras si no las conocemos. Adéntrese en la Palabra de Dios para poder orar las Escrituras con poder.

4
TENGA EN CUENTA EL PODER DE DOS

Dos que estén de acuerdo pueden hacer más que dos millones que estén en discordia. Mateo 18:19 dice:

Otra vez os digo, que si dos de vosotros se pusieren de acuerdo en la tierra acerca de cualquiera cosa que pidieren, les será hecho por mi Padre que está en los cielos.

Pablo y Silas demostraron el poder de dos al cantar en la prisión de Filipos. En respuesta, Dios les envió ángeles que sacudieron los cimientos de la prisión. Pablo y Silas salieron de la cárcel llevando en una mano las llaves y los conversos en la otra. Conocían el poder de dos.

Hay dos testigos en Apocalipsis 11:3, Enoc y Elías. Tienen el poder de convertir el agua en sangre. Tienen el poder de hacer caer fuego desde el cielo. Tienen el poder de traer plagas y sequías sobre la tierra. El anticristo y toda la tierra les odiarán. Pero tienen ese poder sobrenatural porque son dos que están de acuerdo.

Jesús envió a Sus discípulos de dos en dos. Les dio la autoridad de dominar y liberar cosas en esta tierra, y si lo hacían, sus acciones serían honradas en el cielo, por causa del poder de dos.

Necesitará ese poder cuando esté frente al hombre fuerte que aparece en Lucas 11:21-22. La Escritura dice que hay un hombre fuerte (Satanás) cuyo objetivo es atacarnos. Ese hombre fuerte atacará nuestro matrimonio, nuestra salud, nuestras finanzas, nuestra paz y a nuestros hijos, buscando robar, matar y destruir.

Dios le ha dado a usted una respuesta al poder de Satanás. Esta respuesta es la de derrotarlo con la oración sobrenatural, cuando usted y otro creyente estén de acuerdo (Mateo 12:29).

¿Cuánto poder pueden tener dos que están de acuerdo? La respuesta es: el poder de la vida y la muerte. La siguiente es una historia verdadera que me relataron unos creyentes de Londres, Inglaterra.

Durante el brutal reinado de José Stalin, que asesinó a treinta millones de rusos y trajo el impío comunismo a este país, este dictador anunció que tenía pensado asesinar a los judíos de Rusia.

Cuando los creyentes de Inglaterra oyeron esto, se comprometieron al ayuno y la oración por los judíos de esta nación. Orando en el Espíritu, doblegaron a las fuerzas demoníacas que movían a Stalin. Dos semanas más tarde, el dictador comunista tuvo una hemorragia cerebral. Dieciséis excelentes neurocirujanos trabajaron sobre él durante ocho horas, y aún así, Stalin entró en la eternidad el 5 de marzo de 1953, para encontrarse frente al Hijo de Dios: un rabino judío de Belén.

Dios ha puesto la responsabilidad de
iniciar la acción directamente
sobre nuestros hombros.

Jesús le digo a su iglesia: «De cierto os digo que todo lo que atéis en la tierra, será atado en el cielo; y todo lo que desatéis en la tierra, será desatado en el cielo» (Mateo 18:18). El mensaje es muy claro. ¡La iniciativa la tiene usted, no Dios! Deje de preguntar: «¿Cuándo hará Dios algo con respecto a mi situación?» Dios ha puesto la responsabilidad de iniciar la acción directamente sobre nuestros hombros. Comience a orar en nombre de Jesús con un creyente con quien pueda estar de acuerdo, y espere los poderosos resultados.

¿Qué área de su vida está siendo atacada? ¿Su matrimonio? ¿Sus hijos? ¿Su negocio? ¿Sus finanzas? ¿Su salud? ¿Sus emociones? ¿Sus relaciones?

Encuentre a alguien con quien pueda estar de acuerdo ahora mismo. Si toma la iniciativa, el poder de su oración moverá la mano de Dios para que aparezca la respuesta perfecta.

5
ORE EN EL ESPÍRITU

El arma secreta de Dios en la oración es orar en el Espíritu. El apóstol Pablo escribe:

> «Y de igual manera el Espíritu nos ayuda en nuestra debilidad; pues qué hemos de pedir como conviene, no lo sabemos, pero el Espíritu mismo intercede por nosotros con gemidos indecibles. Mas el que escudriña los corazones sabe cuál es la intención del Espíritu, porque conforme a la voluntad de Dios intercede por los santos» (Romanos 8:26-27).

Observe que nuestra debilidad en este versículo está en nuestras mentes. No sabemos por qué debemos orar. Tenemos una barrera de lenguaje con el cielo. Por eso, el Espíritu Santo intercede ante Dios en el cielo por nosotros, diciendo: «Padre, esto es lo que tu hijo está intentando decir».

Orar en el Espíritu le ayuda a dar en el blanco cada vez que usted se arrodille. La Biblia dice: «Dios es Espíritu; y los que le adoran, en espíritu y en verdad es necesario que adoren» (Juan 4:24).

Un fin de semana, cuando estaba asistiendo al Instituto Bíblico Southwestern en Waxahachie, Texas, viajé a Oklahoma para predicar. Prediqué el viernes por la noche, el sábado por la noche, el domingo por la mañana y el domingo por la noche, en un reavivamiento de fin de semana. Después del servicio del domingo por la noche, tomé una ducha y comencé a conducir de regreso hacia Dallas.

Varias horas después, exhausto por conducir y por la actividad del fin de semana, me quedé dormido mientras manejaba. Desperté cuando mi automóvil dio un brinco en una vía de ferrocarril que atravesaba el camino. Creí que estaba manejando un misil dirigido. No podía ver nada más que las estrellas y la luna por encima del volante de mi auto.

Cuando finalmente mi auto tocó tierra, aparecí milagrosamente de vuelta en mi carril sobre la autopista de dos vías. En ese momento, vi un camión de gasolina Texaco que se me venía encima por el carril opuesto. Le aseguro que desperté instantáneamente. Gracias a Dios, el enorme camión pasó junto a mí sin siquiera tocar mi pequeño Pontiac 1948, porque justamente mi automóvil había aterrizado sobre el carril adecuado. ¡Era un verdadero milagro! Miré mi reloj para reorientarme y vi que eran las tres de la mañana.

Volví a Dallas justo a tiempo para ir a clase. Al entrar en el dormitorio, sonó el teléfono. Era mi madre. Me preguntó:

—¿Dónde estabas esta mañana a las tres? —me preguntó, yendo al grano como siempre.

—Estaba conduciendo de regreso de Oklahoma, donde estuve predicando todo el fin de semana —dije intentando evitar hablar del asunto.

—Hijo, Dios me sacó de la cama a las dos y cuarenta y cinco de la mañana para que orara por ti, porque estabas en grave peligro. ¿Dónde estabas?

Le relaté los detalles de lo sucedido.

—Cinco minutos después de las tres sentí que un peso se me quitaba del corazón, y supe que estabas bien. Pero durante unos pocos minutos, sabía que tu vida pendía de un hilo —me dijo.

6
LA ORACIÓN NOS DA EL PODER DE DAR FORMA AL DESTINO DE LAS NACIONES

El Rey Senaquerib de Asiria, era el Atila el huno, el Napoleón, el Hitler de su tiempo (701 a.C.). General militar capaz y habilidoso, capturó las ciudades fortificadas de Judá, con la excepción de Jerusalén. Él y su ejército asirio eran conocidos como guerreros crueles que clavaban las cabezas de sus víctimas en las afueras de las ciudades que conquistaban. También lanzaban niños al aire y ensartaban a los bebés con sus espadas cuando caían, para matarlos. Como todo conquistador, Senaquerib no estaría satisfecho hasta que tuviera bajo su control todo el territorio conocido, y en particular, la sagrada ciudad de Jerusalén.

En 710 a.C., marchó con sus legiones hacia la ciudad de Jerusalén, con el propósito de matar a los judíos. Al llegar a las afueras de la ciudad, Senaquerib le envió un mensaje al rey Ezequías, prometiendo matar a todos los ciudadanos de Jerusalén a la mañana siguiente.

Aterrorizado, Ezequías recurrió a su arma secreta: la oración. Puso la carta de Senaquerib ante el Señor y dijo: «Mira lo que te ha escrito este impío, oh Dios» (vea Isaías 37:14).

Esa noche, el ángel de la muerte barrió con el ejército de los asirios. Mató al centinela que estaba de guardia. Mató a los soldados de la infantería que estaban durmiendo en sus carpas. Mató a los generales que estaban diseñando su estrategia para destruir a la sagrada ciudad de Jerusalén.

A la mañana siguiente, cuando Ezequías miró por sobre las murallas fortificadas de la ciudad de Jerusalén, al amanecer, vio 185,000 hombres muertos. Ezequías oró, y el destino de su nación fue determinado, del mismo modo en que había sucedido todo en la nación de Israel a lo largo de la historia.

La oración ha influido en la historia de nuestra propia nación. Durante los días oscuros de la Guerra Civil, cuando peleaba hermano contra hermano y padre contra hijo, los Estados Unidos de Norteamérica se salvaron por el poder del ayuno y la oración. El presidente Abraham Lincoln llamó a la oración y el ayuno por un día. Su declaración «Por un día de humillación, ayuno y oración nacional» comenzó con estas palabras:

Y en cuanto sabemos, por su divina ley, que las naciones, al igual que las personas, están sujetas a castigo en este mundo, ¿no debiéramos temer con razón que la terrible calamidad de la guerra civil que hoy azota nuestra tierra es un castigo por nuestros presuntuosos pecados, con el propósito de una necesaria reforma nacional como un solo pueblo?

Continuó diciendo:

Hemos crecido en cantidad, riqueza y poder como no lo ha hecho ninguna otra nación. Pero hemos olvidado a Dios. Hemos olvidado la gracia de la mano que nos preserva en paz, y que nos ha multiplicado, fortalecido y enriquecido. Y hemos imaginado vanamente, en lo engañoso de nuestros corazones, que todas estas bendiciones eran producto de alguna virtud y sabiduría superior que es propia a nosotros. Intoxicados por el éxito continuo, nos hemos vuelto demasiado autosuficientes como para sentir la necesidad de la redención y la gracia, ¡demasiado orgullosos como para orar al Dios que nos ha creado! Es necesario, entonces, que nos humillemos ante el Poder al que ofendimos, para confesar nuestros pecados nacionales, y para orar por la clemencia y el perdón.

Es necesario, entonces, que nos humillemos ante el Poder al que ofendimos, para confesar nuestros pecados nacionales, y para orar por la clemencia y el perdón.

—ABRAHAM LINCOLN

Luego apartó el día 30 de abril de 1863 como día de humillación, ayuno y oración, y le pidió al pueblo de nuestra nación que «se abstuviera ese día de sus tareas seculares cotidianas, que se unieran en sus lugares de adoración y en sus hogares para guardar el santo día del Señor, y que se dedicaran a la humilde tarea de cumplir con los deberes religiosos correspondientes a tan solemne ocasión».[1]

7
LA ORACIÓN ES EL ARMA QUE DIOS NOS HA DADO PARA LUCHAR LA GUERRA DE LOS CIELOS

La Iglesia del Nuevo Testamento se hallaba bajo persecución extrema. Herodes había ejecutado a Santiago, el hermano de Juan. El rey luego arrestó a Pedro y lo puso en una prisión de máxima seguridad, donde cuatro escuadrones de cuatro soldados hacían guardia durante las veinticuatro horas.

¿Cuál fue la respuesta de la iglesia? Oraron a Dios sin cesar por la liberación de Pedro. No tenían influencias políticas ni riquezas, pero conocían el poder de la oración.

¿Cuál fue la respuesta de Dios? Llegaron ángeles para ayudar a Pedro a escapar de la prisión (Hechos 12:11-15). Nuestras oraciones también tienen el poder de liberar a los ángeles de Dios para que nos defiendan, nos protejan y nos guíen. El rey David escribió: «Pues a sus ángeles mandará acerca de ti, que te guarden en todos tus caminos» (Salmo 91:11). La palabra *guardar* tiene una connotación militar que significa «proteger por la fuerza». Usted tiene ese poder por medio de la oración.

Sin embargo la iglesia, que oraba por la liberación de su pastor Pedro, se sorprendió cuando esto sucedió. Tanto se sorprendieron que cuando Pedro golpeó a la puerta, pensaron que era su ángel, no el hombre de Dios de carne y hueso. La iglesia primitiva había librado una guerra en los cielos, pero no habían orado con la expectativa de ganar. ¿Lo hace usted?

Y Dios terminó su batalla celestial al juzgar a Herodes. Hechos 12:23 dice: «Al momento un ángel del Señor le hirió, por cuanto no dio la gloria a Dios; y expiró comido de gusanos».

La oración es un arma de ataque, como lo es la alabanza. El enemigo es Satanás y su reino. La alabanza da fuerza al Cuerpo de Cristo para conquistar al príncipe de las tinieblas.

El poder de la alabanza

En Mateo 21:15, los líderes religiosos le pidieron a Jesús que silenciara a los niños que le alababan en el templo. Jesús respondió citando el Salmo 8:2: «De la boca de los niños y de los que maman, fundaste la fortaleza, a causa de tus enemigos, para hacer callar al enemigo y al vengativo». Los bebés de Mateo 21 son los discípulos de Cristo. La alabanza es la fuerte de nuestra fuerza, y tiene el poder de conquistar al príncipe de las tinieblas.

La alabanza da fuerza al Cuerpo de Cristo para conquistar al príncipe de las tinieblas.

El poder de la lengua infunde temor y respeto. La Biblia dice: «La muerte y la vida están en poder de la lengua» (Proverbios 18:21). Dicho de manera simple, en la guerra espiritual, el lado que utilice más la boca será el lado que gane la batalla.

Piense en el poder de la alabanza del Salmo 149:6-9:

> Exalten a Dios con sus gargantas,
> Y espadas de dos filos en sus manos,
> Para ejecutar venganza entre las naciones,
> Y castigo entre los pueblos;
> Para aprisionar a sus reyes con grillos,
> Y a sus nobles con cadenas de hierro;
> Para ejecutar en ellos el juicio decretado;
> Gloria será esto para todos sus santos.
> Aleluya.

La alabanza combinada con la Palabra de Dios es un arma en mano de cada creyente. Es también el instrumento de juicio. Los «reyes y nobles» de los que hablan estos versículos son los príncipes angélicos de Satanás y las autoridades celestiales.

Pablo escribió en 1 Corintios 6:2-3: «¿O no sabéis que los santos han de juzgar al mundo? Y si el mundo ha de ser juzgado por vosotros, ¿sois indignos de juzgar cosas muy pequeñas? ¿O no sabéis que hemos de juzgar a los ángeles? ¿Cuánto más las cosas de esta vida?»

Estos son los siete principios de la oración que debemos comprender perfectamente para poder ser efectivos en la guerra espiritual. También hay siete razones por las que Dios puede no responder a su oración. Si sus oraciones no son contestadas, utilice estas razones como lista de posibilidades.

SIETE RAZONES POR LAS QUE DIOS NO RESPONDE A LA ORACIÓN

Hay una forma correcta de orar y hay una forma incorrecta. No hay una forma bautista, una forma pentecostal y una forma metodista. Solo hay una manera correcta y una incorrecta. Los discípulos se acercaron a Cristo y dijeron: «Señor, enséñanos a orar» (Lucas 11:1). Estas mismas palabras nos indican que hay una manera correcta y una incorrecta.

1. No pedimos

Jesús dijo claramente: «Y todo lo que pidiereis en oración, creyendo, lo recibiréis» (Mateo 21:22).

Pidamos, no intentemos resolver nuestro problema sin la guía de Dios. Pidamos, no visualicemos la respuesta. Visualizar la respuesta es control mental, es someternos al control de la mente. Pidamos, no miremos dentro de la bola de cristal. Eso es idolatría. Diga su pedido y crea que Dios le responderá. Jesús dijo: «Tened fe en Dios. Porque de cierto os digo que cualquiera que dijere ... y no dudare en su corazón, sino creyere que será hecho lo que dice, lo que diga le será hecho» (Marcos 11:22-23).

2. No oramos en el Nombre de Jesús

Juan 14:14 dice: «Si algo pidiereis en mi nombre, yo lo haré». No recibimos respuesta a la oración si oramos en nombre de María o de Buda o de Alá. Tendremos un público atento en el cielo al utilizar el nombre que está por encima de todo nombre: el nombre de Jesucristo.

3. No actuamos según la voluntad de Dios

En 1 Juan 5:14 leemos: «Y esta es la confianza que tenemos en él, que si pedimos alguna cosa conforme a su voluntad, él nos oye»: Algunas personas piensan que la voluntad de Dios es misteriosa. ¡No lo es! El camino del Señor es simple. Isaías dijo: «El que anduviere por este camino por torpe que sea no se extraviará» (Isaías 35:8).

La voluntad de Dios está claramente expresada en la Biblia, y Su voluntad es coherente con Su Palabra. Examinemos la voluntad de Dios en diversos momentos de Su descripción de sí mismo en la Biblia.

¡Dios es luz! Sabemos, al leer la palabra de Dios, que Dios es luz. El sacerdote describió a Jesús como: «Luz para revelación a los gentiles» (Lucas 2:32). Jesús es una luz.

Esto significa que está en contra de las tinieblas. Está en contra de lo oculto, que significa «lo que está escondido». Se opone a la hechicería, a lo satánico y a la predicción del futuro. Se opone a los horóscopos, al control de la mente y a los principios presentados en la literatura de hoy, tanto para niños como para adultos, que glorifica a los hechiceros y la brujería.

¡Dios es vida! Su Palabra dice: «Yo he venido para que tengan vida, y para que la tengan en abundancia» (Juan 10:10). Eso significa que Dios está a favor de la vida. ¡Es antiaborto! No debemos orar: «Si es tu voluntad» en lo referente al aborto. La palabra de Dios lo dice claramente. El aborto es un asesinato.

¡Dios es paz! Se opone al miedo y a la intimidación. Se opone a la manipulación y al control de nuestras vidas por parte de otras personas. Se opone al tormento que Satanás intenta forzarnos a vivir por medio del miedo. Se opone a cualquiera que intente manipular nuestras vidas.

¡Dios es amor! Se opone al odio y la amargura. Se opone al racismo y al antisemitismo. Génesis 12:3 dice: «Bendeciré a los que te bendijeren, y a los que te maldijeren maldeciré». Esta es la política de relaciones extranjeras de Dios con respecto de los judíos y la nación de Israel. Camine por las páginas de la historia mundial y descubrirá que la nación o la persona que haya maldecido a los judíos o a Israel ha sufrido el juicio de Dios. Por otra parte, si bendecimos a Israel, Dios nos bendice.

¡Dios es perdón! Si usted tiene rencor o resentimiento en contra de otra persona, está fuera de la voluntad de Dios. Si ensaya escenas amargas en su mente y no las abandona, está fuera de la voluntad de Dios.

Marcos 11:25 dice: «Y cuando estéis orando, perdonad, si tenéis algo contra alguno, para que también vuestro Padre que está en los cielos os perdone a vosotros vuestras ofensas».

¡Dios es misericordioso! Si usted es malo como perro guardián, está fuera de la voluntad de Dios. Si no siente misericordia por los demás, Dios no mostrará misericordia hacia usted.

¡Dios es santo! La palabra *santo* significa «puro». No debemos preguntarle a Dios si podemos ver pornografía en la Internet o en HBO. No debemos orar acerca de suscribirnos a la revista *Playboy*, o acerca de ir al cine a ver películas clase X. Esto no es la voluntad de Dios. Quite todo esto de su casa y de su vida.

¡Dios es autoridad! Todo lo que Dios hace en el planeta Tierra lo hace por medio de su autoridad espiritual. Si nos rebelamos en contra de la autoridad delegada de Dios estamos fuera de la voluntad de Dios. Él hizo del padre la cabeza del hogar. Hizo que la madre estuviera sujeta al padre. E hizo que los hijos estuvieran sujetos al padre y a la madre. Nuestra generación tiene adolescentes que crían a sus padres, lo cual es una tontería absoluta. Estas son familias disfuncionales, como lo evidencia la clara enseñanza de la Palabra de Dios.

¡Dios da! Dar es la única prueba de que el cáncer de la codicia no ha consumido nuestra alma.

¡Dios da! Dar es la única prueba de que el cáncer de la codicia no ha consumido nuestra alma. Dios dio a Su Hijo unigénito para que podamos tener vida eterna. El Hijo dio Su vida, y Sus discípulos dieron las suyas, por causa del Evangelio. El día llegará cuando todo lo que tengamos sea lo que le hayamos dado a Dios. ¿Qué estamos dando? ¿A quién se lo estamos dando?

4. No oramos con fe, creyendo

En Mateo 21:21, leemos: «De cierto os digo, que si tuviereis fe, y no dudareis... si a este monte dijereis: Quítate y échate en el mar, será hecho».

Ir ante Dios sin fe es como ir de compras sin dinero. Sin fe, es imposible complacer a Dios. La fe comienza antes de que sepamos cómo resultarán nuestras oraciones. La fe no exige milagros. La fe crea un ambiente en el que los milagros son el único resultado posible.

La Biblia nos manda: «Tened fe en Dios» (Marcos 11:22). Observemos que la Biblia no nos dice que *probemos* tener fe en Dios. Podemos *probar* el brécol, o podemos *probar* el helado dietético. Pueden no gustarnos, pero los probamos. No *probamos* tener fe en Dios. *Tenemos* fe en Dios. Lo he dicho una y otra vez, el Dios a quien servimos jamás ha fallado. Por lo tanto, no se necesita de gran fe para creer que Él le ayudará hoy con el problema que tiene delante.

5. No oramos específicamente

Seamos específicos cuando pedimos algo en oración, para que cuando recibamos la respuesta, sepamos que la ha enviado Dios. El Padrenuestro nos da una ilustración de esta especificidad: «El pan nuestro de cada día, dánoslo hoy» (Mateo 6:11). Veamos tres de las cuatro cosas específicas del buen periodismo, las cuales todo reportero debe conocer bien: Quién, qué, cuando. «Dánoslo» es a quién. «Nuestro pan de cada día» es qué. Y «hoy» es cuándo. La oración específica es un requisito previo para la oración contestada.

Todas las Navidades en *Cornerstone* les damos regalos a los niños de las madres solteras que luchan por mantener a su familia. Una Navidad, un médico de nuestra ciudad se nos acercó a Diana y a mí, diciendo: «Tengo una bicicleta roja que es muy cara. Jamás la uso. Es una lástima que esté allí, desperdiciada. Quiero dársela a usted para que se la entreguen a algún niño especial esta navidad».

Pusimos la bicicleta en el garaje y oramos para que Dios nos indicara qué niño exactamente debería recibirla. Nuestro Dios es un Dios fiel. En una iglesia de miles, había una madre soltera con un hijo único que buscaba trabajo como repartidor de periódicos para ayudar a su mamá. No oraba por una bicicleta. ¡Estaba orando por una bicicleta roja! En la Nochebuena, llevamos la bicicleta cargada en nuestro automóvil hasta su casa. La pusimos frente a la puerta.

Cuando la madre contestó el timbre, mi esposa Diana dijo: «Tenemos una bicicleta colorada para a su hijo».

En ese momento llegó el niño, alzó las manos al cielo, e irrumpió en llanto de la emoción, gritando: «¡Dios ha respondido a mi oración con toda exactitud! Me envió una bicicleta roja, justamente lo que estaba pidiendo». La madre y el hijo lloraron juntos, agradeciendo a Dios por esta respuesta específica a una oración específica.

¿Por qué ora usted? Pida específicamente, para que cuando reciba la respuesta, sepa que proviene de Dios.

6. No quitamos el pecado no confesado

El rey David escribió en el Salmo 66:18: «Si en mi corazón hubiese yo mirado a la iniquidad, el Señor no me habría escuchado».

Cuando las personas piensan en la palabra *arrepentimiento*, en nuestra sociedad humanística, ven la palabra como algo malo. Piensan que es degradante y bajo. Pero «arrepentimiento» es una de las palabras más hermosas de la Biblia. Como dije antes, el arrepentimiento significa volver a la posición más alta, significa volver a Dios.

Un Dios santo no puede tener nada que ver con el pecado. Él ha hecho que sea posible quitar el pecado de nuestras vidas por medio de la oración. Si usted sabe que hay pecado en su vida, pídale a Dios que lo quite ahora. Entonces estará listo para una aventura de oración que no conoce límites.

7. No perdonamos a otros

La Palabra de Dios dice: «Y perdónanos nuestras deudas, así como nosotros perdonamos a nuestros deudores» (Mateo 6:12).

Hablé del perdón de forma extensa en el capítulo cinco. Aquí lo menciono otra vez, porque la falta del perdón es un obstáculo para la respuesta a la oración. Si sabe que no ha perdonado a alguien vuelva al capítulo cinco y revise los principios presentados allí. Luego ore porque Dios le dé el poder de perdonar, para que usted también pueda ser perdonado y sus oraciones puedan ser respondidas.

Dios se entusiasma cuando nos arrodillamos. Dice: «Miren, ángeles. Aquí viene. Oigan su pedido y cúmplanlo de acuerdo con su fe».

El poder de la oración continua es precursor de logros grandes y poderosos.

CAPÍTULO OCHO

SECRETO SIETE: LAS IRREFUTABLES LEYES DE LA PROSPERIDAD

Libere el poder de la abundancia de Dios

He descubierto que la prosperidad siempre está ligada a la entrega, y la lección espiritual más difícil que haya tenido que aprender fue la importancia de dar. Cuando se comienza a los ocho años a trabajar en un campo de algodón del sur de Texas, con una bolsa enorme que llenar para cobrar solo un dólar al día, uno aprende a aferrarse a su dinero con mano de hierro.

Cuando tenía diecisiete años salí de mi hogar para asistir al Instituto Bíblico Southwestern, en Waxahachie, Texas. Salí de casa con setenta y cinco dólares, lo suficiente para pagar las seis primeras semanas de escuela.

Tuve que viajar con Harvey Hayslip, que también iba a Southwestern y era miembro de la iglesia de mi padre. A pesar de que tenía ese Pontiac 1948, no me alcanzaba el dinero para el combustible. Se entendía que encontraría un empleo rápidamente, y que trabajaría mientras estudiaba.

Empaqué mi valija y la eché dentro del baúl del auto de Harvey. Me despedí con un beso de mi madre y estreché la mano de mi padre, cuyas demostraciones de afecto en público eran tan visibles como un relámpago el 4 de julio en mi país.

Salimos desde nuestro hogar el tercer domingo de enero de 1958, cerca de las dos de la tarde, y yo sabía que jamás volvería. Era un sentimiento muy fuerte, que todos debemos experimentar al menos una vez en la vida.

Harvey y yo viajamos en total silencio mientras salíamos de la ciudad de Houston y nos dirigíamos a Dallas. Nos preguntábamos qué nos esperaba en el futuro. Harvey quería ser pastor. En ese momento, yo pensaba asistir a la escuela durante unos dos años, para ser un evangelista con veinticuatro sermones sabidos de memoria que impedirían que el mundo entero fuera al infierno. ¡Qué chiste! Cuanto más estudiaba, tanto más descubría todo lo que me faltaba saber. Y cuanto más descubría, tanto más estudiaba. Ahora, después de haber obtenido dos títulos universitarios, y después de cuarenta y cinco años de estudio diario, sigo aprendiendo. El mejor remedio para la soberbia es sentarse y escribir una lista de todo lo que no sabemos.

Llegamos a Waxahachie a las seis y media aproximadamente, y fuimos directamente al dormitorio de varones. La buena noticia era que Harvey y yo compartiríamos la habitación. La mala noticia era que nuestra habitación era una caja de cemento de aproximadamente dos por tres metros. Comenzamos a desempacar. No nos llevó mucho tiempo. Yo no tenía mucho que acomodar.

La pregunta que devoraba mi cerebro como león hambriento era: ¿Dónde conseguiré empleo? En 1958, Waxahachie consistía mayormente de cinco iglesias de las Asambleas de Dios, el restaurante Carl y unas pocas estaciones de servicio sobre la calle principal. También estaba *Southwestern Wood Products*, que fabricaba mobiliario para iglesias y estaba ubicada dentro del terreno de la universidad.

La mayoría de los estudiantes que necesitaban un empleo iban a Dallas para trabajar en *Plastic Incorporated* o en alguna de las empresas de fletes. Yo no tenía transporte. Mi empleo tenía que estar en Waxahachie, y cuanto más cerca estuviera, mejor.

Sabía que tenía que encontrar empleo dentro del período de las primeras seis semanas. Cuando hubiera gastado los setenta y cinco dólares, tendría que irme. Volver a casa no era una opción para mí. Mi plan B era seguir a mi hermano mayor Bill al ejército.

Al día siguiente, el lunes por la tarde, comencé a buscar empleo. Busqué todos los días durante tres semanas. Fui a *Southwestern Wood Products*, que era considerada como la mejor oportunidad de empleo porque pagaban la fabulosa suma de un dólar por hora, y podría ir caminando al trabajo mientras estaba en la universidad. *Southwestern Wood Products* fabricaba púlpitos y bancos para iglesias con madera de sólido roble de los Apalaches.

Sabía que era un proyecto ambicioso. Como la compañía estaba tan cerca del campus de la universidad, y pagaban tan bien, casi nunca había vacantes. La mayoría de los empleados estudiaban en Southwestern, y estaban ya en los años superiores. Aún así, mi situación era desesperada, y los proyectos ambiciosos estaban a la orden del día. La respuesta fue no.

Me postulé como lavaplatos en el restaurante Carl. En la estación de servicio, expendiendo combustible. Ni siquiera pensaba en buscar trabajo de manera independiente, porque era invierno, y nadie cortaba el césped.

Llegó la segunda semana... nada.

La tercera y la cuarta semana... nada.

La quinta semana fue la misma rutina... seis largo días de caminar las calles para oír siempre la misma respuesta: no. Hasta volví a *Southwestern Wood Products*, por si acaso. La respuesta seguía siendo no.

Ya comenzaba a sentir preocupación. Mis padres me habían dado todo lo que tenían, y yo comenzaba a ver un abismo delante de mí.

La sexta semana comenzó, y como siempre, aún no tenía empleo. Ese martes leí un volante en la cartelera de la escuela, pidiendo un auxiliar que ayudara a lavar todos los automóviles que tenía una concesionaria. El trabajo era para el día siguiente, y pagaban cincuenta centavos por hora. Fui el primero en la fila, aun cuando hacía mucho frío y el viento provenía del norte, cortando mis manos y mi cara como si fueran mil cuchillos.

Cuatro horas más tarde terminamos de lavar todos los automóviles, y volví caminando al campus con dos dólares en el bolsillo. Estaba mojado, tenía frío y me sentía muy triste. Sin embargo, estaba dispuesto a trabajar en cualquier cosa que fuera legal, pero no había trabajo en Waxahachie.

Esa noche fui a la capilla del campus a oír a Charles Greenway, un misionero en África. Hablaba más como metodista que como pentecostal: de forma lenta y deliberada, y con cada palabra ungida con el fuego del Espíritu Santo. Su pasión por África inundó el auditorio. Habló durante una hora y media, que parecieron como diez minutos nada más.

¡Luego llegó el momento de la ofrenda!

Hasta entonces, durante las últimas seis semanas, la ofrenda no había sido problema para mí, porque no tenía dinero. Pero ahora tenía dos dólares en el bolsillo, y mi mente alemana había tomado una decisión: necesitaba este dinero más de lo que lo necesitaba el misionero.

De pronto, como si sonaran las campanas de la Navidad en el silencio del amanecer, la voz del Señor dijo:

—Da los dos dólares.

—¡No! —fue mi respuesta inmediata.

—Da los dos dólares.

—Por supuesto que no —fue mi segunda respuesta, ya más meditada.

—Dalos.

—Yo los necesito más que Charles Greenway.

—¡Dalos!

El plato de la ofrenda ya estaba cerca. Apreté los dos dólares en mi bolsillo, como lo haría un ahogado con su balsa salvadora.

—Dalos.

Había trabajado por estos dos dólares en el frío. Los necesitaba. De verdad los necesitaba. El plato de la ofrenda estaba ahora delante de mí. Como dice Billy Graham, era «la hora de la decisión». Saqué los dos dólares de mi bolsillo con la misma dificultad que habría tenido si se hubiera tratado de mis muelas del juicio. Puse el dinero en el plato de la ofrenda, y vi cómo pasaba de banco en banco. Así se habrá sentido también la hermana de Moisés al ver flotar el canastito con el bebé dentro en las traicioneras aguas del Nilo.

Me gustaría decir que me inundaba el gozo, el éxtasis. Pero sería mentira. En verdad, cuando volví a mi dormitorio, debí recurrir a todo mi autocontrol para no ir directamente al baño a vomitar.

No podía saber, claro, que Dios estaba enseñándome una lección sobre el dar que recordaría durante el resto de mi vida. Cuando lo que tenemos en las manos no es suficiente, lo que tenemos en ellas es sólo una semilla. Aún sin querer, había plantado mi semilla en el sagrado suelo del reino de Dios.

Cuando lo que tenemos en las manos no es suficiente,
lo que tenemos en ellas es sólo una semilla.

Al día siguiente desperté al amanecer, preguntándome cómo me vería vistiendo el uniforme militar. Había hecho mi máximo esfuerzo por conseguir un empleo, y no había resultado. Ahora estaba otra vez en bancarrota, y todo por culpa de mi generosidad la noche anterior. Quizá había equivocado la voluntad de Dios al pensar en ser ministro. Seis meses antes había recibido una carta del senador Lyndon Johnson diciendo que estaba dispuesto a darme una vacante en la Academia Militar de West Point. Quizá era eso lo que Dios quería que hiciese.

Sentí en mi estómago el irrefrenable deseo de ir por tercera vez a *Southwestern Wood Products* a pedir un empleo.

¿Qué perdería? Me levanté, me vestí y esperé a que fueran las ocho de la mañana. No soy la persona más paciente del mundo, así que *por fin* llegó la hora.

Caminé por el campus hasta la puerta de entrada de *Southwestern Wood Products*. Al abrir la puerta, la primera persona que vi fue al Gerente General Bill Craig. Se sorprendió al verme. En verdad, digamos que quedó atónito.

Tomé la iniciativa: «Pensé que les daría una oportunidad más para que me emplearan», dije.

Bill Craig rió. Luego, me palmeó el hombro, y dijo algo que no esperaba oír: «Estás contratado. Uno de nuestros empleados renunció anoche. Puedes tener su puesto».

De repente tenía uno de los mejores empleos que pudiera tener cualquier estudiante de Southwestern, de Waxahachie, Texas. Fui a trabajar inmediatamente, lijando bancos de iglesia por la fabulosa paga de un dólar la hora.

Mientras lijaba la interminable fila de bancos que habían sido ya laqueados, las palabras de Bill Craig resonaban en mis oídos: «Uno de nuestros empleados renunció anoche».

¿Anoche? Anoche... cuando estaba en la capilla escuchando al misionero de África. Anoche... cuando me aferraba a esos dos dólares en mi bolsillo. ¡Sí! La noche antes, cuando le di a Dios todo lo que tenía, Dios me dio lo mejor de Él también. Era solo una ofrenda de dos dólares, pero era todo lo que tenía, y todo lo que esperaba tener en el futuro inmediato. Sabía que no podría haber conseguido un empleo tan bueno de no haber sido por la ofrenda de los dos dólares.

En ese momento supe con tanta certeza como que mi nombre es John Hagee que dar es el secreto a la riqueza financiera y espiritual.

Mi ofrenda de dos dólares al Reino de Dios cambió el destino de mi vida.

Las palabras de Jesús respecto a dar se convirtieron de forma instantánea en mi brújula financiera para el futuro: «Dad, y se os dará; medida buena, apretada, remecida y rebosando darán en vuestro regazo; porque con la misma medida con que medís, os volverán a medir» (Lucas 6:38).

LA IMPORTANCIA DEL DINERO

Jesucristo nos dio treinta y ocho parábolas. Y dieciséis de ellas tienen que ver con la administración del dinero. En el Nuevo Testamento se dice más del manejo del dinero que lo que se instruye acerca del cielo y el infierno.

Se habla del dinero cinco veces más que de la oración. Si bien hay más de quinientos versículos dedicados a la oración y la fe, más de dos mil hablan del dinero y de nuestras posesiones. Piense en esto. La Biblia es el manual financiero más grande que se haya impreso jamás. La Palabra de Dios establece de forma clara que, o dominamos al dinero, o el dinero nos domina a nosotros.

Dios es dueño y está en control de toda la riqueza del mundo... y está dispuesto a compartir sus recursos con nosotros. Mateo 25:14 nos dice: «Porque el reino de los cielos es como un hombre que yéndose lejos, llamó a sus siervos y les entregó sus bienes».

Hay dos implicancias revolucionarias en este versículo. Primero, el dinero es de Dios, y Él tiene derecho a hacer con el mismo lo que quiera y cuando quiera. Como propietario, Dios tiene derechos. Segundo, como administrador, yo tengo responsabilidades.

Como todo nuestro dinero es dinero de Dios, toda decisión de cómo gastarlo será espiritual. Nuestra libreta de cheques es el reflejo espiritual de nuestro amor por Dios. Mírela y vea qué dice acerca de usted.

¿Podría ser algo como esto?: Viaje a Hawai: $20,000. Diezmo: $15 semanales. Automóvil nuevo: $50,000. Ofrenda semanal: $5. Baño del perro: $150. Ofrenda para las misiones: $2.50.

Recuerde que solo somos administradores. Dios es el dueño. Rendiremos cuenta ante Dios sobre cómo administramos sus recursos. ¿Qué dirá usted el Día del Juicio, cuando haya invertido más en su perro que en el Príncipe de gloria y su obra en la tierra?

¿Qué dirá usted el Día del Juicio, cuando haya invertido más en su perro que en el Príncipe de gloria y su obra en la tierra?

A menudo recuerdo la película *La lista de Schindler*. Si no la ha visto aún, le urjo a hacerlo. A mi criterio, fue el mejor trabajo de Steven Spielberg. Al final de la película, Schindler había utilizado todo su dinero para proteger a un grupo de judíos de las hordas nazis.

Al finalizar la Segunda Guerra Mundial y dejar a los judíos que había salvado del holocausto de Hitler, sintió remordimientos. Rodeado de sus agradecidos empleados judíos, se angustiaba al pensar que podría haber hecho más. Sosteniendo un anillo de oro se lamentaba: «Con esto habría salvado a diez más». Señalaba a un automóvil de lujo y sollozaba: «Y con eso habría salvado ciento cincuenta o doscientas vidas más».

A pesar de todo lo que había hecho, lloraba al lamentar el hecho de que había guardado para sí posesiones materiales que podrían haber salvado más vidas.

El Día del Juicio, cuántos de nosotros tendremos que decir: «He guardado un dinero que podría haber hecho una diferencia eterna en la vida de otra persona». El modo en que administramos nuestro dinero tiene gran importancia para nuestra prosperidad, tanto aquí en la tierra como en el cielo.

Desde aquel día en Waxahachie he aprendido algunos secretos más acerca de la prosperidad que me gustaría agregar, pero el más importante es este: La prosperidad siempre va ligada a cuánto damos.

1
INVIERTA EN SÍ MISMO

¡Dios quiere que invirtamos en nosotros mismos! La Biblia dice: «Haceos tesoros...» (Mateo 6:20).

Dos palabras confunden a menudo a los cristianos, impidiendo su éxito. Esas dos palabras son el *interés* y el *egoísmo*. El interés en uno mismo es bueno; sin embargo, el egoísmo es un cáncer espiritual. Por desgracia, muchos cristianos creen que son la misma cosa.

Echemos un vistazo al Diccionario de la Real Academia Española para aclarar este malentendido. La palabra *interés* se define como:

«Inclinación del ánimo hacia una persona o cosa» Si el interés es por uno mismo, nuestro ánimo se inclinará hacia nosotros buscando nuestro bienestar. Ahora bien, la palabra *egoísmo* se define de la siguiente manera: «Inmoderado y excesivo amor a sí mismo, que hace atender desmedidamente al propio interés, sin cuidarse del de los demás». La diferencia está en los extremos. El egoísmo es la concentración desmedida en el propio ser, sin consideración por los demás. El interés por uno mismo es una preocupación natural, dada por Dios, que nos permite cuidar nuestro propio bienestar.

Es mi propio interés el ser salvo. Las opciones son el cielo y el infierno. No hace falta ser un científico espacial para darse cuenta de que el cielo es la mejor elección.

Es mi propio interés el ser feliz, porque la Biblia dice: «El corazón alegre constituye buen remedio» (Proverbios 17:22).

Es mi propio interés invertir en el Reino de Dios ¿Por qué? Porque Dios controla la economía a ambos lados del río Jordán. Mateo 19:29 dice: «Y cualquiera que haya dejado casas, o hermanos, o hermanas, o padre, o madre, o mujer, o hijos, o tierras, por mi nombre, recibirá cien veces más, y heredará la vida eterna» Uno no necesita morir para obtener el interés de sus inversiones en el reino de Dios. Los obtiene aquí, en esta vida.

Jesús nos enseñó a invertir con sabiduría, invirtiendo en cosas que son permanentes. Él dijo: «No es de vuestro propio interés invertir en algo que las polillas puedan comer, o que se oxide, o que los ladrones puedan robar, o que el Servicio Interno pueda llevarse con sus impuestos» (Mateo 6:19, paráfrasis).

Jesús nos enseñó a invertir con sabiduría, invirtiendo en cosas que son permanentes.

¿Está usted invirtiendo en cosas que no son permanentes? ¿Está invirtiendo en gotas de rocío, bellas como diamantes sólo hasta que sale el sol?

La verdad es que la tierra no es permanente. La Biblia nos dice que algún día la tierra arderá por el fuego. En 2 Pedro 3:10 se nos dice: «Pero el día del Señor vendrá como ladrón en la noche; en el cual los cielos pasarán con grande estruendo... y la tierra y las obras que en ella hay serán quemadas».

Si le dijera que su casa se quemará en unas dos horas más, ¿dejaría sus objetos de valor dentro de ella? Seguro pensaría que hacerlo equivaldría a estar loco. Haría todo lo posible por retirar lo más valioso de la casa tan pronto pudiera.

Invierta en usted mismo invirtiendo en el Reino de Dios. Prepárese un tesoro en el cielo, porque el reino de Dios es la única oportunidad de inversión certera que tendrá. Wall Street colapsará. La economía de los Estados Unidos también decaerá. Pero el Reino de Dios permanecerá por siempre.

2
INVIERTA EN OTROS

Esta es una irrefutable ley de la prosperidad, a la que llamo «la ganancia del que da». Dios ha creado un universo en el que es imposible recibir sin dar. «Dad, y se os dará» es la ley de Dios (Lucas 6:38).

No calificamos para recibir de Dios —ni de Neiman Marcus— si no damos. Vamos de compras a Neiman Marcus, vemos una camiseta que nos gusta, y le damos al hombre trescientos dólares. Entonces recibimos la camiseta. Si no damos, estaremos robando.

Vamos a la tienda y compramos mercancías por valor de cincuenta dólares. Al pasar por la caja, la cajera pone las compras en una bolsita que podemos cargar con una sola mano. Salimos del almacén y guardamos la bolsa en la guantera de nuestro Toyota. Hay que dar antes de recibir.

Muchas personas miran programas de televisión cristianos y roban cada domingo. Han sido salvos, sus matrimonios se han salvado, sus cuerpos se han curado, los consejeros televisivos con amor les han guiado para que abandonaran adicciones y resolvieran sus problemas emocionales. Sin embargo, estos cristianos jamás hacen nada por colaborar económicamente para que ese ministerio televisivo siga en el aire. Eso es robar.

Permítame relatarle esta historia real. Su nombre era Fleming, y era un humilde granjero escocés. Un día, mientras intentaba proveer para su familia, oyó un grito de auxilio que provenía de un pantano cercano. Dejó sus herramientas y corrió hacia el pantano. Había un muchacho aterrorizado, hundido hasta la cintura en el barro negro, gritando y luchando por salir.

El granjero Fleming salvó al muchacho de lo que podría haber sido una muerte lenta y terrible.

Al día siguiente, un carruaje muy elegante se detuvo ante la humilde vivienda del escocés. Un noble, elegantemente vestido, bajó del carruaje y se presentó como el padre del muchacho.

—Quiero recompensarle por haber salvado la vida de mi hijo —dijo el noble.

—No. No puedo aceptar dinero por lo que hice —contestó el granjero, rechazando el ofrecimiento.

En ese momento, el hijo del granjero se asomó a la puerta de la choza.

—¿Es su hijo? —preguntó el noble.

—Sí —dijo con orgullo el granjero.

—Hagamos un trato. Permítame proveerle la misma educación que tendrá mi hijo. Si el muchacho es como su padre, no hay duda de que se convertirá en un hombre que nos enorgullecerá a ambos.

Eso es exactamente lo que hizo el noble.

El hijo del granjero Fleming fue a las mejores escuelas, y con el tiempo, se graduó de la Escuela de Medicina del Hospital de Saint Mary, en Londres. Llegó a ser conocido en todo el mundo como el notable Sir Alexander Fleming, quien descubrió la penicilina.

Años más tarde, el hijo del noble enfermó de neumonía. ¿Qué fue lo que le salvó la vida esta vez? ¡La penicilina!

El nombre del noble era Lord Randolph Churchill. El hijo del noble, a quien el granjero salvó del pantano, era Sir Winston Churchill. Su hijo había sido salvado por el hijo del granjero, el doctor que inventó la penicilina.[1]

Hasta no dar, no calificamos para recibir el poder de Dios para obtener riqueza.

Dios Todopoderoso controla la economía del mundo y también controla nuestros ingresos. El gobierno de los Estados Unidos no es su fuente de ingresos; Dios sí lo es. Deuteronomio 8:18 dice: «Acuérdate de Jehová tu Dios, porque él te da el poder para hacer las riquezas, a fin de confirmar su pacto que juró a tus padres, como en este día».

Me canso de oír a la gente decir: «El gobierno me ha dado bla, bla, bla». ¡Por favor! ¿De dónde cree que obtuvo el gobierno el dinero? De usted. El gobierno le da algo del mismo modo en que usted puede transfundir sangre de su brazo derecho a su brazo izquierdo, con el noventa por ciento de la sangre derramándose en el suelo.

El mercado de valores tampoco es su fuente de ingresos. Dios lo es. La cuenta que tiene usted para su retiro tampoco es su fuente de ingresos. Dios lo es. Su tía rica no es su fuente de ingresos. Dios lo es.

En la economía de Dios no hay «ingreso fijo». Su ingreso va de acuerdo a cómo usted vive.

Piense en la viuda del Antiguo Testamento. Le dio el último pedazo de pan a Elías aun cuando ella y su hijo estaban a punto de morir de hambre, porque era una época de gran depresión en Israel. El profeta le pidió su última rebanada de pan y ella se la dio.

Conseguimos abundancia sobrenatural cuando dejamos ir lo que está en nuestras manos, dándolo a Dios. Entonces Dios nos dará lo que está en su mano.

Tan pronto le dio a Elías lo que tenía en la mano, Dios, de manera sobrenatural, hizo que se llenaran sus reservas de aceite y su tinaja de harina. Tenía más de lo que necesitaba, creado por la sobrenatural abundancia de Dios. Eso es lo que Dios nos quiere dar: abundancia sobrenatural ¿Cómo la conseguimos? Conseguimos abundancia sobrenatural cuando dejamos ir lo que está en nuestras manos, dándolo a Dios. Entonces Dios nos dará lo que está en su mano.

3
CALIFIQUE PARA LA ABUNDANCIA DE DIOS

La Palabra de Dios dice de forma clara que todo el oro y la plata de la tierra le pertenecen al Señor: «Mía es la plata, y mío es el oro, dice Jehová de los ejércitos» (Hageo 2:8). Las Escrituras también dicen de manera clara: «Mía es toda bestia del bosque, y los millares de animales en los collados» (Salmo 50:10). Este es el modo que tiene la Biblia de decirnos: «La abundancia de Dios excede todo lo que tu mente pueda concebir». ¿Pero cómo calificar para recibir la abundancia? Primero, debemos ser hijos de Dios.

La clave para ser hijos de Dios

En verdad no calificamos para la abundancia de Dios hasta tanto no seamos hijos de Dios. No podemos orar: «Padre nuestro que estás en los cielos» hasta no recibir a Cristo. La Biblia dice: «Y en ningún otro hay salvación; porque no hay otro nombre bajo el cielo, dado a los hombres, en que podamos ser salvos» (Hechos 4:12).

Hay dos familias en la Biblia. Una, es la familia de Dios, porque Jesús nos enseñó a orar: «Padre nuestro que estás en los cielos». La otra es la familia de Satanás.

En una ocasión, cuando Jesús hablaba con los fariseos, les dijo: «Vosotros sois de vuestro padre el diablo» (Juan 8:44). Así que es claro en las Escrituras que hay dos padres, dos familias y dos destinos para todo creyente. Esos dos destinos son el cielo y el infierno. Así que le pregunto a usted, ¿de quién es hijo?

Cuando Dios es nuestro Padre, toda su riqueza nos pertenece. Él ha prometido cuidar de sus hijos. El rey David escribió: «No he visto justo desamparado, ni su descendencia que mendigue pan» (Salmo 37:25).

Cuando Dios es nuestro Padre, toda su riqueza nos pertenece.

Pablo escribió en Romanos 8:17: «Y si hijos, también herederos; herederos de Dios y coherederos con Cristo». No somos herederos por igual, lo cual significa mitad y mitad, sino herederos conjuntos. Coherederos significa que todo lo que tiene Cristo es mío, y todo lo que tengo yo es de Él. En el Calvario, traje mi pobreza, y Él me dio las riquezas de Abraham. Traje mi enfermedad y Él me dio salud y sanidad. Traje mi pecado, y Él me dio perdón total. Traje mi rechazo, y Él me adoptó y me hizo entrar en la familia de Dios como heredero y coheredero.

Esta herencia me entusiasma... y por cierto así debe ser. Jesús espera de nosotros que nos entusiasmemos con los tesoros del cielo. Dijo: «Además, el reino de los cielos es semejante a un tesoro escondido en un campo» (Mateo 13:44). La perspectiva de tesoros entusiasma a las personas. Lo sé por experiencia personal.

En una de nuestras vacaciones familiares llevé a mi esposa y a mis hijos a la costa de Texas. Nos alojábamos en la casa de la playa de uno de los miembros de nuestra iglesia, en Rockport, Texas. Eran días de dificultades financieras en el hogar de John Hagee. Y estas eran unas vacaciones de bajo presupuesto.

El primer día Diana y yo llevamos a Tish, que tenía seis años, y a Chris, de cinco, a la playa a nadar. Estábamos caminando por la orilla cuando Christopher me preguntó:

—Papá, ¿hubo piratas aquí?

—Claro que sí, hijo. Los piratas estaban a lo largo de toda la costa.

Pude ver cómo se encendía su interés.

—¿Crees que pueda haber un tesoro escondido por aquí, papá?

Ya había llegado demasiado lejos como para retroceder, por lo que debí continuar con el cuento.

—Seguro, hijo. Claro que puede haber un tesoro aquí.

—¡Busquémoslo entonces, así seremos ricos!

Accedí a buscar el tesoro, y caminamos por la orilla durante horas, hasta el atardecer. Entonces llevé a mis dos buscadores de tesoros de vuelta a la casa. Estaban exhaustos. Cenamos y los llevé a su dormitorio.

Luego fui al pueblo, y en una tienda compré un pequeño cofre de unos diez centímetros de largo, que parecía un cofre de tesoros piratas. Lo llené con joyas de fantasía que me costaron menos de cinco dólares: anillos, collares y cosas por el estilo.

Esa noche, a la luz de la luna, salí y enterré el tesoro. Conté los pasos desde la bandera que había puesto en la playa hasta el agua, para poder encontrarlo a la mañana siguiente.

Apenas despertaron Tish y Chris dije:

—Sigamos buscando el tesoro.

Su entusiasmo no era el mismo del día anterior, por lo que agregué:

—Creo que si somos persistentes, encontraremos algo hoy.

Se tragaron el desayuno y volvimos a salir.

Durante unos treinta minutos, dejé que buscaran cerca del agua, y cuando observé que ya se sentían desalentados, grité:

—¡Creo que aquí veo algo!

—¿Qué ves? —preguntó uno de ellos.

—Creo que es un cofre de tesoros piratas.

—¿Dónde, dónde? —gritaban excitados.

Comencé a caminar contado los pasos desde la bandera hacia el agua. Estaban junto a mí, gritando de alegría.

Christopher fue el primero en ver el borde del pequeño cofre, asomando fuera del agua mientras la marea se retiraba. Tish lo vio una fracción de segundo más tarde, y comenzaron a cavar como perritos en busca del mismo zorro. Con ansia, desenterraron el cofre. Abrieron la tapa y miraron las joyas, que para ellos seguramente valían una fortuna. Luego corrieron hacia la casa, gritando de contento.

Una vez dentro, Tish cerró la puerta con llave para asegurarse de que ningún ladrón viniera a robarnos el tesoro.

—Llamemos al diario y contémosles lo que hemos encontrado —sugirió Chris.

—Claro que no —dijo Tish—. La gente vendría y nos robaría el cofre esta noche, y volveríamos a ser pobres.

No era mal razonamiento para una niña de seis años.

Mi hijo y mi hija pasaron el resto del día puliendo y lustrando las joyas falsas, contando historias de tesoros. Esa noche, fueron a dormir convencidos de que eran dos de los chicos más ricos del mundo. Había tal atmósfera de gozo y felicidad que no me atrevía a decirles que no era real. Guardaron esa caja durante años, hasta que supieron que no era lo que pensaban.

El punto de esta historia es que un tesoro excita a la gente. Y este es el tipo de excitación que debiéramos sentir acerca del reino de Dios y de la riqueza que naturalmente nos toca: Además, el reino de los cielos «es semejante a un tesoro escondido en un campo», es como «una perla preciosa» (Mateo 13:44,46). Juan, el escritor de las revelaciones, describió nuestra morada eterna según la vio en su visión en Patmos: «Y los cimientos del muro de la ciudad estaban adornados con toda piedra preciosa» (Apocalipsis 21:19).

Ese reino eterno tiene doce puertas de perlas, con calles de oro puro. A la derecha y a la izquierda hay mansiones diseñadas por el arquitecto de todos los tiempos para los hijos de Dios. Si eso es pobreza, yo digo: «¡Dénmela a mí!».

LA HERENCIA NATURAL DE LOS HIJOS DE DIOS

Toda la riqueza de Dios les pertenece a sus hijos. Observe lo que dicen las Escrituras que dan testimonio de esto:

«El que no escatimó ni a su propio Hijo, sino que lo entregó por todos nosotros, ¿cómo no nos dará también con él todas las cosas?» (Romanos 8:32).

«A los ricos de este siglo manda que no sean altivos, ni pongan la esperanza en las riquezas, las cuales son inciertas, sino en el Dios vivo, que nos da todas las cosas en abundancia para que las disfrutemos» (1 Timoteo 6:17).

«Así que, ninguno se gloríe en los hombres; *porque todo es vuestro...* y vosotros de Cristo, y Cristo de Dios» (1 Corintios 3:21,23, énfasis añadido).

Estos versículos dicen simplemente que cuando somos hijos de Dios, recibimos Su abundancia. Dios no se hace responsable por proveer para los hijos del diablo, sino solo para los Suyos. ¿De quién es hijo usted?

La importancia del diezmo
La Escritura es muy explícita acerca de la importancia del diezmo y su relación con la prosperidad. Malaquías 3:8-10, dice:

«¿Robará el hombre a Dios? Pues vosotros me habéis robado. Y dijisteis: ¿En qué te hemos robado? En vuestros diezmos y ofrendas. Malditos sois con maldición, porque vosotros, la nación toda, me habéis robado. Traed todos los diezmos al alfolí y haya alimento en mi casa».

¿Por qué dar el diezmo? Porque el diezmo no es una deuda que debemos, sino una semilla que sembramos. Recuerde mi ofrenda-semilla de dos dólares... y la bendición de Dios que resultó de ella.

¿Por qué dar el diezmo?
Porque el diezmo no es una deuda que debemos,
sino una semilla que sembramos.

¿Por qué dar el diezmo? Porque Dios lo ordena. Negarnos a dar el diezmo es rebelarnos contra la Palabra y la voluntad de Dios.

¿Por qué dar el diezmo? Porque vivimos bajo la maldición financiera de Dios cuando no lo hacemos. Recordemos la advertencia de Malaquías 3:9: «Malditos sois con maldición, porque vosotros, la nación toda, me habéis robado». Cuando damos el diezmo, Dios nos da a nosotros. Cuando no lo damos, Dios nos quita.

¿Por qué dar el diezmo? Porque Dios incrementará nuestros ingresos cuando lo hagamos. Nos desafía en Malaquías 3:10: «Probadme ahora en esto, dice Jehová de los ejércitos, si no os abriré las ventanas de los cielos, y derramaré sobre vosotros bendición hasta que sobreabunde». Muchas personas no necesitan orar para recibir bendiciones; necesitan dar el diezmo. Por desgracia, la mayoría de las personas da limosna divina, no el diezmo.

¿Por qué dar el diezmo? Porque Dios dice: «Reprenderé también por vosotros al devorador» (Malaquías 3:11) «El devorador» es Satanás. Dios promete tener a Satanás atado para impedirle que nos robe nuestra herencia.

En una ocasión Diana y yo llevamos a nuestros cinco hijos al cine. Nuestra rutina consistía en que yo me sentaba en la sala con los niños, mientras Diana compraba las palomitas de maíz y las bebidas. Habíamos seguido esta rutina y me encontraba sentado en la butaca junto a cuatro de nuestros niños, esperando que comenzara la película, mientras Diana y la bebé Sandy, de menos de dos años, hacían la fila para comprar las palomitas y las sodas.

Después de unos minutos, oí que Diana se acercaba corriendo por el pasillo. Estaba blanca como una sábana, y dijo:

—John, ¡Sandy desapareció!

—¿Cómo que desapareció?

—¡Alguien se ha llevado a nuestra hijita!

Salté de la butaca y corrí por el pasillo, yendo hacia el salón de entrada.

—Cierren las puertas. Alguien ha secuestrado a mi hija —gritaba como un demente.

Grité hasta que llegaron los del servicio de seguridad, el gerente, y hasta que todas las personas presentes se detuvieron a escucharme. No me importaba parecer loco. La vida de mi hija estaba en juego y quería hacer todo lo que pudiera para salvarla.

Buscamos por todo el cine y no encontramos nada. Fue una de las pocas veces en mi vida en que sentí que el terror me exprimía el cerebro. Mi bebé había sido robada delante de mis narices, y yo no podía hacer nada al respecto.

Le dije a Diana que volviera a buscar en el baño de mujeres. Aunque lloraba sin consuelo y temblaba sin control, caminó obedientemente al baño de las mujeres y volvió a buscar. Esta vez encontró a Sandy parada sobre un mueble.

Tan pronto oyó que su madre lloraba, Sandy dijo: «No llores, mamá. La señora me dijo que si yo no lloraba, ella no me lastimaría».

Diana trajo a Sandy hasta donde estábamos nosotros, y supe que la secuestradora había abandonado a la niña en el baño porque me había oído gritar en el salón. Tan pronto recuperé la compostura, oí la voz del Señor que decía: «He reprendido al devorador por ti hoy». Ese es el tipo de retorno que obtenemos cuando damos el diezmo al Reino de Dios.

La importancia del trabajo

Salomón escribió: «El alma del perezoso desea, y nada alcanza; mas el alma de los diligentes será prosperada» (Proverbios 13:4). Nos está diciendo: «¡Ve a trabajar!»

El único lugar donde el *éxito* aparece antes del *trabajo* es en el diccionario, porque la letra «E» antecede a la letra «T». Dios provee gusanos para los pájaros, pero no se los introduce en el pico. Pelee contra la pobreza. Obtenga un empleo. La Biblia nos dice: «Seis días trabajarás» (Deuteronomio 5:13). Dar dinero al hombre que puede trabajar y no lo hace es una locura.

Los Estados Unidos ha abandonado los principios de Dios, y nosotros también estamos abandonando la ética de trabajo de Dios. Dios Padre trabajó seis días creando al mundo, y luego descansó. Ese principio sigue siendo válido hoy. Es voluntad de Dios que trabajemos, y que lo hagamos con diligencia.

¡Tengo un secreto para compartir con usted! El trabajo, dondequiera que lo encontremos, es monótono; requiere de preparación, esfuerzo, transpiración y tensión. No hay empleo significativo que no presente esfuerzo.

Es fácil sentir entusiasmo por el trabajo que hacen otros, pero debemos sentir entusiasmo por nuestro propio trabajo. La vida no consiste en hacer solo lo que nos gusta, sino en hacer lo que debemos hacer. Hay demasiadas personas que buscan el «trabajo apropiado». Dios jamás creó el trabajo a la medida del hombre. Él creó al hombre y luego le dio el trabajo. Usted puede poner a una persona enana en la cima del monte Everest, y seguirá siendo un hombre pequeñito en una posición alta. Es el hombre el que hace al trabajo, no el trabajo lo que hace al hombre.

La importancia de no tener deudas

Las deudas no son pecados, pero sí son peligrosas. La Biblia nos advierte claramente sobre la inconveniencia de la deuda en todas sus formas. Proverbios 22:7 dice: «El que toma prestado es siervo del que presta». David escribió en el Salmo 37:21: «El impío toma prestado, y no paga». Esto significa «nunca paga» y también «no paga a tiempo». Si usted no paga sus cuentas a tiempo, Dios le cuenta entre los impíos. ¿Por qué? Porque le ha mentido usted a su acreedor acerca de cuándo le pagará, y eso es robar su producto.

Moisés escribió en Deuteronomio: «En su día le darás su jornal, y no se pondrá el sol sin dárselo; pues es pobre, y con él sustenta su vida» (Deuteronomio 24:15). La cuestión es que debemos pagar con prontitud.

Nos hemos convertido en una sociedad de tarjetas de crédito, de adictos a la abundancia de posesiones materiales. Sin embargo, Lucas 12:15 nos advierte: «Mirad, y guardaos de toda avaricia; porque la vida del hombre no consiste en la abundancia de los bienes que posee».

Somos unan sociedad de «cosas». Con nuestras tarjetas de crédito compramos cosas para vestirnos, cosas para la casa, cosas para el garaje y cosas para el auto. Pero cuando morimos, lo único que irá en la caja será nuestro cuerpo.

Romanos 13:8 dice: «No debáis a nadie nada». La cuestión es que cuando uno toma prestado, no debe hasta que llega la fecha de pago. Pero cuando llega la fecha de pago, hay que pagar el total. Si uno no lo hace, debemos. Y Dios nos dice: «No debáis a nadie nada».

La deuda puede hacer que no podamos proveer para los nuestros. Sin embargo, cuando Pablo explicó cómo debían tratar los cristianos a otras personas, dijo: «Si alguno no provee para los suyos, y mayormente para los de su casa, ha negado la fe, y es peor que un incrédulo» (1 Timoteo 5:8). La deuda puede hacer que usted abuse de su esposa y sus hijos.

La codicia jamás se satisface

Repito, las deudas no son pecado, pero son muy peligrosas. En la Biblia, nuestro acreedor podrá reclamar nuestras posesiones y enviarnos a prisión a causa de una deuda personal. ¡Y esto sigue sucediendo hoy día!

Hay gente que va a prisión por sus deudas, esto es cosa de todos los días. No es una prisión en el sentido literal de la palabra, sino una penitenciaría a la que los llevan sus miedos, lamentos y depresiones por las cuentas no pagadas. De esta prisión emocional no hay escape. Se atormentan y no pueden funcionar bien, ni en su hogar ni en su trabajo.

La deuda excesiva es síntoma de codicia, y la codicia nos atrapa y nos clava sus garras con fuerza. Siempre quiere más, y más. La codicia jamás se satisface.

Debemos hacernos cinco preguntas antes de endeudarnos.

Cinco preguntas esenciales

La primera pregunta es: «*¿Necesito esto?*» Dios nos ayudará a cubrir nuestras necesidades, pero no nuestra codicia.

La segunda pregunta es: «*¿Mi esposo o esposa está de acuerdo acerca de que contraigamos esta deuda?*» Diana y yo no gastamos más de veinticinco dólares sin conversar acerca de ello. ¿Por qué? Porque la Biblia dice: «¿Andarán dos juntos, si no estuvieren de acuerdo?» (Amós 3:3).

Cuando llegan las fechas de pago y no había acuerdo entre el esposo y la esposa al momento de la compra, habrá una pelea. Con una buena cantidad de discusiones de este tipo terminarán en la corte pidiendo el divorcio con un abogado a causa de las deudas.

La tercera pregunta antes de endeudarse es: «*¿Siento paz con respecto a esta nueva deuda?*» Marido, si va y compra una lancha sin consultar con su esposa y luego no pueden ir de vacaciones en el verano porque ha comprado algo tan caro, no tendrá paz. Lo que tendrá será una pelea.

La cuarta pregunta es: «*¿Cómo devolveré este dinero?*» Y que las respuestas sean concretas. No racionalizaciones tontas como: «Si ahorro en alimentos o bajo el consumo de calefacción o de aire acondicionado podré pagarlo».

La quinta pregunta es: «*¿Qué objetivos cumplo con esta deuda que no puedo cumplir de otra manera?*»

El dinero es una prueba. Lucas 16:11-12 dice: «Pues si en las riquezas injustas [dinero] no fuisteis fieles, ¿quién os confiará lo verdadero? Y si en lo ajeno no fuisteis fieles, ¿quién os dará lo que es vuestro?»

Dicho de manera simple, somos administradores de las riquezas de Dios. No las poseemos. Simplemente las administramos. Los administradores no le roban a Dios, y estamos hablando de la ofrenda y el diezmo. Tampoco malgastan el dinero de Dios. Los administradores invierten, lo cual aparece en la parábola de los talentos. Según Lucas 16, si no administramos correctamente en la tierra los recursos de Dios, Él no nos confiará las riquezas del reino cuando establezca su gobierno sobre la tierra. Los administradores no poseen nada, sino que controlan las riquezas de su Padre celestial.

Las consecuencias de la deuda

La deuda es una atadura que destruye nuestra relación con Dios. Nos hundimos en la deuda y perdemos nuestro empleo, luego nos resentimos contra Dios porque nos incautan el automóvil. No es culpa de Dios. Es culpa de la codicia. La deuda crea un nuevo Dios: el banquero o la financiera que nos prestó el dinero. Si nos presentáramos ante Dios con la misma humildad con que nos presentamos ante el banquero, habría un reavivamiento mundial mañana mismo.

La deuda también destruye amistades. Romanos 13:8 dice: «No debáis a nadie nada, sino el amaros unos a otros; porque el que ama al prójimo, ha cumplido la ley». Quienquiera que haya tomado prestado dinero de otra persona, especialmente de otro cristiano, habrá observado la barrera que inmediatamente se levanta en la relación entre el deudor y el que presta. Los deudores y los prestamistas no son verdaderamente libres de amarse unos a otros.

Si un amigo le pide dinero prestado y usted no puede dárselo, diga con toda sinceridad: «No, no puedo proporcionártelo».

La diferencia entre el rico y el pobre es esta:
El rico invierte su dinero y gasta lo que le queda;
el pobre gasta su dinero e invierte lo que le queda.

A menudo oigo decir: «No entiendo el sistema económico de Dios». Mi respuesta es: «No necesitamos entender el sistema económico de Dios para que el mismo funcione». No comprendo cómo una vaca negra come pasto verde, da leche blanca y mantequilla amarilla, pero aun así, bebo la leche y como la mantequilla.

Isaías 55:8-9 lo expresa de la siguiente manera:

«Porque mis pensamientos no son vuestros pensamientos, ni vuestros caminos mis caminos, dijo Jehová. Como son más altos los cielos que la tierra, así son mis caminos más altos que vuestros caminos, y mis pensamientos más que vuestros pensamientos».

La importancia de tener un plan

¿Está usted a punto de iniciar un negocio? Tenga un plan de negocios sofisticado que cubra todas las oportunidades potenciales y al mismo tiempo todas las desventajas posibles.

Cuando mi hijo John Christopher inició su primer negocio, le pedí que diseñara un plan. Al ver su plan, vi que tenía más agujeros de los que hay en una esponja, por lo que le pedí que viniera a verme un año más tarde. Entonces hablaríamos sobre su futuro, dije, cuando probablemente hubiera ya trabajado hasta el agotamiento sin progresar. Estuvo de acuerdo.

Un año más tarde nos reunimos. Era seguro que había trabajado duramente, pero con pérdida de dinero. Su plan no era bueno. Le pedí que hiciéramos un nuevo plan juntos. Ese día trazamos la estructura del camino económico al éxito que está recorriendo en este momento. Hoy John goza de fabulosa prosperidad a causa de su trabajo duro, la bendición de Dios y un buen plan.

La importancia de los socios cristianos

La Biblia dice: «No os unáis en yugo desigual»(2 Corintios 6:14). Dios quiere abrir las ventanas del cielo y bendecir a Sus hijos, pero no quiere enriquecer a la multitud del demonio con nuestra herencia. Si inicia un negocio, busque socios cristianos.

Y según palabras de Salomón: «Con ansiedad será afligido el que sale por fiador de un extraño» (Proverbios 11:15). Eso significa que no debemos firmar un préstamo por otra persona, por ninguna razón, a menos que estemos dispuestos por completo a perder todo el dinero.

Tengo un amigo que permitió que un conocido suyo cargara una tostadora de unos treinta dólares a la cuenta de su tarjeta de crédito. El conocido estaba pasando por un divorcio difícil, y tenía recursos limitados, según dijo. Cuando llegó la factura de la tarjeta de crédito, el conocido no le había pagado a mi amigo, por lo que permitió que la cantidad quedara en la cuenta. Esto siguió durante varios meses, y el conocido siempre prometía pagar. Por último, mi amigo pagó la cuenta, porque se dio cuenta que jamás le pagaría.

Quince años más tarde, cuando mi amigo estaba verificando su crédito, observó que esta deuda pendiente había sido registrada en el informe crediticio. Los treinta dólares habían afectado su crédito. Por desgracia, aprendió la verdad del consejo de Dios acerca de no ser fiador de nadie.

La importancia de perder el miedo

Cuántas veces he oído decir a los hombres de negocios «¡Podría haber comprado este terreno en la Salida 1604 (donde está la iglesia *Cornerstone*) hace veinte años por casi nada!» No lo hicieron porque tenían miedo del futuro. Los hombres de negocios que tienen miedo toman decisiones malas.

Los cristianos temerosos viven en un estado de apostasía práctica.

Los cristianos temerosos viven en un estado de apostasía práctica. Dios dijo: «En el amor no hay temor, sino que el perfecto amor echa fuera el temor». Cuando el temor golpea a las puertas de nuestra alma, enviemos a la fe a responder, y el temor ya no estará allí. Si planificamos para el futuro, hagámoslo sin temor. Si Dios está con nosotros, ¿quién podrá contra nosotros? Podemos vivir una vida sin límites, pero en el momento en que permitamos que el miedo invada nuestros pensamientos o nuestro discurso, nunca lograremos el éxito.

Los secretos de la prosperidad son: invierta en sí mismo, invierta en otros, califique para la abundancia de Dios y administre sus activos más importantes.

4
ADMINISTRE SUS ACTIVOS MÁS IMPORTANTES

Sus activos más importantes son su cónyuge y sus hijos. La Biblia dice que un padre deberá dejar una herencia para sus hijos y para los hijos de sus hijos (Proverbios 13:22). Le sugiero que estos ochos componentes esenciales formen parte de esa herencia. A pesar de que usted puede haber oído estas ideas antes, las incluyo brevemente aquí porque son muy importantes para una vida cristiana exitosa.

1. Dé el tesoro de su tiempo

Si usted, papá, está mirando la Serie Mundial en televisión, o leyendo el *Wall Street Journal*, y su hijo entra y le dice: «Necesito hablar contigo», no diga: «Hablaremos más tarde». Le ha comunicado a su hijo o hija que él o ella no importan. El regalo más grande que puede darle usted a sus hijos es su tiempo.

2. Cumpla sus promesas

Cuando usted les dice a sus hijos que hará algo, hágalo. No presente excusas; solamente hágalo.

Por ejemplo, si le dice a su hijo: «Este viernes iremos a ver el juego de fútbol», el niño se sentirá entusiasmado y les dirá a sus amigos que su papá lo llevará. Pero si llega el viernes, y dice que está demasiado cansado como para ir, su hijo perderla la fe en usted, y aprenderá a desconfiar de su padre. A la larga, esa desconfianza también se trasladará a la imagen que el niño tiene de Dios. *Si mi padre terrenal no cumple con su palabra*, razonará el niño, *¿por qué debo creer que un Dios invisible sí lo hará?*

3. Descanse

Al aconsejar esto, siento que soy hipócrita. Debo admitir que este es uno de esos principios de «haz lo que digo pero no lo que hago». Mis padres pensaban que una jornada de trabajo de doce horas era una jornada de medio tiempo (como habrá podido ver en las historias de mi infancia presentadas en este libro), por lo que trabajo setenta horas a la semana, como lo he estado haciendo durante cuarenta años. Sin embargo, a lo largo de mis años como ministro, he visto grandes pastores, evangelistas y hombres de negocios que se han quebrado porque estaban exhaustos.

Jesús «tomó a sus doce discípulos aparte en el camino» (Mateo 20:17). La verdad es que ellos *se apartaron* en vez de *quedar aparte*. Le aseguro que el nivel de tensión en la sociedad del tiempo de Jesús era mucho menor al de nuestros tiempos. Hay un principio bíblico que nos indica descansar un día por cada seis de trabajo. También hay un principio bíblico que indica descansar una semana por cada siete semanas, y un año por cada siete años.

Los psicólogos dicen ahora que los matrimonios norteamericanos están sumamente tensionados a causa del exceso de trabajo. Tómese un tiempo para descansar y así poder darles su mejor parte a Dios y a su familia.

4. Construya un credo familiar basado en la fe en Dios

Cuando usted, como padre y cabeza del hogar, ora con sus hijos cada noche, los niños ven que pone a Dios en primer lugar. Cuando le ven dar los primeros frutos de su trabajo a la iglesia, ven que usted pone a Dios en primer lugar. Los Diez Mandamientos dicen: «No tendrás dioses ajenos delante de mí» (Éxodo 20:3). Jesús dijo: «Mas buscad primeramente el reino de Dios y su justicia» (Mateo 6:33).

El punto es muy sencillo: cuando ponemos a Dios en primer lugar, todo lo demás en la vida caerá en su lugar por orden divino. Cuando no ponemos a Dios en primer lugar, no hay nada que hacer para poder encontrarle sentido a una vida que está patas arriba.

5. Administre su tiempo

Toda persona despierta por la mañana con la misma cantidad de tiempo por delante. No podemos detener el tiempo, ni podemos comprarlo. Hay una cantidad de tiempo predeterminada en esta tierra, y luego, tenemos que salir del escenario del tiempo para entrar en la eternidad.

¿Cuánto tiempo malgasta usted? ¿Y cuánto de su tiempo permite que otras personas malgasten? Mi madre me enseñó a estar consciente del tiempo. A lo largo de los años, la intensidad de trabajar con dieciocho mil miembros de la iglesia, cuatrocientos ochenta y cinco empleados de tiempo completo, cinco hijos, una esposa y dos perros, me ha enseñado a administrar mi tiempo de manera muy estricta.

El tiempo es más valioso que el dinero.
Usted puede ganar más dinero,
pero no puede obtener más tiempo.

Uno de los secretos más grandes para administrar nuestro tiempo lo aprendí del presidente de la *United States Steel Company*. Según lo recomendaba él, todas las noches hago una lista de lo que quiero lograr al día siguiente, y comienzo por poner la tarea más difícil en primer lugar. No dejo que lo difícil espere hasta el fin del día, porque entonces estaré todo el día temiendo el momento. Prefiero hacer lo desagradable primero, y también les digo a mis empleados que quiero oír las malas noticias inmediatamente. Quiero ocuparme de los problemas sin demora.

Le aliento a hacer una lista de cosas por la noche, enumerando lo que desea lograr al día siguiente. Luego, acostúmbrese a lograr lo que hay en la lista, y se sorprenderá ante la cantidad creciente de cosas que puede hacer en menos tiempo.

6. Aprenda a decir *no*

Una de las palabras más poderosas y elocuentes en el idioma español es la palabra *no*. Esta palabra, por sí sola, puede hacerle ahorrar tiempo, dinero, salvar a su matrimonio y su salud física y mental.

Por ejemplo, cuando se siente tentado a gastar dinero que no debería gastar, tenga el coraje de decirse a sí mismo: «No, no puedo permitirme esto». Y cúmplalo. Cuando sus amigos más cercanos lo tienten a hacer cosas que no son beneficiosas para su propósito divino en esta tierra, diga *no*.

En la Biblia, las vidas de algunas personas se distinguen por su capacidad para decir que no. Un ejemplo es Vasti, la reina de Persia. Cuando el rey Asuero invitó a Vasti a su gran banquete, ella dijo que no. Se negó a estar en compañía de borrachos solo para diversión de su marido. Es recordada por siempre en la historia como la mujer que tuvo el coraje para decir *no*.

No *es una de las palabras más poderosas que podemos utilizar para cumplir el propósito que Dios tiene para nuestra vida.*

¿Tiene usted el coraje de decir *no*? *No* es una de las palabras más poderosas que podemos utilizar para cumplir el propósito que Dios tiene para nuestra vida. Nuestro tiempo es nuestra vida, y si no aprendemos a decir no, estaremos malgastando nuestra vida haciendo lo que otros insisten que debemos hacer, en lugar de hacer lo que Dios quiere que hagamos.

7. Bendiga a sus hijos

El poder de la bendición es un concepto que he presentado en una serie de videocasetes de seis horas de duración. De manera concisa, el poder de la bendición se demuestra en las Escrituras cuando Dios bendice a Adán y Eva en Génesis 1 y a Abraham en Génesis 12. Jacob continuó con esta tradición cuando bendijo a sus doce hijos, dándoles una bendición a cada uno en sus vidas con palabras que fueron profecía cumplida más adelante (vea Génesis 49:1-28).

Cuando la autoridad espiritual sobre un niño le da una bendición divina a ese niño, el resultado es una profecía que se cumple más adelante. Un padre pone su mano sobre su hijo o su hija, expresa sus deseos para el futuro de la vida de ese hijo, y literalmente libera al niño para que sea todo lo que pueda llegar a ser.

Aliento a cada padre o madre que lee este libro a bendecir a sus hijos regularmente, para poder liberar la unción de Dios en sus vidas y lograr el destino divino que Dios ha esculpido para ellos desde el comienzo de los tiempos. Para estudiar esto con mayor profundidad le aliento a obtener «El Poder de la Bendición», la serie de videos de nuestro ministerio televisivo.[2]

8. Trabaje para mantenerse físicamente sano

Fui ministro por muchos años antes de darme cuenta de que mi cuerpo era «el templo del Espíritu Santo» (1 Corintios 6:19).

Cuando jugaba fútbol en la universidad los huesos se rompían y los múscolos se esforzaban. En algunos casos, jugaba bajo el efecto de analgésicos o sedantes, para poder seguir jugando. Lo que estaba haciendo con mi cuerpo era pecado. En el otoño de mi vida, esos pecados de mi juventud me hablan a través de los dolores que siento ahora.

Una vez que vemos nuestro cuerpo como el templo del Espíritu Santo nos preocupamos por lo que comemos y bebemos, y por su efecto en nuestra longevidad. Charles Haddon Spurgeon era uno de los predicadores más grandes, pero murió a los cincuenta y ocho años. ¿Cuánto más podría haber bendecido al mundo si hubiera vivido hasta los setenta años?

Es su futuro; esté allí para vivirlo. Cuide el cuerpo físico que Dios le dio, porque es un tesoro. No reconocemos el valor de la salud hasta que la perdemos.

Los secretos para una vida exitosa son invertir en uno mismo, invertir en otro, calificar para la abundancia de Dios, administrar nuestros activos más grandes y ser pacientes en esperar por nuestra prosperidad.

5

SER PACIENTES PARA ESPERAR POR NUESTRA PROSPERIDAD

Todo lo que Dios hace en la tierra proviene del principio del tiempo de cosechar y el tiempo de sembrar. En Génesis 8:22 se nos dice: «Mientras la tierra permanezca, no cesarán la sementera y la siega, el frío y el calor, el verano y el invierno, y el día y la noche».

Si plantamos semillas de manzana, obtendremos manzanas. Si plantamos semillas de durazno, obtendremos duraznos. La Biblia dice: «Todo lo que el hombre sembrare, eso también segará». Si sembramos avena, cosecharemos avena. No podemos sembrar avena durante veinticinco años y luego ir a casa para pedir que la cosecha fracase. No funciona de esa manera. Su avena crecerá, y Dios le permitirá comer su cosecha.

Eclesiastés 3:2 dice: «Tiempo de nacer, y tiempo de morir; tiempo de plantar, y tiempo de arrancar lo plantado». En verdad, sin el tiempo de la siembra es imposible el tiempo de la cosecha. Si no damos nada, no obtenemos nada. Dios puede aumentar lo que damos cien veces, pero nada, multiplicado por cien, sigue siendo nada.

A menudo oigo: «Pastor, no tengo nada para dar». Eso no es cierto. El apóstol Pablo escribió en 2 Corintios 9:10: «Y el que da semilla al que siembra, y pan al que come, proveerá y multiplicará vuestra sementera, y aumentará los frutos de vuestra justicia».

Pero debemos ser pacientes para esperar por nuestra cosecha.

Nací en el campo, por lo que me gusta mucho plantar semillas en el suelo y luego observar cómo crecen. También tuve una granja durante muchos años. Hay algo en esto de ver cómo crece una semilla que nos hace sentir que estamos en sociedad con Dios.

En una ocasión sembré trigo en un campo. Preparé bien la tierra, planté la semilla como se debe hacer. Pero, como dije antes, no soy la persona más paciente del mundo. Un día estaba inspeccionando el campo y no vi que aparecieran brotes de trigo en la superficie, por lo que tomé un palo y comencé a desenterrar las semillas para ver si estaban germinando. Y fieles a la tantas veces milenaria fidelidad de Dios sí estaban germinando. Luego oí una voz dentro de mí que decía: «Estás desenterrando tu cosecha porque eres impaciente. Jamás te he fallado. Y no te fallaré. Cubre las semillas».

¿Está usted destruyendo su cosecha a causa de la impaciencia?

Jesús dijo en Lucas 8:15: «Mas la que cayó en buena tierra, éstos son los que con corazón bueno y recto retienen la palabra oída, y dan fruto con perseverancia». Y el apóstol Pablo escribió en Hebreos 10:36: «Os es necesaria la paciencia, para que habiendo hecho la voluntad de Dios, obtengáis la promesa». Pablo escribió otra vez en Romanos 8:25: «Pero si esperamos lo que no vemos, con paciencia lo aguardamos».

Podemos matar nuestra cosecha a causa de la falta de paciencia.

Podemos plantar nuestras semillas adecuadamente y con abundancia en terreno fértil, pero también podemos matar nuestra cosecha a causa de la falta de paciencia. Esaú vendió su primogenitura por un plato de comida a causa de su impaciencia. Vio el plato de comida que había preparado su hermano Jacob y dijo: «He aquí yo me voy a morir; ¿para qué, pues, me servirá la primogenitura?» (Génesis 25:32). No estaba ni siquiera cerca de la hora de su muerte, pero su impaciencia destruyó su herencia.

Si usted invierte mil dólares en el reino de Dios hoy, no espere que le sean devueltos cien veces antes de que se ponga el sol. La impaciencia matará su cosecha.

6
CONQUISTE EL COMPLEJO DE POBREZA

Hay hijos de Dios que tienen el complejo de la pobreza. El mismo suena como esto: «Jesús era pobre. Yo soy pobre. Soy como Jesús». Esto no es cierto, porque Jesús no era pobre.

Por desgracia, muchas personas enseñan y predican que Cristo era pobre, y que la pobreza es una posición sagrada. Algunos hasta dicen que debe haber una doctrina moral de la pobreza para todo creyente. Esto es una tontería, absolutamente.

La Biblia sí dice en 2 Corintios 8 que Cristo «por amor a vosotros se hizo pobre, siendo rico». Pero debemos preguntar entonces, ¿cuándo se hizo pobre? Y la respuesta es: Se hizo pobre en la cruz, cuando tomó mi pobreza. En todas las demás referencias bíblicas es el Rey de un Reino que gobierna al mundo. Cristo no fue —y no es— pobre.

La diferencia entre vivir una vida de prosperidad y una vida de pobreza está en la elección. No en la casualidad, sino en la elección. No en las circunstancias, sino en la elección. Moisés le dijo a Israel: «A los cielos y a la tierra llamo por testigos hoy contra vosotros, que os he puesto delante la vida y la muerte, la bendición y la maldición; escoge, pues». Entonces la verdad es que la bendición es resultado de la elección.

Los hijos de Dios han sido prósperos históricamente

En Génesis 13:2 la Biblia dice: «Abraham era riquísimo en ganado, en plata y en oro». Observe que esto no es riqueza espiritual; es riqueza material. Eclesiastés 5:19 dice: «A todo hombre a quien Dios da riquezas y bienes, y le da también facultad para que coma de ellas, y tome su parte, y goce de su trabajo, esto es don de Dios».

Salomón escribió en Proverbios 10:22: «La bendición de Jehová es la que enriquece, y no añade tristeza con ella». Salomón era extremadamente rico. Los arqueólogos han descubierto que las bisagras de las puertas de los establos de Salomón estaban bañadas en oro. Salomón era tan rico que podría haberle enviado asistencia alimenticia a Bill Gates, fundador de Microsoft.

El rey David dio cien millones para la construcción del templo en una ofrenda. Esto no está mal para alguien que comenzó con cinco piedras y una honda.

Ha habido personas que citan a Marcos 10:25 diciendo: «Más fácil es pasar un camello por el ojo de una aguja, que entrar un rico en el reino de Dios». En Jerusalén, uno puede ver fácilmente lo que Jesús quiso decir con «el ojo de una aguja». No es la misma aguja que utilizamos para coser. Jesús se refería a la Puerta de la Aguja.

La antigua ciudad de Jerusalén estaba rodeada por una muralla que tenía puertas por las que podía entrar la gente a la ciudad. A dos metros más o menos de cada una de estas puertas había un arco llamado la Puerta de la Aguja. Si uno llegaba a la medianoche, las puertas principales de la ciudad estarían cerradas, por lo que habría que entrar por la puerta angosta, la Puerta de la Aguja.

Quienes entraban a la ciudad por la noche tenían que descargar los bultos que llevaban sus camellos para que el animal pudiera pasar por este angosto pasillo. Luego, la persona debía volver para buscar sus bultos y pasar una vez más por el túnel. Entonces podía cargar los bultos sobre el camello, ya dentro de la ciudad.

Esta imagen bíblica es el retrato de quien se despoja de todo lo innecesario. El apóstol Pablo expresó este principio diciendo: «Despojémonos de todo peso y del pecado que nos asedia, y corramos con paciencia la carrera que tenemos por delante» (Hebreos 12:1).

Si usted quiere usted una imagen más acabada de esta puerta angosta, vaya a la Iglesia Rusa Ortodoxa de Jerusalén, que ha preservado una de las viejas puertas de la ciudad con su Puerta de la Aguja. Luego, recuerde el verdadero significado de este versículo. Jesús hablaba de la Puerta de la Aguja, no de una aguja para coser. Un camello solo podía pasar por esta puerta si se deshacía del equipaje innecesario.

Jesús no era pobre. Juan 19:23 dice que Jesús tenía un vestido sin costuras, tan valioso que los soldados romanos echaron suertes por él junto a la cruz. Era un vestido de los mejores.

Jesús tenía suficiente dinero, de modo tal que asignó a uno de sus discípulos para que cargara con «la bolsa del dinero» (Juan 13:29). Cuando tiene uno un secretario-tesorero que lleva el exceso de dinero, no se es pobre. Si uno camina por ahí lamentándose y diciendo: «Jesús era pobre, yo soy pobre; soy espiritual porque soy como Jesús», entonces vive engañado.

He oído decir: «Pastor, me siento culpable por tener cosas bellas». ¡A Jesús no le sucedía esto! Él disfrutaba de las cosas bellas. A Él no le importa cuántas cosas posea usted, en tanto estas cosas no lo posean a usted.

A Él no le importa cuántas cosas posea usted,
en tanto estas cosas no lo posean a usted.

Si la riqueza fuera algo negativo, ¿por qué se la daría Dios Padre a su Hijo Jesucristo? Juan, el que escribió las revelaciones, narra en Apocalipsis 5:12: «El Cordero que fue inmolado es digno de tomar el poder, las riquezas, la sabiduría, la fortaleza, la honra, la gloria y la alabanza». Observe que hay siete bendiciones en este versículo, dadas a Jesucristo, el Hijo, y a su iglesia, y una de estas bendiciones es la riqueza.

Cuando la mujer con el vaso de alabastro lleno de perfume se acercó a Jesús, la Biblia aclara que era «de gran precio» (Mateo 26:7). El perfume del vaso de alabastro que la mujer derramó sobre la cabeza de Jesús le costó el salario de un año. El aroma de ese perfume era legendario: se dice que podía olerse desde Jerusalén hasta Belén, una distancia de unos doce kilómetros. El aroma llenó la habitación, y la gente se sintió impactada por el sacrificio.

Judas, que tenía complejo de pobreza, gritó: «Debieras haberlo dado a los pobres». Jesús lo hizo callar, diciendo: «¿Por qué molestáis a esta mujer? pues ha hecho conmigo una buena obra» (Mateo 26:10).

¿Por qué era tan importante este regalo? A menudo enseñamos que Jesús estuvo solo en sus últimas horas sobre esta tierra. ¡No es así!

Cuando Jesús estaba en el huerto de Getsemaní, los discípulos dormían mientras los pecados del mundo caían sobre Sus hombros. Sudó gotas de sangre, pero el aroma de ese perfume estaba allí, diciendo: «Alguien te amó lo suficiente, Jesús, como para darte lo mejor que tenía».

Cuando los hombres de Herodes le escupieron, lo coronaron con espinas y se burlaron de Él con un manto púrpura diciendo: «Salud, Rey de los Judíos», ese aroma estaba allí diciendo: «Alguien te amó lo suficiente, Jesús, como para darte lo mejor que tenía».

Cuando Jesús se acostó en la cruz romana en la cima del Calvario y fue clavado al maldito madero, ese aroma estaba allí, diciendo: «Alguien te amó lo suficiente, Jesús, como para darte lo mejor que tenía».

Jesús nos dio lo mejor que tenía. ¿Está usted dándole a Él lo mejor también?

7
DIOS DA RIQUEZA A QUIENES COMPARTEN SUS BENDICIONES

Dios no tiene problemas en darnos dinero; Él tiene problemas en dar dinero a través de nosotros. Dios le dijo a Abraham: «Te bendeciré ... y serás bendición» (Génesis 12:2).

Abraham es nuestro padre espiritual. Gálatas 3:29 dice: «Y si vosotros sois de Cristo, ciertamente linaje de Abraham sois, y herederos según la promesa». Abraham era un hombre rico. Y Dios utilizó su riqueza para que naciera la nación de Israel.

Hace más de treinta años oficié en el funeral de una mendiga. Faltaban dos semanas para la Navidad. Cuando llegué al cementerio, vi a tres niños pequeños sentados solitos junto a la tumba. Tenían ocho, nueve y diez años. Tenían la ropa sucia, con agujeros, y sus zapatos también estaban rotos. Tenían el cabello largo. Al funeral asistieron sus maestras y la directora de la escuela. No había ningún familiar.

No reconocí a los tres niños en ese momento, pero ocasionalmente, asistían a la iglesia de la calle Nacogdoches. Tenían la misma madre, pero cada uno tenía un padre distinto. Ninguno conocía a su madre, sino a una abuela que los amó con amor eterno y los había criado. Estábamos sepultándola en una caja de madera, en una tumba para mendigos, pero para ellos era todo lo que tenían en el mudo.

Después del funeral hablé con la directora de la escuela y pregunté:
—¿Qué sucederá con los niños?
—He llamado a las autoridades, dicen que ya no hay lugar en los institutos, y que tendrán que separar a los hermanos.
—Es tiempo de Navidad. Han perdido al único ser humano que les amaba. Tenemos que encontrar otra respuesta.

Hablamos allí durante unos treinta minutos y parecía no haber solución. Hay momentos en que hay que decidir hacer algo, en lugar de dejar que la humanidad siga sufriendo. Me llevé los niños a casa. Al día siguiente fui a su casa —una choza destartalada y pequeña— para buscar su ropa. La casa estaba llena de pulgas, porque allí vivía también un gran ovejero alemán. Las ropas estaban sucias y agujereadas. Las eché en un barril y las quemé.

Al día siguiente fui a la tienda y compré ropa para los niños. Podría escribir un libro con las experiencias vividas con estos tres niños durante los años que se quedaron con nosotros. Se quedaron durante tres años, hasta que un miembro de su familia se retiró del ejército y los llevó a su hogar.

En un momento crítico de sus vidas pude ser un puente sobre las aguas turbulentas, el cual les ayudó a seguir su curso. Hizo falta abundancia para hacer esto. Dios le dará abundancia a quienes la utilizan para bendecir a otras personas. Santiago 4:3 dice: «Pedís, y no recibís, porque pedís mal, para gastar en vuestros deleites».

Dios también le da riquezas a quienes hacen de la evangelización del mundo su prioridad número uno. Deuteronomio 8:18 dice: «Acuérdate de Jehová tu Dios, porque él te da el poder para hacer las riquezas, a fin de confirmar su pacto que juró a tus padres, como en este día».

¿Cómo puede el mundo oír acerca del Dios del pacto sin un predicador? ¿Y cómo puede un predicador ir hasta ellos a menos que alguien tenga la abundancia requerida para enviarlo? No puede enviarse un misionero ni puede construirse una iglesia sin abundancia financiera. No puede hacerse una cruzada de evangelización sin abundancia financiera. No puede haber programas de televisión sin abundancia.

La abundancia de Dios debe utilizarse para enseñar el Evangelio, porque todo hombre, toda mujer, todo niño y toda niña sin Cristo, pasarán la eternidad en el infierno. Ganar a los perdidos es la prioridad número uno de Dios, y si usted invierte en ganar a los perdidos, Dios le dará abundancia incontenible.

Si usted invierte en ganar a los perdidos,
Dios le dará abundancia incontenible.

La Escritura dice que nuestra prosperidad agrada a Dios. David escribió: «¡El Señor es grande, y le agrada el bienestar de su siervo!» (Salmo 35:27, DHH). La Biblia dice: «Amado, yo deseo que tú seas prosperado en todas las cosas, y que tengas salud, así como prospera tu alma» (3 Juan 2).

Liberaremos el poder de la abundancia de Dios si observamos estas siete leyes innegables de la prosperidad. Dios multiplicará nuestro tesoro de manera sobrenatural, abundante y milagrosa. Y descubriremos el secreto verdadero de una vida exitosa.

DISFRUTANDO EL JUBILEO DEL ÉXITO

U sted ha terminado de leer los siete secretos de una vida exitosa, con siete aplicaciones para cada secreto, lo cual suma cuarenta y nueve verdades bíblicas que darán forma nueva a su destino divino.

El cuarenta y nueve en las Escrituras conduce al Año del Jubileo, cuando toda deuda era perdonada y toda posesión era devuelta. Uno casi puede oír las trompetas de plata sonando ante la llegada de esta celebración en todo el territorio de Israel. Si un hombre se había vendido como esclavo, esas trompetas anunciaban su libertad. Sus grilletes se rompían. Su esclavitud acababa.

La propiedad también se devolvía a quienes la habían vendido, lo cual tendía a impedir que algunos amasaran una inmensa fortuna en detrimento de otros que estaban en extrema pobreza, dando así a todos una oportunidad para lograr el éxito.

Veamos los cambios que usted debiera haber experimentado a lo largo de este libro. Estos cambios cancelarán sus deudas y le permitirán recibir la bendición de Dios. Entrará en su año de jubileo.

Ha reemplazado su actitud negativa con una filosofía de «yo puedo». La palabra «*pero*» ya no pertenece a su vocabulario. En su lugar, las palabras *«todo lo puedo en Cristo que me fortalece»* resuenan en su mente. Su actitud ya no es su peor enemigo, sino su mejor amigo.

Ha hecho del Principio de la Perseverancia una parte de su vida. «Siempre es demasiado temprano para claudicar» es un lema que le acompaña día a día. Ha resuelto usted ser vencedor. Jamás... jamás... ¡nunca jamás se rendirá!

Ha decidido vencer a la tentación de subestimarse, y en lugar de ello, ha aceptado mi desafío a descartar la máscara que llevaba, para vivir en el sol del amor de Dios: amar a su prójimo como a sí mismo y comenzar a verse a sí mismo como Dios le ve.

Ha adoptado el secreto del autodominio. La preocupación, el miedo, la ira, la depresión, el resentimiento, la falta de perdón y de arrepentimiento ya no son sus compañeros de cama. Por pasión, por convicción y por inclaudicable determinación, ha decidido conquistar a su enemigo más sutil y supremo: usted mismo.

Sabe que su comunicación con su Dios, su familia y sus compañeros debe ser de primer nivel. Probablemente no pueda hacer esto todos los días, en todas las situaciones, pero ha decidido intentar darle a los demás una parte de su corazón, ya sea a una sola persona o a un millón.

Conoce el poder de la oración, y cuando ora, le pide a Dios cosas tan imponente, tan increíblemente grandes, que Dios se inclina en Su santo trono para decirles a los ángeles: «¿Han oído lo que pide este pequeño? ¡Háganlo, ángeles. Ese es el tipo de fe que me entusiasma. Vayan con la respuesta».

Y por último, usted pone en práctica la innegable ley de la prosperidad: «la ganancia del que da». Sabe que el modo en que administre su dinero tiene gran importancia para su prosperidad, tanto aquí en la tierra como en el cielo. Su chequera es, en realidad, el reflejo espiritual de su amor por Dios.

Estos siete secretos llevan al éxito verdadero. Me gusta el modo en que Booker T. Washington mide el éxito. Dijo: «He aprendido que el éxito debe medirse no tanto por la posición que uno ha alcanzado en la vida, sino por los obstáculos que han debido vencerse al intentar alcanzar el éxito»[1]

¿Qué obstáculos ha vencido usted para lograr el éxito?

Piense en el Príncipe Carlos de Gran Bretaña. Es bien parecido, el representante de la realeza británica, pero ¿qué obstáculos ha vencido para llegar a la cima del poder que tanto disfruta?

¡Ninguno!

Nació con la proverbial cuchara de plata en la boca, en un carruaje de oro tirado por caballos. Su logro más sobresaliente hasta la fecha ha sido cabalgar un caballo de polo sin caer de él. Ha pagado millones cada año para hacer lo que su mamá le indica. Según la definición de Booker T. Washington, el factor de éxito del Príncipe Carlos es modesto.

Contraste su vida con la de una señora de mi congregación llamada Margaret. No ha leído acerca de ella en los periódicos ni la ha visto por televisión. Los *paparazzi* no la persiguen para tomar su fotografía. Pero ella pertenece a una familia de la realeza, y su nombre está escrito en el libro de la vida del Señor.

UNA HIJA DEL REY

Cuando la iglesia era aún joven, yo solía hacer todas las visitas... cuando no estaba cortando el césped o limpiando los muebles con una franela. Todos los que firmaran una tarjeta de visita serían visitados por mí personalmente.

Un día de julio en San Antonio, cuando la temperatura era ardiente, fui a casa de Margaret. Dos de sus hijas contestaron mi llamado a la puerta vestidas con trajes de baño.

—Bueno día ¿van a nadar? —les pregunté.

—No —respondieron al unísono. Observé que comían palomitas de maíz.

—¿Está su madre en la casa? —quise saber.

Como por arte de magia, Margaret apareció en la puerta y me invitó a entrar. A pesar de que hacía un calor terrible, noté que no estaba encendido el aire acondicionado.

Me presenté y le pregunté:

—¿Está su marido en casa?

—Acabamos de divorciarnos —respondió Margaret—. Mi esposo era profesor en la universidad y me dejó por una de sus estudiantes.

Pero Margaret no había permitido que esta traición destruyera su autoestima ni la amargara.

—También me dejó sus hermosas hijas —dijo señalando a sus niñas mientras sus labios temblaban—. Lo siento. No he encendido el aire acondicionado. No puedo pagar la cuenta.

Luego me percaté de todo. Las niñas comían palomitas de maíz porque no tenían comida. Llevaban trajes de baño porque hacía mucho calor, y esta era la ropa más fresca que tenían.

Le dije: «¡Ya vuelvo!» Fui hasta la iglesia, tomé un cheque, y luego fui al supermercado, donde llené mi Volkswagen con provisiones para llevarlas a casa de Margaret. Le dije a la secretaria que llamara a la compañía eléctrica de San Antonio para que le restauraran el servicio. Nosotros garantizábamos el pago de la factura.

Durante muchos años después de esto, el amor y la lealtad de Margaret a Dios y a iglesia jamás cesó. Sus hijas crecieron hasta convertirse en hermosas mujeres de Dios. Luego, los doctores le dijeron a Margaret que tenía cáncer. Sin dejarse vencer, enfrentó este desafío como lo había hecho con otros anteriormente: con la cabeza en alto.

Fui a verla al hospital bautista en sus últimas horas de vida. Fue un momento que jamás olvidaré. Al entrar en la habitación ella estaba leyendo su Biblia. Ya no tenía cabello a causa de la quimioterapia, pero su rostro iluminaba la habitación con la gloria de Dios.

Tomé su frágil mano y la besé. La miré a los ojos y no vi rastros de temor. Me arrodillé junto a ella y pregunté: «Margaret ¿cómo estás hoy?»

Me sonrió con coraje, y dijo: «Pastor, hoy cuando desperté supe que este era el mejor día de mi vida. Anoche no sabía si vería este día. Pero es un regalo de Dios, así que voy a celebrar.

»Voy a celebrar las bendiciones que Dios me ha dado. Voy a celebrar las cargas que Él me ha pedido llevar y los problemas que me han hecho más fuerte.

»Voy a celebrar hoy, pastor, abrazando y besando a mis hijas con pasión. Ofreceré un saludo sincero a quienes estén decaídos. He dejado de preocuparme por lo que no tengo, porque hoy tengo.

»Esta noche, cuando salgan las estrellas y brille la luna, las miraré todo el tiempo que pueda. No sé si las veré mañana. Con mi último aliento, esta noche le agradeceré a Dios por este hermoso día. Ha sido el mejor día de mi vida».

Fue el último día de Margaret, y lo vivió para gloria de Dios, como había vivido su vida. Eso sí es éxito de verdad.

Sólo puedo imaginar su recibimiento en el cielo. Puedo ver al Rey de reyes, todopoderoso y omnipotente, corriendo hacia ella. Puedo verle tomándola en sus brazos, apoyando su cabeza en su pecho y riendo con gozo, mientras la saluda y le dice: «Mi hija ha llegado a casa».

Y estoy seguro de que después de abrazarla el Señor da un paso atrás, le da una larga y amorosa mirada, y entonces dice: «Bien hecho, buena sierva y fiel; sobre poco has sido fiel, sobre mucho te pondré; entra en el gozo de tu Señor».

Esto es éxito verdadero. Que cada uno de nosotros oiga un día esas palabras de amor y felicitación del Rey de reyes y Señor de señores.

CAPÍTULO 1
EL ÉXITO ESTÁ AL ALCANCE DE TODOS

1. Paul Lee Tan, Th D. *Encyclopedia of 7,700 Illustrations*, Assurance Publishers, Rockville, MD, 1979, p. 832.
2. John C. Maxwell, *The Success Journey*, Nelson Publishers, Nashville, TN, 1997, p. 5.
3. Tan, *Encyclopedia of 7.700 Illustrations*, p. 830.
4. *Íbid*, p. 824.
5. Adaptado de Denis Waitley, *Seeds of Greatness*, Revell, división de Baker Books, Grand Rapids, MI, 1983, p. 242.
6. Jamie Buckingham, *Coping with Criticism,* Logos Publishing, South Plainfield, NJ, 1978, p. 96.
7. Entrevista del autor con Red McComb.

CAPÍTULO 2
SECRETO UNO: EL MISTERIO Y EL PODER DE SU MENTE

1. James S. Hewett, *Illustrations Unlimited*, Tyndale House Publisher, Wheaton, IL, June 1988, p. 41.
2. Hewett, *Illustrations Unlimited*, p. 129.
3. Tomado de http://www.khof/inductees/cunningham.html (acceso octubre 26, 2003).
4. Tan, *Encyclopedia of 7700 Illustrations*, p. 956.
5. Your Ultimate Success Quotation Library, cybernation.com
6. *Íbid*.

CAPÍTULO 3
SECRETO DOS: LOS SIETE PRINCIPIOS DE LA PERSEVERANCIA

1. Waitley, *Seeds of Greatness*, pp. 215-223.
2. Tan, *Encyclopedia of 7700 Illustrations*, p. 999.
3. Esta descripción del invento de Edison fue tomada de http://gci/gospelcom.net/dw/1997/03/12/ (acceso octubre 23, 2003).

CAPÍTULO 5
SECRETO CUATRO: DOMINE A SU ENEMIGO MÁS SUTIL Y SUPREMO

1. John Hagee, *From Daniel to Doomsday*, Thomas Nelson Publishers, Nashville, TN, 2000.
2. Utilizado con permiso de Bright Side, mayo 1999. Copyright© Campus Crusade for Christ, Inc.
3. Adaptado de http://www.crhistian-bookshop.co.uk/free/biogs/spurg2.htm (acceso octubre 24, 2003)
4. La información sobre Max Jukes y Jonathan Edwards fue adaptada de http://self-discipline.8m.com/generational_discipline.htm (acceso octubre 24, 2003).

CAPÍTULO 6
SECRETO CINCO: COMUNICACIÓN DE PRIMER NIVEL

1. Gordan Lindsay, *Forty Signs of the Soon-Coming of Christ*, Christ for the Nations, Dallas, TX, 1969, p. 20.

CAPÍTULO 7
SECRETO SEIS: EL PODER DE LA ORACIÓN CONTINUA

1. Derek Prince, *Shaping History Through Prayer and Fasting*, Fleming H Revell, Grand Rapids, MI, 1973, pp. 5-8.

CAPÍTULO 8
SECRETO SIETE: LAS IRREFUTABLES LEYES DE LA PROSPERIDAD

1. Alice A. Bays y Elizabeth Jones Oakbery, «The Power of Kindness», American Religious House.
2. Usted puede solicitar el video «El poder de la bendición» (S0240) llamando al 1-800-854-9899, o escribiendo a John Hagee Ministries, 239 North Loop 1604 W, San Antonio, TX, 78232.

EPÍLOGO: DISFRUTE EL JUBILEO DEL ÉXITO

1. John Maxwell, *Your Road Map for Success*, Thomas Nelson Publishers, Nashville, 2002, p. 15.

Conozca a Dios
como nunca antes

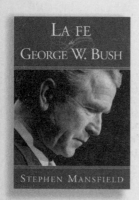

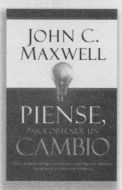